"十三五"高职高专会计专业精品系列规划教材

财务会计实务

主　编	路鑫鑫	周爱荣	肖　芸
副主编	唐晓帆	何　春	周　艳
	刘红梅	何廷高	晏　闻
主　审	周　兵		

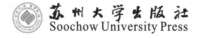

苏州大学出版社
Soochow University Press

图书在版编目(CIP)数据

财务会计实务 / 路鑫鑫,周爱荣,肖芸主编. —苏州：苏州大学出版社,2020.6
ISBN 978-7-5672-3193-1

Ⅰ.①财… Ⅱ.①路… ②周… ③肖… Ⅲ.①财务会计-会计实务 Ⅳ.①F234.4

中国版本图书馆 CIP 数据核字(2020)第 087394 号

财务会计实务
路鑫鑫　周爱荣　肖　芸　主编
责任编辑　施小占

苏州大学出版社出版发行
(地址：苏州市十梓街1号　邮编：215006)
丹阳兴华印务有限公司印装
(地址：丹阳市胡桥镇　邮编：212313)

开本 787 mm×1 092 mm　1/16　印张 15.75　字数 385 千
2020 年 6 月第 1 版　2020 年 6 月第 1 次印刷
ISBN 978-7-5672-3193-1　定价：45.00 元

若有印装错误，本社负责调换
苏州大学出版社营销部电话：0512-67481020
苏州大学出版社网址　http://www.sudapress.com
苏州大学出版社邮箱　sdcbs@suda.edu.cn

"十三五"高职高专会计专业精品系列规划教材

编审委员会

主　任　陶书中

副主任　刘笑诵　周　兵　张　荣

委　员（排名不分先后）

　　　　周爱荣　路鑫鑫　肖　芸　唐晓帆

　　　　何　春　宋晓芹　刘红梅　金静静

　　　　顾　敏　范黎明　何廷高　晏　闻

　　　　周　艳

前言

"财务会计实务"是高职高专会计类专业的一门核心专业课程,是会计专业知识结构中的主体部分,它提供了从事会计职业必备的知识和技能。为了使学生更好地学习财务会计专业知识,提高会计专业能力和素质,适应社会应用型人才培养的要求,我们组织编写了本教材。

本教材以教育部制定的《高职高专教育会计专业人才培养方案》为指导,以财政部发布的《企业会计准则》和《企业会计准则——应用指南》为依据,结合中小型企业的特点,以中小型企业常见的经济业务为例,遵循理论知识够用、注重实用的原则编写而成。在编写过程中,以中小型企业会计岗位职业能力需求为切入点,建立了与会计岗位相对应的六大项目,分别是货币资金的核算、债权债务的核算、资产物资的核算、筹资与投资的核算、财务成果的核算、财务报告的编制。每个项目包括"本项目说明""知识目标""能力目标""知识准备""案例分析与讨论""小结""知识巩固"等内容。

本教材由江苏食品药品职业技术学院和贵州经贸职业技术学院会计专业教师联合编写,路鑫鑫、周爱荣、肖芸任主编,唐晓帆、何春、周艳、刘红梅、何廷高、晏闻任副主编,并由周爱荣总纂定稿。江苏食品药品职业技术学院财贸学院书记周兵任主审。江苏苏盐井神股份有限公司财务负责人汤菊、淮安水利建设集团有限公司财务负责人张家文,对本教材的编写提出了许多宝贵建议,给予了很大的帮助。编者还参阅和借鉴了部分同类教材和相关文献,在此向相关作者表示衷心的感谢。

由于时间仓促,编者水平有限,书中难免有不足之处,恳请读者批评指正。

目 录

项目一 货币资金的核算 ... 1

任务一 库存现金的核算 ... 2
任务二 银行存款的核算 ... 6
任务三 其他货币资金的核算 ... 17

项目二 债权债务的核算 ... 23

任务一 债权的核算 ... 24
任务二 债务的核算 ... 39

项目三 资产物资的核算 ... 75

任务一 存货的核算 ... 76
任务二 固定资产的核算 ... 100
任务三 无形资产和其他资产的核算 ... 117

项目四 筹资与投资的核算 ... 130

任务一 负债筹资的核算 ... 131
任务二 权益筹资的核算 ... 139
任务三 投资的核算 ... 150

项目五 财务成果的核算 ... 165

任务一 收入的核算 ... 166
任务二 费用的核算 ... 185
任务三 利润的核算 ... 192

项目六 财务报告的编制 ·· 205

任务一 资产负债表的编制 ·· 207
任务二 利润表的编制 ·· 221
任务三 现金流量表的编制 ·· 229
任务四 所有者权益变动表的编制 ·· 239
任务五 财务报表附注 ·· 241

参考文献 ·· 246

货币资金的核算

本项目说明

货币资金是企业流动性最强的资产。本项目主要包括库存现金的核算、银行存款的核算和其他货币资金的核算。货币资金的核算是出纳会计岗位必须掌握的工作能力,学习本项目内容时,不仅要掌握知识点本身,还要注意与其他知识的融会贯通。

知识目标

1. 熟悉库存现金、银行存款的管理。
2. 熟练掌握库存现金、银行存款和其他货币资金的核算。
3. 掌握库存现金和银行存款的清查方法及相关的账务处理。
4. 了解银行结算方式。

能力目标

1. 能够正确理解货币资金管理的内容。
2. 能够熟练进行库存现金、银行存款及其他货币资金业务的核算。

知识准备

货币资金是指企业生产经营过程中处于货币形态的资产,按其形态和用途不同分为库存现金、银行存款和其他货币资金。

企业经营过程中,大量的经济活动都是通过货币资金的收支来进行的。例如,商品的购进、销售,工资的发放,税金的缴纳,股利、利息的支付以及进行投资活动等事项,都需要通过货币资金进行收付结算。同时,一个企业货币资金拥有量的多少,标志着它偿债能力和支付能力的大小,是投资者分析、判断其财务状况的重要指标,在企业资金循环周转过程中起着连接和纽带的作用。因此,企业需要经常保持一定数量的货币资金,既要防止不合理地占压资金,又要保证业务经营的正常需要,并按照货币资金管理的有关规定,对各种收付款项进行结算。

任务一 库存现金的核算

一、库存现金概述

库存现金是指存放于企业财会部门、由出纳人员负责经管的货币,包括库存的人民币和各种外币。会计实务中,有些性质与库存现金相似的款项,如个人因某种需要而向单位临时借款出具的借条、企业存放在其他单位作为押金的现金等,不能作为库存现金。

(一)现金的使用范围

根据《现金管理暂行条例》的规定,下列款项可以使用现金支付:
(1)职工工资、津贴;
(2)个人劳务报酬;
(3)根据国家规定发给个人的科学技术、文化艺术、体育等各种奖金;
(4)各种劳保、福利费用以及国家规定的对个人的其他支出;
(5)向个人收购农副产品和其他物资的价款;
(6)出差人员必须随身携带的差旅费;
(7)结算起点以下的零星支出;
(8)中国人民银行确定需要支付现金的其他支出。

(二)库存现金限额

为了促进现金流转,保证现金的安全,企业应与其开户银行共同协商确定库存现金的最高限额。这一限额由开户银行根据单位的实际需要核定。根据现行规定,库存现金的限额一般为3~5天的日常零星开支所需库存现金的数额。边远地区和交通不便地区开户单位的库存现金限额,可按多于5天但不超过15天日常零星开支的需要确定。任何单位必须按规定的限额控制库存现金,每日现金结存额不得超过核定的限额,超过部分应及时送存银行。如需增加或减少库存现金限额,应向开户银行提出申请,由开户银行核定。

(三)库存现金日常收支管理

企业加强库存现金日常收支的管理,应做好以下工作:
(1)实行钱账分管制度,建立严格的货币资金管理责任制,明确会计主管、出纳人员和有关会计人员各自应承担的经济责任。货币资金的收付、结算、审核、登记等工作,不得由一人兼管。现金业务办理、付款和记账由三个经办人分工负责,以便互相验证、互相控制,达到三方互相牵制的目的。
(2)严格执行收付款业务程序,遵循先收款后记账、先记账后付款的原则。收入现金时,必须经出纳人员收妥后才能给缴款单位记账;支付现金时,必须接受票据记账后方能付款。

（3）单位从开户银行提取现金时，应如实写明提取现金的用途，由本单位财会部门负责人签字盖章，并经开户银行审查批准后予以支付。使用现金时，应严格遵守国家对现金使用范围的规定，除规定可用现金支付的项目外，一切款项的收付均应通过银行转账结算。单位当日的现金收入，应填写现金交款单并于当日送存开户银行；当日送存开户银行确有困难的，由开户银行确定送存时间。

（4）应设置"库存现金日记账"，对现金收支业务应根据合法凭证，逐日、逐笔登记入账，加强现金收支的明细核算。

（5）不得"坐支"现金，即不得以本单位的现金收入直接支付现金支出。因特殊情况需要坐支现金的，应当事先报经开户银行审核批准并在核定的范围和限额内进行。企业坐支现金，不利于银行对企业的结算往来进行监督。

（6）单位不准用不符合财务会计制度规定的凭证顶替库存现金，即不得"白条顶库"；不准编造用途套取现金；不准用银行账户代其他单位和个人套取现金；不准将单位的现金收入以个人名义存入储蓄；不准保留账外公款，即"公款私存"；不得设置"小金库"等。

（7）单位应定期或不定期地由内部审计人员对库存现金进行查核。

（四）库存现金的清查

现金清查是为了确保现金的安全，企业除实行钱账分管制度外，出纳人员还应在每日和每月终了时根据日记账的合计数，结出库存现金余额，并与库存现金实有数核对，必须做到账款相符。现金清查的内容主要包括：是否有白条顶库；是否超限额留存现金；是否坐支现金；是否账款相符；等等。

现金清查的主要方法是通过实地盘点库存现金的实存数，然后与现金日记账相核对，确定账存与实存是否相等。其步骤如下：首先，在盘点前，出纳人员应先将现金收、付凭证全部登记入账，并结出余额。其次，盘点前，出纳人员必须在场，现金由出纳人员经手盘点，清查人员从旁监督。盘点时，除查明账实是否相符外，还要查明有无违反现金管理规定的情形，如有无以"白条"抵充现金、现金库存是否超过核定的限额、有无坐支现金等。最后，盘点结束应根据盘点结果编制"库存现金盘点报告表"，并由清查人员和出纳人员签名盖章，作为重要的原始凭证。它具有"盘存单"和"实存账存对比表"的作用。

小贴士

企业库存现金管理常见问题：
（1）随意使用现金，现金交易频繁；（2）企业坐支现金普遍；（3）白条抵库严重；（4）无库存现金限额；（5）私设"小金库"，公款私存；（6）开户单位间公开拆借现金；（7）大额支现放任化。

二、库存现金的核算

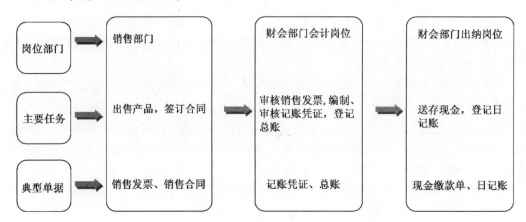

图 1-1 库存现金核算的工作过程与岗位对照

（一）库存现金日常收支的账务处理

为了总括反映和监督库存现金的收支和结存情况，企业应设置"库存现金"账户进行总分类核算。该科目的借方登记现金收入的金额，贷方登记现金支出的金额，余额在借方表示库存现金的实有数额。现将有关业务举例如下：

【例1-1-1】 甲公司从银行提取现金500元备用，编制会计分录如下：

借：库存现金　　　　　　　　　　　　　　　　　　　　　　　　500
　　贷：银行存款　　　　　　　　　　　　　　　　　　　　　　　　500

【例1-1-2】 甲公司行政管理部门报销市内交通费等开支，计180元，会计部门审核后支付现金，编制会计分录如下：

借：管理费用　　　　　　　　　　　　　　　　　　　　　　　　180
　　贷：库存现金　　　　　　　　　　　　　　　　　　　　　　　　180

【例1-1-3】 甲公司零星销售产品，取得现金678元，其中产品销售收入600元，增值税销项税额78元，编制会计分录如下：

借：库存现金　　　　　　　　　　　　　　　　　　　　　　　　678
　　贷：主营业务收入　　　　　　　　　　　　　　　　　　　　　　600
　　　　应交税费——应交增值税（销项税额）　　　　　　　　　　　78

需要说明的是，企业内部各部门周转使用的备用金在"其他应收款"科目核算，不在"库存现金"科目核算。

为加强对库存现金的管理，随时掌握现金收付的动态和库存余额，保证现金的安全，企业必须设置库存现金日记账，对库存现金进行序时核算。库存现金日记账一般采用三栏式账页格式。三栏式库存现金日记账的格式如表1-1所示。

表 1-1　　　　　　　　　　　　　　库存现金日记账

月	日	凭证		摘　要	对方科目	收入	支出	结余
		种类	号数					
3	1			月初余额				2 400
	1	现收	3001	从银行提取现金	银行存款	500		
	1	现付	3001	报销市内交通费	管理费用		180	
	1	现收	3002	销售产品	主营业务收入	678		
	1			本日合计		1 178	180	3 398

库存现金日记账应由出纳人员按照业务发生先后,逐日、逐笔按顺序登记。收付金额应根据审核以后的现金收款凭证和现金付款凭证登记,其中从银行提取现金的收入金额,由于不编制现金收款凭证,应根据银行存款付款凭证登记。为了反映和监督现金收付的来龙去脉,还应登记对方科目。每日终了应计算全日现金收入合计、支出合计和库存余额,做到日清月结;账面结余数应同库存现金实存数相互核对,保证账款相符。

有外币现金收付业务的企业,应按币种分别设置库存现金日记账进行明细核算。

(二)库存现金的清查盘点

现金清查中如果发现账款不符,属于尚待查明原因的现金短缺或溢余,应先通过"待处理财产损溢"账户核算。待查明原因后,应分情况进行处理:属于记账差错的应及时予以更正;如为现金短缺,属于应由责任人赔偿或保险公司赔偿的部分,计入其他应收款或增加库存现金,属于无法查明原因的现金短缺,根据管理权限批准后计入管理费用;如为现金溢余,属于应支付给有关人员或单位的,应计入其他应付款,属于无法查明原因的现金溢余,经批准后计入营业外收入。

【例 1-1-4】 甲公司在现金清查时,发现现金溢余 500 元,编制会计分录如下:
借:库存现金　　　　　　　　　　　　　　　　　　　　　　　　500
　　贷:待处理财产损溢——待处理流动资产损溢　　　　　　　　　　500
上述现金溢余的原因如果无法查清,经批准应计入营业外收入,编制会计分录如下:
借:待处理财产损溢——待处理流动资产损溢　　　　　　　　　　500
　　贷:营业外收入　　　　　　　　　　　　　　　　　　　　　　500

【例 1-1-5】 甲公司在现金清查时,发现现金短款 100 元,编制会计分录如下:
借:待处理财产损溢——待处理流动资产损溢　　　　　　　　　　100
　　贷:库存现金　　　　　　　　　　　　　　　　　　　　　　　100
上述短款现金无法查明原因,经批准后转销,编制会计分录如下:
借:管理费用　　　　　　　　　　　　　　　　　　　　　　　　100
　　贷:待处理财产损溢——待处理流动资产损溢　　　　　　　　　100

○ **案例分析与讨论**

王明与朋友共同投资开办了一家玩具公司。成立初期,业务量少,王明自己负责出纳工作,同时聘请了代理记账公司帮助记账并编制会计报表。后来公司发展迅速,王明无力顾及出纳工作,便聘请自己的表妹王梅当出纳。为了节省费用,干脆也不再请代理记账公司,会计(记账)、出纳均由其表妹王梅一人全权负责,甚至连支票印鉴也交给她。起初王梅还遵纪守法,后来就截留收入用于炒股,结果被全部套牢。这时,刚好又赶上公司因业务发展急需一笔大额资金,结果公司就这样白白失去了一次大好机会。

分析思考:请你指出该玩具公司在货币资金管理中存在哪些主要问题?应该如何对货币进行管理和控制?

任务二 银行存款的核算

一、银行存款概述

银行存款是企业存放在银行或其他金融机构的货币资金,包括人民币存款和外币存款。企业除了保留少量库存现金以供日常零星开支需要以外,其余库存现金都必须存入银行。

(一)银行存款的管理

银行存款是企业存入银行或其他金融机构的款项。银行存款的管理主要包括银行存款开户管理、结算管理等方面。

1. 银行存款开户管理

企业应根据《人民币银行结算账户管理办法》和《支付结算办法》的规定,在银行开立基本存款账户、一般存款账户、临时存款账户和专用存款账户。

基本存款账户是指企业办理日常转账结算和现金收付的账户,包括工资、奖金等现金的支取等。一个企业只能选择一家银行的一个营业机构开立一个基本存款账户。

一般存款账户是指企业在基本存款账户以外的银行借款转存、与基本存款账户的存款人不在同一地点的附属非独立核算单位开立的账户,该账户不能办理现金支取。一个企业不得在同一家银行的几个分支机构开立一般存款账户。

临时存款账户是企业因临时经营活动需要而开立的账户,该账户可办理转账结算和国家现金管理规定的现金收付。临时存款账户有效期最长不得超过2年。

专用存款账户是指企业因特定用途需要而开立的账户,企业对特定用途的资金包括基本建设资金、更新改造资金等可以通过该账户办理。

2. 银行存款结算管理

现金开支范围以外的各项款项收付,都必须通过银行办理转账结算,但不同国家和地区以及不同的经济业务,采用的转账结算方式是有差别的。

在我国,企业办理转账结算必须遵守《中华人民共和国票据法》和中国人民银行《支付结算办法》的各项规定,账户内必须有足够的资金保证支付,必须以合法、有效的票据和结算凭证为依据。不准签发没有资金保证的票据或远期支票,套取银行信用;不准签发、取得和转让没有真实交易和债权债务的票据,套取银行及他人资金;不准无理拒绝付款,任意占用他人资金;不准违反规定开立和使用账户。必须遵守"恪守信用,履约付款;谁的钱进谁的账,由谁支配;银行不垫款"的支付结算原则。企业应根据业务特点,采用恰当的结算方式办理各种结算业务。

小贴士

根据中国人民银行颁布的《人民币银行结算账户管理办法》,对管理银行存款还有以下规定:

（1）应在银行分预算内和预算外资金开设账户；
（2）每个企业只能在一家银行开立基本账户,但可以在其他银行开设辅助账户；
（3）不准出租出借或转让账户给其他单位或个人使用；
（4）各项收支必须如实填明款项来源或用途,不得套取库存现金或搞非法活动；
（5）不得签发没有资金保证的票据或远期支票；
（6）重视对账工作。

（二）银行支付结算方式

支付结算是指单位、个人在社会经济活动中使用票据、信用卡和汇兑、托收承付、委托收款等结算方式进行货币给付及其资金清算的行为。支付结算分为现金结算和银行转账结算两种。除按照国家规定的现金使用范围利用现金结算外,其他各种往来结算款项都必须通过开户银行进行转账结算。转账结算是指收付双方通过银行以转账划拨方式进行的款项收付,也称非现金结算。目前企业可使用的支付结算方式主要有票据、信用卡、汇兑、托收承付、委托收款、信用证等。其中,票据主要有银行汇票、商业汇票、银行本票和支票等。

1. 支票

支票是出票人签发的,委托办理支票存款业务的银行在见票时无条件支付确定的金额给收款人或者持票人的票据。单位或个人在同一票据交换区域的各种款项结算,均可以使用支票。支票具有灵活方便的特点。

支票分为现金支票、转账支票和普通支票。现金支票只能用于支取现金；转账支票只能用于转账；普通支票既可用于支取现金,也可用于转账。

使用支票结算方式的注意事项：

（1）支票一律记名,填明收款人的名称。
（2）支票的提示付款期限为自出票日起10日内,遇节假日顺延。
（3）转账支票在中国人民银行批准的地区可以背书转让。
（4）签发支票的金额不得超过付款时在付款人处实有的存款金额,禁止签发空头支票。如出票人签发空头支票,银行应予以退票,并按票面金额处以5%但不低于1 000元的罚款。
（5）不得签发与其预留银行签章不符的支票。
（6）已签发的现金支票遗失可以向银行申请挂失。

收款单位对于收到的支票,应填制进账单并连同支票送交银行,根据银行盖章退回的收款凭证联和有关的原始凭证编制收款凭证,或根据银行转来的由签发人送交支票给银行后经银行审查盖章的收款凭证联和有关的原始凭证编制收款凭证,借记"银行存款"科目,贷记有关科目。付款单位对于付出的支票,应根据支票存根和有关原始凭证编制付款凭证,借记有关科目,贷记"银行存款"科目。

支票结算程序如图 1-2 所示。

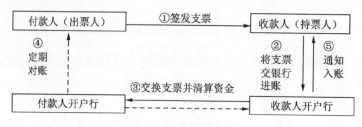

图 1-2　支票结算程序

2. 银行本票

银行本票是银行签发的,承诺自己在见票时无条件支付确定的金额给收款人或者持票人的票据。单位和个人在同一票据交换区域需要支付的各种款项,均可以使用银行本票。银行本票分为不定额银行本票和定额银行本票两种。定额银行本票面额为 1 000 元、5 000 元、10 000 元和 50 000 元。

使用银行本票结算方式的注意事项:

(1) 银行本票一律记名。

(2) 银行本票的提示付款期限最长不得超过 2 个月。在有效付款期内,银行见票付款。持票人超过付款期限提示付款的,银行不予受理。

(3) 申请人或收款人为单位的,不得申请签发现金银行本票。

(4) 银行本票可用于转账,注明"现金"字样的银行本票可以用于支取现金。

(5) 用于转账的银行本票可背书转让,但填明"现金"字样的银行本票不得背书转让。

(6) 银行本票见票即付,若银行本票遗失,失票人可以凭人民法院出具的其享有票据权利的证明,向出票银行请求付款或退款。如果遗失了填明"现金"字样的银行本票,持票人应当即向兑付银行或签发银行请求挂失。

收款单位按规定受理银行本票后,应将本票连同进账单送交银行办理转账,根据银行盖章退回的收款凭证联和有关原始凭证编制收款凭证,借记"银行存款",贷记有关账户。付款单位在填送"银行本票申请书"并将款项交存银行、收到银行签发的银行本票后,根据申请书存根联编制付款凭证,借记"其他货币资金——银行本票存款"科目,贷记"银行存款"科目。

银行本票结算程序如图 1-3 所示。

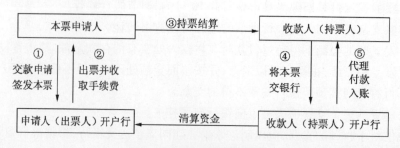

图 1-3　银行本票结算程序

3. 银行汇票

银行汇票是出票银行签发的,由其在见票时按照实际结算金额无条件支付给收款人或者持票人的票据。银行汇票的出票银行为银行汇票的付款人。单位和个人各种款项的结算,均可以使用银行汇票。

使用银行汇票结算方式的注意事项:

(1) 银行汇票一律记名,用于转账的银行汇票可以背书转让。未填写实际结算金额或实际结算金额超过出票金额的银行汇票,不得背书转让。

(2) 银行汇票的提示付款期限为自出票日起1个月,持票人超过付款期限提示付款的,代理付款人将不予受理。

(3) 银行汇票可以用于转账,填明"现金"字样的银行汇票也可以用于支取现金。

(4) 持票人向银行提示付款时,必须同时提交银行汇票和解讫通知,缺少任何一联,银行不予受理。

(5) 银行汇票遗失,失票人可以凭人民法院出具的其享有票据权利的证明,向出票银行请求付款或退款。

企业向银行申请办理银行汇票时,应填写"银行汇票委托书",将款项交存出票银行。收款单位应当将银行汇票、解讫通知和进账单送交银行,根据银行退回的进账单和有关的原始凭证编制收款凭证,借记"银行存款"科目,贷记有关科目。付款单位应在收到银行签发的银行汇票后,根据"银行汇票申请书(存根联)"编制付款凭证,借记"其他货币资金——银行汇票存款"科目,贷记"银行存款"科目。如有多余款项或因汇票超过付款期等原因而退款时,应根据银行的多余款收账通知编制收款凭证,借记"银行存款"科目,贷记"其他货币资金——银行汇票存款"科目。

银行汇票结算程序如图1-4所示。

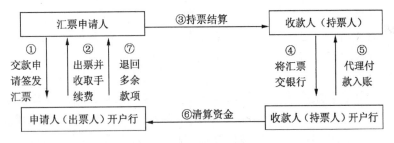

图1-4 银行汇票结算程序

4. 商业汇票

商业汇票是出票人签发的,委托付款人在指定日期无条件支付确定的金额给收款人或者持票人的票据。商业汇票按其承兑人的不同,分为商业承兑汇票和银行承兑汇票。前者是由银行以外的付款人承兑的票据;后者是由在承兑银行开立存款账户的存款人签发而由银行承兑的票据。

使用商业汇票结算方式的注意事项:

(1) 商业汇票一律记名,允许背书转让。

(2) 付款人承兑商业汇票,应当在汇票正面记载"承兑"字样和承兑日期并签章。

(3) 付款人承兑商业汇票,不得附有条件。

（4）银行承兑汇票的承兑银行，应按票面金额向出票人收取万分之五的手续费。

（5）商业汇票的付款期限由交易双方商定，最长不得超过6个月。商业汇票的付款期限可以按日表示，也可以按月表示。

（6）商业汇票的提示付款期限为自汇票到期日起10日。

（7）符合条件的商业汇票的持票人，可以持未到期的商业汇票连同贴现凭证向银行申请贴现。

商业承兑汇票可由交易双方签发，但由购货企业承兑。汇票到期时，购货企业的开户银行凭票将票款划给销货企业或贴现银行。销货企业应在提示付款期限内通过开户银行委托收款或直接向付款人提示付款。汇票到期，如果购货企业无力支付票款，开户银行应将汇票退还销货企业，由购销双方自行处理。

采用商业承兑汇票方式时，收款单位将要到期的商业承兑汇票连同填制的邮划或电划委托收款凭证，一并送交银行办理转账，根据银行盖章退回的收账通知编制收款凭证，借记"银行存款"科目，贷记"应收票据"科目。

商业承兑汇票结算程序如图1-5所示。

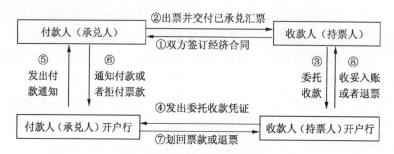

图1-5　商业承兑汇票结算程序

付款单位办理银行承兑汇票，须向银行支付手续费。为满足承兑银行于汇票到期时及时支付票款的需要，购货企业应于汇票到期前将票款足额存交其开户银行。汇票到期，出票人未能足额交存票款，承兑银行除凭票向持票人无条件付款外，对出票人尚未支付的汇票金额计收利息。

采用银行承兑汇票方式时，收款单位将要到期的银行承兑汇票连同填制的邮划或电划委托收款凭证，一并送交银行办理转账，根据银行盖章退回的收账通知编制收款凭证，借记"银行存款"科目，贷记"应收票据"科目。付款单位在收到银行的付款通知时，据此编制付款凭证，借记"应付票据"科目，贷记"银行存款"科目。

银行承兑汇票结算程序如图1-6所示。

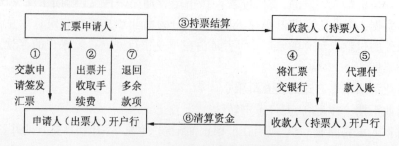

图1-6　银行承兑汇票结算程序

收款单位将未到期的商业汇票向银行申请贴现时,应按规定填制贴现凭证,连同商业汇票一并送交银行,根据银行的收账通知编制收款凭证。

5. 信用卡

信用卡是指商业银行向个人和单位发行的,凭以向特约单位购物、消费和向银行存取现金,且具有消费信用的特制载体卡片。信用卡按使用对象分为单位卡和个人卡。凡在中国境内金融机构开立基本存款账户的单位可申领单位卡。个人卡账户的资金以个人持有的现金存入或以其工资性款项及属于个人的劳务报酬收入转账存入。严禁将单位的款项存入个人卡账户。

使用信用卡结算方式的注意事项:

(1) 单位卡账户的资金一律从其基本存款账户转账存入,不得交存现金,不得将销货收入的款项存入信用卡账户。

(2) 信用卡仅限于合法持卡人本人使用,持卡人不得出租或转借信用卡。

(3) 持卡人可持信用卡在特约单位购物、消费。单位卡不得用于10万元以上的商品交易、劳务供应款项的结算。

(4) 单位卡一律不得支取现金。特约单位不得通过压卡、签单和退货等方式支付持卡人现金。

(5) 持卡人要求退货的,特约单位应使用退货单办理压(刷)卡,并将退货单金额从当日签购单累计金额中抵减,退货单随签购单一并送交收单银行。

(6) 信用卡在规定的限额内允许善意透支。

6. 汇兑

汇兑是汇款人委托银行将其款项支付给收款人的结算方式。单位和个人的各种款项的结算,均可使用汇兑结算方式。汇兑分为信汇、电汇两种,由汇款人选择使用。汇入银行对于收款人拒绝接受的汇款,应立即办理退汇。汇入银行对于向收款人发出取款通知,经过2个月无法交付的汇款,应主动办理退汇。

使用汇兑结算方式的注意事项:

(1) 汇兑分为信汇、电汇两种。信汇是指汇款人委托银行通过邮寄方式将款项划转给收款人。电汇是指汇款人委托银行通过电报方式将款项划转给收款人。电汇划拨款项简便、灵活。

(2) 汇款人委托银行办理汇兑时,应填写信汇或电汇凭证,详细填明汇入地点、汇入行名称、收款人名称、汇出地点、汇出行名称、汇款人名称、确定的余额、汇款人签章等项内容。

(3) 支取现金的信汇、电汇凭证上必须按规定填明"现金"字样才能办理。未填明"现金"字样,需要支取现金的,由汇入银行按国家现金管理规定审查支付。

付款人委托银行汇出款项后,根据信(电)汇凭证回单及有关原始凭证,借记"应付账款"等科目,贷记"银行存款"科目。

收款单位根据银行转来的收账通知及有关原始凭证,借记"银行存款"科目,贷记"应收账款"等科目。

汇兑结算程序如图1-7所示。

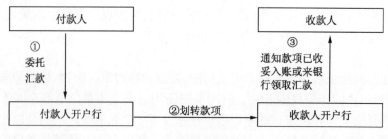

图 1-7 汇兑结算程序

7. 托收承付

托收承付是根据购销合同由收款人发货后委托银行向异地付款人收取款项,由付款人向银行承认付款的结算方式。

使用托收承付结算方式的注意事项:

(1) 使用托收承付结算方式的收款单位和付款单位,必须是国有企业、供销合作社以及经营管理较好并经开户银行审查同意的城乡集体所有制工业企业。

(2) 办理托收承付结算的款项,必须是商品交易,以及因商品交易而产生的劳务供应的款项。非商品交易以及代销、寄销、赊销商品的款项,不得办理托收承付结算。

(3) 托收承付结算每笔的金额起点为 10 000 元,新华书店系统每笔的金额起点为 1 000 元。

(4) 承付货款分为验单付款和验货付款两种,在双方签订合同时约定。验单付款是购货企业根据经济合同对转来的单据进行审查,无误后,即可承认付款。验单付款的承付期为 3 天,从付款人开户银行发出承付通知的次日算起(承付期内遇法定节假日顺延)。验货付款时,购货企业待货物运达企业,对货物进行检验,与合同完全相符后,才承认付款。验货付款的承付期为 10 天,从运输部门向付款人发出提货通知的次日算起。为满足购货单位组织验货的需要,对收付双方在合同中明确规定,并在托收凭证上注明验货付款期限的,银行从其规定。

付款人在承付期内,可向银行提出全部或部分拒绝付款,并填写"拒绝付款理由书",注明拒绝付款理由。银行负责审查拒绝付款理由,银行同意部分或全部拒绝付款的,应在拒绝付款理由书上签注意见,并将拒绝付款理由书、拒付证明、拒付商品清单和有关单证邮寄收款人开户银行,并由开户银行转交销货企业。如付款人在承付期无足够资金支付,其不足部分为逾期未付款项,付款人开户银行根据逾期付款金额和逾期天数,按每天万分之五计算逾期付款赔偿金。当付款人账户有款时,付款人开户银行必须将逾期未付款项和应付的赔偿金及时扣划给收款人。

收款单位办妥托收手续后,根据托收承付结算凭证的回单联及有关原始凭证,借记"应收账款"科目,贷记"主营业务收入"等科目。

付款单位接到银行转来的托收承付结算凭证的付款通知时,借记"在途物资"等科目,贷记"应付账款"科目。

托收承付结算程序如图 1-8 所示。

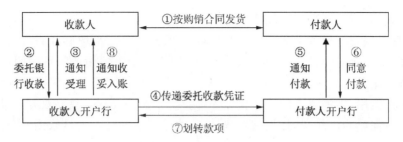

图1-8 托收承付结算程序

8. 委托收款

委托收款是收款人委托银行向付款人收取款项的结算方式。单位和个人凭已承兑商业汇票、债券、存单等付款人债务证明办理款项的结算,均可以使用委托收款结算方式。

使用委托收款结算方式的注意事项:

(1) 收款人办理委托收款应向银行提交委托收款凭证和有关的债务证明,收款人开户银行审查同意后,将委托收款凭证的回单退给收款单位,表示已办妥委托收款手续。

(2) 付款人开户银行接到转来委托收款凭证及债务证明,审查无误后,应及时通知付款人。付款人接到通知后应在规定的期限内付款,付款期限为3天,从付款银行发出付款通知的次日算起,到期日遇节假日顺延。付款人在付款期限内未向银行提出异议的,银行视为同意付款,并于付款人接到通知日的次日起第4日上午开始营业时,将款项划给收款人。

(3) 付款人在付款期满而存款账户不足支付的,应将其债务证明连同未付款项通知书寄至收款人开户银行,转交收款人。

(4) 付款人审查有关债务证明后,对收款人委托收取的款项提出拒绝付款的,应在付款期内出具拒绝付款理由书,持有债务证明的,应将其送交开户银行。银行不负责审查拒付理由,将拒绝付款理由书、债务证明和有关凭证一并寄给被委托银行,转交收款人。

收款单位办妥委托收款手续后,根据委托收款结算凭证的回单联及有关原始凭证,借记"应收账款"科目,贷记"主营业务收入"等科目。

付款单位接到银行转来的委托收款结算凭证的付款通知时,借记"在途物资"等科目,贷记"应付账款"科目。

委托收款结算程序如图1-9所示。

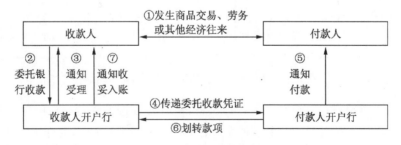

图1-9 委托收款结算程序

9. 信用证

信用证是一种由银行按照客户的要求和指示开立的有条件承诺付款的书面凭证,一般为不可撤销的跟单信用证。"不可撤销"是指信用证一经开出,在有效期内未经受益人及有关当事人的同意,开证行不能片面修改和撤销,只要受益人提供的单据符合信用证的规定,开证行必须履行付款义务。"跟单"是指信用证项下的汇票必须附有货运单据。目前,国际间的贸易普遍遵循《跟单信用证统一惯例》。《跟单信用证统一惯例》是确保在世界范围内将信用证作为可靠支付手段的准则,已被大多数国家和地区所接受和使用。信用证属于银行信用,供销双方的权利和义务都会得到保障,因此,只要双方有合作的意愿,交易是很容易促成的。我国国内企业与国外企业间的贸易基本上是采用这一结算方式进行结算的。

信用证业务涉及六个方面的当事人:(1)开证申请人,是指向银行申请开立信用证的人,又称开证人。(2)开证行,是指接受开证申请人的委托开立信用证的银行,它承担保证付款的责任。(3)通知行,是指受开证行的委托,将信用证转交出口人的银行,它只证明信用证的真实性,不承担其他义务。(4)受益人,是指信用证上所指定的有权使用该证的人,即出口人或实际供货人。(5)议付银行,是指愿意买入受益人交来的跟单汇票的银行。(6)付款银行,是指信用证上指定付款的银行,在多数情况下,付款银行就是开证行。

信用证结算方式的一般收付款程序是:(1)开证申请人根据合同填写开证申请书并交纳押金或提供其他保证,请开证行开证。(2)开证行根据申请书内容,向受益人开出信用证并寄交出口人所在地通知行。(3)通知行核对印鉴无误后,将信用证交受益人。(4)受益人审核信用证内容与合同规定相符后,按信用证规定装运货物、备妥单据并开出汇票,在信用证有效期内送议付行议付。(5)议付行按信用证条款审核单据无误后,将货款垫付给受益人。(6)议付行将汇票和货运单据寄给开证行或其特定的付款行索偿。(7)开证行审核单据无误后,付款给议付行。(8)开证行通知开证人付款赎单。

二、银行存款的核算

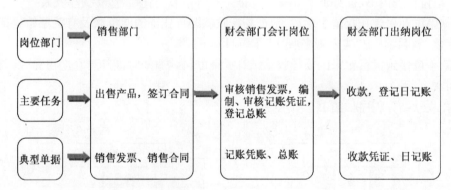

图1-10 银行存款核算的工作过程与岗位对照

企业应当设置银行存款总账和银行存款日记账,分别进行银行存款的总分类核算和明细分类核算。企业可按开户银行和其他金融机构、存款种类等设置"银行存款日记账",根据收付款凭证,按照业务发生的先后顺序,逐日、逐笔登记。每日终了,应结出余额。

（一）银行存款日常收付的账务处理

【例1-2-1】 长江实业公司为增值税一般纳税人，2019年10月发生下列部分经济业务：

（1）8日，公司向风华公司购买材料一批，货款10 000元，增值税额1 300元，材料已验收入库。以银行本票进行结算。

（2）17日，公司签发转账支票以支付前欠中淮公司购货款12 000元。

（3）20日，公司向江海公司销售一批产品，开出的增值税发票上注明价款30 000元，增值税3 900元，收到对方开来的转账支票一张。

账务处理如下：

(1) 借：原材料　　　　　　　　　　　　　　　　　　10 000
　　　　应交税费——应交增值税（进项税额）　　　　 1 300
　　　贷：其他货币资金——银行本票存款　　　　　　　　　11 300
(2) 借：应付账款——中淮公司　　　　　　　　　　　12 000
　　　贷：银行存款　　　　　　　　　　　　　　　　　　　12 000
(3) 借：银行存款　　　　　　　　　　　　　　　　　33 900
　　　贷：主营业务收入　　　　　　　　　　　　　　　　　30 000
　　　　　应交税费——应交增值税（销项税额）　　　　　　 3 900

（二）银行存款的清查

银行存款的清查是指将企业银行存款日记账的账面余额与其开户银行转来的对账单余额进行核对，以查明银行存款收、付及余额是否账实相符。双方余额不一致的原因除记账错误外，还因为存在未达账项。所谓未达账项，是指由于企业与银行取得有关凭证的时间不同，而发生的一方已取得凭证登记入账，另一方由于未取得凭证尚未入账的款项。未达账项具体有以下四种情况：

（1）企业已收款入账，银行尚未收款入账。如企业已将销售产品收到的支票送存银行，对账前银行尚未入账的款项。

（2）企业已付款入账，银行尚未付款入账。如企业开出支票购货，根据支票存根已登记银行存款减少，而银行尚未接到支票，未登记银行存款减少的款项。

（3）银行已收款入账，企业尚未收款入账。如银行收到外单位采用托收承付结算方式购货所付的款项，已登记入账，企业未收到银行通知而未入账的款项。

（4）银行已付款入账，企业尚未付款入账。如银行代企业支付的购料款，已登记企业银行存款减少，而企业因未收到凭证尚未记账的款项。

对上述未达账项，应通过编制"银行存款余额调节表"进行调节，如没有记账错误，调节后的双方余额应相等。

【例1-2-2】 某企业2019年12月31日银行存款日记账的余额为47 000元,银行转来对账单的余额为85 000元。经逐笔核对,发现以下未达账项:

(1) 企业送存转账支票79 000元,并已登记银行存款增加,但银行尚未记账。
(2) 企业开出转账支票45 000元,但持票单位尚未到银行办理转账,银行尚未记账。
(3) 企业委托银行代收某公司购货款75 000元,银行已收妥并登记入账,但企业尚未收到收款通知,尚未记账。
(4) 银行代企业支付电话费3 000元,银行已登记企业银行存款减少,但企业未收到银行付款通知,尚未记账。

根据上述资料编制"银行存款余额调节表",如表1-2所示。

表1-2   银行存款余额调节表
           2019年12月31日   单位:元

项 目	金额	项 目	金额
企业银行存款日记账余额	47 000	银行对账单余额	85 000
加:银行已收、企业未收款	75 000	加:企业已收、银行未收款	79 000
减:银行已付、企业未付款	3 000	减:企业已付、银行未付款	45 000
调节后的存款余额	119 000	调节后的存款余额	119 000

说明两点:一是未达账项不是记账错误,因此对查出的未达账项无须做账务调整,但对长期未达账项,应查明原因及时处理;二是表1-2中经过调节后所得出的相等数额,在双方记账无误的情况下,表示企业在银行的实际存款额。

企业与银行之间由于双方记账差错引起的账单余额不符,分别由双方按规定的错账更正方法予以更正;而对于由于未达账项引起的账单余额不符,应编制"银行存款余额调节表"调整并揭示银行与企业间存款余额记录上的差异,据以核实双方账目是否正确。

○ **案例分析与讨论**

深圳某证券营业部财务部设财务经理、会计及出纳三个岗位,按照相关规定,由出纳负责管理现金、登记库存现金及银行存款日记账,由财务经理将银行对账单与银行存款日记账核对后编制银行存款余额调节表。2014年8月,该营业部总经理调离,由于新总经理对营业部情况不熟悉,很多事务需要财务经理协助处理,财务经理因工作繁忙便没有核对8—11月份的银行对账单,也未编制银行存款余额调节表。营业部出纳朱某见财务经理8月份未核对银行对账单,便从9月份开始挪用营业部资金。12月初,财务经理要其将银行对账单拿来核对,以便编制银行存款余额调节表。朱某见事情败露,便于当晚潜逃。第二天财务经理发现银行对账单与银行存款日记账不符,便向总公司汇报。经过仔细检查,发现朱某从9月份挪用第一笔资金开始,3个月时间累计挪用人民币90万元、港币10万元。

分析思考:银行存款余额调节表在企业会计核算工作中发挥的主要作用是什么?编制银行存款余额调节表需要特别注意什么事项?

任务三 其他货币资金的核算

一、其他货币资金概述

企业除库存现金、银行存款以外的货币资金,在会计上称为其他货币资金。从性质上来看,其他货币资金与库存现金、银行存款一样属于货币资金,但由于存放地点与用途不同,因此在会计上作为其他货币资金单独核算。其他货币资金主要包括银行汇票存款、银行本票存款、信用卡存款、信用证保证金存款、存出投资款和外埠存款等。

二、其他货币资金的账务处理

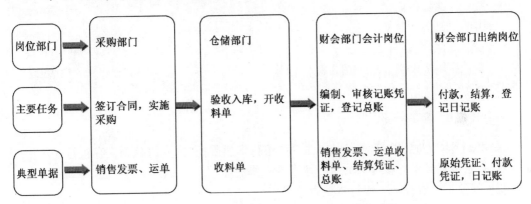

图1-11 其他货币资金核算的工作过程与岗位对照

(一) 银行汇票存款

企业向银行申请办理银行汇票时,应填写"银行汇票委托书"并将款项交存出票银行。

1. 企业根据经银行核准的银行汇票委托书存根

借:其他货币资金——银行汇票存款
　　贷:银行存款

2. 企业持银行汇票购货、收到有关发票账单时

借:在途物资
　　应交税费——应交增值税(进项税额)
　　贷:其他货币资金——银行汇票存款

3. 采购完毕收回剩余款项时

借:银行存款
　　贷:其他货币资金——银行汇票存款

销货企业收到银行汇票、填制进账单和到开户银行办理款项入账手续时,应根据进账单及销货发票等,借记"银行存款"科目,贷记"主营业务收入""应交税费——应交增值税(销项税额)"等科目。

【例 1-3-1】 2019 年 6 月 15 日，江南公司申请办理银行汇票，将银行存款 120 000 元转为银行汇票存款。6 月 18 日，以银行汇票结算采购材料款 90 000 元，增值税 11 700 元，共计 101 700 元，材料尚未验收入库。6 月 20 日，银行将多余款项 18 300 元退回，收妥入账。会计部门编制会计分录如下：

（1）取得银行汇票：

借：其他货币资金——银行汇票存款　　　　　　　　120 000
　　贷：银行存款　　　　　　　　　　　　　　　　　　120 000

（2）用银行汇票采购材料：

借：在途物资　　　　　　　　　　　　　　　　　　　90 000
　　应交税费——应交增值税（进项税额）　　　　　　 11 700
　　贷：其他货币资金——银行汇票存款　　　　　　　101 700

（3）收到退款：

借：银行存款　　　　　　　　　　　　　　　　　　　18 300
　　贷：其他货币资金——银行汇票存款　　　　　　　 18 300

（二）银行本票存款

采用银行本票进行结算时，企业应填写"银行本票委托书"并将款项交存银行。

1. 企业根据经银行核准后的银行本票委托书存根

借：其他货币资金——银行本票存款
　　贷：银行存款

2. 企业持银行本票购货、收到有关发票账单时

借：在途物资
　　应交税费——应交增值税（进项税额）
　　贷：其他货币资金——银行本票存款

销货企业收到银行本票、填制进账单并到开户银行办理款项入账手续时，应根据进账单及销货发票等，借记"银行存款"科目，贷记"主营业务收入""应交税费——应交增值税（销项税额）"等科目。

（三）外埠存款

外埠存款是指企业为了到外地进行临时或零星采购，而汇往采购地所开立的采购专户的款项。企业将款项汇往外地时，应填写汇款委托书，委托开户银行办理汇款。汇入地银行以汇款单位名义开立临时采购专用账户，该账户内的存款不计利息、只付不收、付完清户，除了采购人员可从中提取少量现金外，一律采用转账结算。

1. 企业将款项汇往外地开立临时采购专用账户时

借：其他货币资金——外埠存款
　　贷：银行存款

2. 采购人员转来发票账单时

借：在途物资

应交税费——应交增值税（进项税额）
　　　贷：其他货币资金——外埠存款
3. 采购完毕收回剩余款项时
借：银行存款
　　贷：其他货币资金——外埠存款

【例1-3-2】 2019年9月10日,远东公司委托开户的建设银行汇往江西工商银行100 000元以开立采购专户。9月20日,采购员交来供货单位发票两张共计金额90 400元,其中货款80 000元,增值税10 400元,采购的材料尚未收到。9月28日,收到开户银行的收账通知,多余的外埠存款9 600元已退回开户银行。会计部门根据上述资料编制会计分录如下:
（1）委托银行开立采购专户：
借：其他货币资金——外埠存款　　　　　　　　　　　　　　100 000
　　贷：银行存款　　　　　　　　　　　　　　　　　　　　　100 000
（2）采购商品：
借：在途物资　　　　　　　　　　　　　　　　　　　　　　80 000
　　应交税费——应交增值税（进项税额）　　　　　　　　　　10 400
　　贷：其他货币资金——外埠存款　　　　　　　　　　　　　90 400
（3）收回多余的外埠存款：
借：银行存款　　　　　　　　　　　　　　　　　　　　　　9 600
　　贷：其他货币资金——外埠存款　　　　　　　　　　　　　9 600

（四）信用卡存款

信用卡存款是指企业为取得信用卡而存入银行信用卡专户的款项。企业应填制"信用卡申请表",连同支票和有关资料一并送交发卡银行,领取信用卡。

1. 企业根据银行盖章退回的交存备用金进账单
借：其他货币资金——信用卡存款
　　贷：银行存款
2. 企业收到开户银行转来的信用卡存款的付款凭证及所附发票账单时
借：管理费用
　　贷：其他货币资金——信用卡存款

企业的持卡人如不需要继续使用信用卡时,应持信用卡主动到发卡银行办理销户。销卡时,单位卡科目余额转入企业基本存款账户,不得提取现金,借记"银行存款"科目,贷记"其他货币资金——信用卡存款"科目。

【例1-3-3】 2019年10月,南方公司发生信用卡存款收付业务如下：(1)将银行存款50 000元存入信用卡；(2)用信用卡支付业务招待费3 500元；(3)收到信用卡存款的利息80元。会计部门编制会计分录如下：

(1) 将资金存入信用卡：
借：其他货币资金——信用卡存款　　　　　　　　　　　50 000
　　贷：银行存款　　　　　　　　　　　　　　　　　　　　50 000
(2) 用信用卡支付业务招待费：
借：管理费用　　　　　　　　　　　　　　　　　　　　　3 500
　　贷：其他货币资金——信用卡存款　　　　　　　　　　　3 500
(3) 收到信用卡存款的利息：
借：其他货币资金——信用卡存款　　　　　　　　　　　　　80
　　贷：财务费用　　　　　　　　　　　　　　　　　　　　　80

小贴士

信用卡按发卡对象的不同分为个人卡和单位卡。单位卡（公司卡）即用于单位消费的卡，每个单位可申请领用一张主卡和五张附属卡。同一单位卡单笔透支发生额不得超过50 000元（含等值外币）；同一账户月透支余额单位卡不得超过发卡银行对该单位综合授信额度的3%；无综合授信额度可参照的单位，其月透支余额不得超过100 000元。

（五）存出投资款

存出投资款是指企业已存入证券公司但尚未进行短期证券投资的款项。

1. 企业向证券公司划出资金时，应按实际划出的金额
借：其他货币资金——存出投资款
　　贷：银行存款
2. 企业实际购买股票或债券等证券时
借：交易性金融资产
　　贷：其他货币资金——存出投资款

【例1-3-4】 2012年9月，南方公司发生存出投资款业务如下：(1) 将银行存款3 000 000元划入某证券公司准备进行投资活动；(2) 委托证券公司购买股票若干股，其成本为1 000 000元，并将其划分为交易性金融资产。会计部门根据上述业务编制会计分录如下：
(1) 将资金划入证券公司：
借：其他货币资金——存出投资款　　　　　　　　　　3 000 000
　　贷：银行存款　　　　　　　　　　　　　　　　　　　3 000 000
(2) 委托证券公司购买股票：
借：交易性金融资产　　　　　　　　　　　　　　　　1 000 000
　　贷：其他货币资金——存出投资款　　　　　　　　　　1 000 000

（六）信用证保证金存款

信用证保证金存款是指采用信用证结算方式的企业为取得信用证而存入银行信用证保证金专户的款项。企业需填写"信用证委托书"，将信用证保证金交存银行，由银行出具信用证。信用证结算方式是国际结算的一种主要方式。

1. 企业根据银行盖章退回的信用证委托书回单
   借：其他货币资金——信用证保证金
     贷：银行存款
2. 企业接到开证行付款通知后，根据供货单位信用证结算凭证及所附发票账单
   借：在途物资
     应交税费——应交增值税（进项税额）
     贷：其他货币资金——信用证保证金
3. 企业将未用完的信用证存款余额转回开户银行时
   借：银行存款
     贷：其他货币资金——信用证保证金

○ 案例分析与讨论

河南某外贸公司曾收到一份以英国标准麦加利银行伯明翰分行名义开立的跟单信用证，金额为37 200美元，通知银行为伦敦国民西敏寺银行。因该信用证没有像往常一样经受益人当地银行通知，真实性未能确定，该公司在发货前拿该信用证到某银行要求鉴别真伪。经银行专业人员审核，发现几点可疑之处：（1）信用证的格式很陈旧，信封无寄件人地址，且邮戳模糊不清，无法辨认从何地寄出；（2）信用证限制通知行伦敦国民西敏寺银行议付，有违常规；（3）收单行的详细地址在银行年鉴上查无；（4）信用证的签名为印刷体，而非手签，且无法核对；（5）信用证要求货物空运至尼日利亚，而该国是诈骗案多发地。根据以上几点，银行基本判断该信用证为伪造信用证。后来联系查实，确实如此，从而避免了一起伪造信用证诈骗案。

分析思考：企业使用信用证作为交易的结算手段，应注意哪些事项？

小　结

货币资金包括库存现金、银行存款及其他货币资金，它是企业中最活跃的资金，流动性强，是企业的重要支付手段和流通手段。

库存现金包括库存的人民币和各种外币。库存现金是流动性最强的货币资金，但收付频繁也容易出现差错，还可能被挪用或侵吞，应重点加强库存现金的管理与控制。

其他货币资金是指存放地点和用途都与库存现金和银行存款不同的货币资金，主要包括银行汇票存款、银行本票存款、信用卡存款、信用证保证金存款、存出投资款和外埠存款等。

应了解各种银行结算方式的内容、适用性、注意事项；掌握银行存款收入、支出的核算；掌握期末银行存款余额的核对及银行存款余额调节表的编制。

知识巩固

一、思考题

1. 什么是货币资金？它包括哪些内容？
2. 银行结算方式有哪些？各自的适用范围是什么？
3. 其他货币资金包括哪些内容？如何核算？
4. 什么是未达账项？有哪几种情况？

二、实务题

（一）货币资金的会计处理

要求：根据下述资料编制会计分录，并登记库存现金日记账和银行存款日记账。

某公司2019年7月31日的银行存款余额为286 000元，库存现金余额为1 450元。8月份发生的业务如下：

（1）2日，企业车间购买零星用料支付库存现金350元。

（2）5日，企业汇往外地银行购货款40 000元。

（3）8日，从银行提取现金4 500元。

（4）11日，用支票支付上月采购款20 000元。

（5）14日，收到职工违章罚款400元，库存现金已收。

（6）19日，销售产品10吨，共计58 500元，其中货款50 000元，增值税8 500元；收到现金8 500元，其他款项通过银行结算，款项已收存银行。

（7）20日，报销李华出差费用支付现金2 000元。

（8）22日，厂部办公室程浩出国考察预支差旅费1 500元，用库存现金支付。

（9）25日，企业购买办公用品280元，用库存现金支付。

（10）月末，出纳清点库存现金的余额为10 700元，而账面金额为10 720元，账面余额与实存数不相符，按规定由出纳人员赔偿，出纳人员尚未交入此笔款项。

（二）编制银行存款余额调节表

要求：根据下述资料编制银行存款余额调节表。

某公司2019年7月31日收到银行存款对账单的余额为20 350元，银行存款日记账余额为47 220元，通过核对，发现下列情况：

（1）公司7月25日开出购货支票一张，金额为12 000元，收款单位尚未兑现。

（2）委托银行代收的劳务费5 400元，银行已存入公司账户，公司尚未接到通知。

（3）公司收到正化公司支票8 200元，新欣公司支票12 500元，30日存入银行，银行尚未入账。

（4）公司支付税金开出的支票为15 350元，在账上误记为15 530元。

（5）银行将新沪公司的存款3 450元误记入本公司账上。

（6）银行于7月30日支付公司到期的银行承兑汇票24 000元，公司尚未入账。

（7）银行扣除公司本月的贷款利息3 200元，公司尚未收到通知。

项目二 债权债务的核算

本项目说明

债权与债务是企业资产及负债的重要组成部分。本项目中的债权与债务主要是指流动资产中的债权和流动负债中的债务。债权债务的核算是往来会计岗位、职工薪酬会计岗位等必须掌握的工作内容。债权债务核算往往离不开收入、费用、资产这些会计要素,所以,对本项目内容的学习,不仅要掌握相关知识本身,还要结合收入、费用、资产等会计要素的知识来学习。

知识目标

1. 熟练掌握应收票据、应收账款、预付账款、其他应收款的核算。
2. 掌握估计坏账损失金额的方法及坏账损失的核算。
3. 掌握应付票据、应付账款、预收账款、其他应付款、应付职工薪酬、应交税费的核算。

能力目标

1. 能熟练进行各种应收款项及其坏账损失业务的账务处理。
2. 能熟练进行各种应付及预收款项、应付职工薪酬的账务处理。
3. 能熟练进行主要税种的账务处理。

知识准备

债权是企业收取款项的权利,一般包括应收及预付款项,即应收票据、应收账款、预付账款和其他应收款等。债务是指企业过去的交易或者事项形成的、预期会导致经济利益流出企业的现时义务,一般包括应付票据、应付账款、预收账款、其他应付款、应付职工薪酬和应交税费等。债权债务的发生和结算,涉及单位的经营活动、筹资活动、投资活动,日常频繁发生,因而必须真实、完整、及时地进行核算,防止在债权债务环节出现非法行为。

任务一 债权的核算

一、应收票据的核算

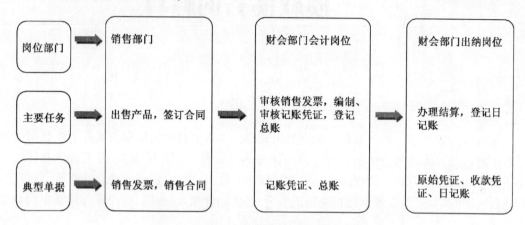

图 2-1 应收票据核算的工作过程与岗位对照

（一）应收票据的概念及分类

应收票据是指企业持有的还没有到期或尚未兑现的票据。票据包括支票、银行本票、银行汇票、商业汇票等，但在我国，除了商业汇票外，其他票据都是见票即付的票据，可以即刻收款或存入银行成为货币资金，不需要作为应收票据核算。因此，应收票据是指商业汇票。

商业汇票按是否计息，可分为不带息商业汇票和带息商业汇票。不带息商业汇票是指票据到期时，承兑人只按票面金额（面值）向收款人或被背书人支付票款的票据。带息商业汇票是指票据到期时，承兑人必须按票面金额加上应计利息向收款人或被背书人支付票款的票据。

（二）应收票据的期限确定

票据的期限一般有按日表示和按月表示两种。

（1）按日表示期限的应收票据，其到期日确定原则为"算头不算尾"或"算尾不算头"，我国一般采用的是"算尾不算头"。

比如，6月12日开出，期限90天应收票据，其到期日为9月10日（分大小月，按实际天数计算，即6月份剩下18天，7月份和8月份各31天，再加上9月份10天）。

（2）按月表示期限的应收票据，其到期日确定原则为"月中对月中、月末对月末"。

比如，1月20日开出，一个月到期的应收票据的到期日为2月20日，即月份中间开出商业汇票时，则"月中对月中"。

再如，3月31日开出，一个月到期的应收票据的到期日为4月30日，即月末开出商业汇票时，则"月末对月末"，不分大小月。

(三) 应收票据的计价及账户设置

在我国,商业汇票的付款期限一般较短(最长6个月),利息金额相对来说不大,用现值记账不但计算麻烦而且其折价还要逐期摊销,过于烦琐。因此,应收票据一般按其面值计价,即企业收到应收票据时,应按照票据的面值入账。但对于带息的应收票据,按照企业会计准则的规定,应于期末(指中期期末和年度终了)按应收票据的票面价值和确定的票面利率计提利息,计提的利息应增加应收票据的账面价值。

企业为了反映和监督应收票据的取得和回收情况,应设置"应收票据"账户进行核算。"应收票据"账户的借方登记应收票据的增加(取得)数,贷方登记应收票据的减少(兑现、贴现等)数,余额在借方表示收款企业所持有的应收票据金额。为了便于管理和分析各种应收票据的具体情况,企业还应设置"应收票据备查簿",逐笔登记商业汇票的种类、号数、出票日期、票面金额、交易合同号和付款人、承兑人、背书人的姓名或单位名称、到期日、背书转让日、贴现日、贴现率和贴现净额,以及收款日和收回金额、退票情况等资料。商业汇票到期结清票款或退票后,应在"应收票据备查簿"中逐笔注销。

(四) 应收票据的账务处理

1. 不带息应收票据

不带息应收票据的到期价值等于应收票据的面值。企业销售商品或提供劳务收到商业汇票时,借记"应收票据"科目,贷记"主营业务收入""应交税费——应交增值税(销项税额)"等科目。票据到期收回时,应按票面金额,借记"银行存款"科目,贷记"应收票据"科目。

【例2-1-1】 甲公司销售一批产品给B公司,货已发出,假定产品的控制权在发出时已转移给B公司,货款40 000元,增值税额为5 200元。按合同约定3个月以后付款,B公司交给甲公司一张不带息3个月到期的银行承兑汇票,面额45 200元。甲公司应编制会计分录如下:

```
借:应收票据——B公司                              45 200
    贷:主营业务收入                                    40 000
        应交税费——应交增值税(销项税额)                  5 200
```

3个月后应收票据到期,收回款项45 200元,存入银行,应编制会计分录如下:

```
借:银行存款                                      45 200
    贷:应收票据——B公司                                45 200
```

2. 带息应收票据

企业收到的带息应收票据,除按照上述原则进行核算外,还应于中期期末和年度终了,按规定计提票据利息,并增加应收票据的账面价值,同时冲减财务费用。票据利息的计算公式为:

应收票据利息 = 应收票据票面金额 × 票面利率 × 期限

带息的应收票据到期收回款项时,应按收到的本息,借记"银行存款"科目,按账面余额,贷记"应收票据"科目,按其差额,贷记"财务费用"科目。

【例2-1-2】 2019年10月1日,甲公司销售一批产品给A公司,货已发出,产品的控制权在发出时已转移给A公司,发票上注明的销售价款为100 000元,增值税额为13 000元。收到A公司交来的商业承兑汇票一张,期限为6个月,票面利率为10%。

(1) 收到票据时,编制会计分录如下:

借:应收票据　　　　　　　　　　　　　　　　　　　　　　113 000
　　贷:主营业务收入　　　　　　　　　　　　　　　　　　　100 000
　　　　应交税费——应交增值税(销项税额)　　　　　　　　13 000

(2) 年度终了(2019年12月31日),计提票据利息,编制会计分录如下:

票据利息 = 113 000 × 10% × 3 ÷ 12 = 2 825(元)

借:应收票据　　　　　　　　　　　　　　　　　　　　　　2 825
　　贷:财务费用　　　　　　　　　　　　　　　　　　　　　2 825

(3) 票据到期收回货款,编制会计分录如下:

票据到期价值 = 113 000 + 113 000 × 10% × 6 ÷ 12 = 118 650(元)

借:银行存款　　　　　　　　　　　　　　　　　　　　　　118 650
　　贷:应收票据　　　　　　　　　　　　　　　　　　　　　115 825
　　　　财务费用　　　　　　　　　　　　　　　　　　　　　2 825

3. 应收票据背书转让

应收票据背书转让是指持票人因偿还前欠货款等原因,将未到期的商业汇票背书后转让给其他单位或个人的业务活动。

企业可以将自己持有的商业汇票背书转让。所谓背书,是指持票人在票据背面或者粘单上记载有关事项并签章的行为,经过背书,票据的所有权由背书人转给被背书人,但背书人对票据的到期付款负连带责任。

企业将持有的应收票据背书转让,以取得所需物资时,如该业务符合金融资产终止确认的条件,企业按应计入物资成本的价值,借记"在途物资""原材料"等科目,按取得的专用发票上注明的增值税,借记"应交税费——应交增值税(进项税额)"科目,按应收票据的账面价值,贷记"应收票据"科目,如有差额,借记或贷记"银行存款"等科目。

【例2-1-3】 甲公司将取得的一张金额为45 000元的不带息应收票据,背书转让给A企业,以抵付其前欠的购货款。假设本业务符合金融资产终止确认的条件,甲公司应编制会计分录如下:

借:应付账款　　　　　　　　　　　　　　　　　　　　　　45 000
　　贷:应收票据　　　　　　　　　　　　　　　　　　　　　45 000

如果甲公司将该票据背书转让给B企业,以购入材料一批,材料价款40 000元,增值税额5 200元,差额部分用银行存款支付。假设本业务符合金融资产终止确认的条件,甲公司应编制会计分录如下:

借:在途物资　　　　　　　　　　　　　　　　　　　　　　40 000
　　应交税费——应交增值税(进项税额)　　　　　　　　　　5 200
　　贷:应收票据　　　　　　　　　　　　　　　　　　　　　45 000
　　　　银行存款　　　　　　　　　　　　　　　　　　　　　200

应收票据的背书转让,当不符合金融资产终止确认的条件时,会使企业承担因付款方不能到期支付票款的连带责任。此时,转让应收票据实际上具有抵押性质,应收票据不能终止确认。因转让应收票据而购入的材料视为负债处理,并通过"应付账款"科目核算。

小·贴士

计提应收票据利息时,利率和期限要对应起来,即年期限对应年利率,月期限对应月利率,日期限对应日利率。其中,所给利率无特殊说明时均为年利率,月利率=年利率÷12,日利率=年利率÷360。

(五) 应收票据贴现的账务处理

如果企业在所持有的应收票据到期前,出现资金短缺,可以持未到期的商业汇票去银行申请贴现,以解决临时性的资金需要。贴现是指票据持有人将未到期的票据在背书后转让给银行,由银行按票据到期价值扣除自贴现日至票据到期日的利息后,将余额付给持票人,作为银行对企业的短期贷款。因此,票据贴现实质上是企业融通资金的一种形式。贴现时,银行计算贴现息的利率称为贴现率,企业从银行获得的票据到期价值扣除贴现息后的货币收入,称为贴现净额。贴现净额的计算公式为:

贴现净额 = 票据到期价值 - 贴现息

其中:贴现息 = 票据到期价值 × 日贴现率 × 贴现天数

票据到期价值 = 面值 + 面值 × 利率 × 票据期限

贴现期即从贴现日到到期日的时间间隔。由于受票据的票面利率与银行贴现利率的差异及贴现期的影响,票据贴现实收金额与票面金额会产生一定差异,对于这种差异,会计上应作为财务费用处理。

下面以不带息应收票据为例,说明应收票据贴现的核算。企业持未到期的应收票据向银行贴现,应按实际收到的金额,借记"银行存款"科目,按贴现息部分,借记"财务费用"等科目,按商业汇票的票面金额,贷记"应收票据"科目(适用于满足金融资产终止确认条件的情形)或"短期借款"科目(适用于不满足金融资产终止确认条件的情形)。

【例2-1-4】 2019年2月18日,甲公司收到B公司出具的一张不带息银行承兑汇票,面值46 800元,期限5个月,假设公司在持有票据两个月时将票据到银行办理了贴现,贴现率为9%。由于贴现的银行承兑汇票不附追索权,因而本项贴现业务符合金融资产终止确认的条件。甲公司应编制会计分录如下:

贴现息 = 46 800 × 9% × 3 ÷ 12 = 1 053(元)

贴现净额 = 46 800 - 1 053 = 45 747(元)

借:银行存款   45 747

    财务费用   1 053

  贷:应收票据   46 800

【例2-1-5】 假定【例2-1-4】中甲公司收到的B公司的票据是商业承兑汇票,其他条件不变,则由于贴现的商业承兑汇票附追索权,因而本项贴现业务不符合金融资产终止确认的条件。甲公司应编制会计分录如下:

借:银行存款　　　　　　　　　　　　　　　　　　45 747
　　财务费用　　　　　　　　　　　　　　　　　　 1 053
　　贷:短期借款　　　　　　　　　　　　　　　　　46 800

票据到期时,若B公司如数付款,则贴现申请人的连带责任解除,甲公司应编制会计分录如下:

借:短期借款　　　　　　　　　　　　　　　　　　46 800
　　贷:应收票据　　　　　　　　　　　　　　　　　46 800

票据到期时,若B公司无力付款,贴现申请人要负连带付款责任,甲公司应编制会计分录如下:

借:短期借款　　　　　　　　　　　　　　　　　　46 800
　　贷:银行存款　　　　　　　　　　　　　　　　　46 800
同时:
借:应收账款　　　　　　　　　　　　　　　　　　46 800
　　贷:应收票据　　　　　　　　　　　　　　　　　46 800

○ 案例分析与讨论

A公司向B银行申请一张银行承兑汇票,B银行做了必要的审核后受理了该份申请,并依法在票据上签章。A公司得到这张票据后没有在票据上签章就把该票据直接交付给了C公司作为购货款。到了票据上记载的付款日期,C公司持票到B银行进行承兑,请求付款,B银行却以票据无效为由拒绝付款。

分析思考:你认为这张银行承兑汇票有效吗?银行既然在票据上依法签章,它可以拒绝付款吗?应该如何对商业汇票进行管理和控制?

二、应收账款的核算

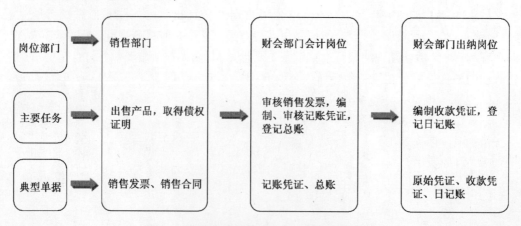

图2-2　应收账款核算的工作过程与岗位对照

（一）应收账款的概念及性质

应收账款是指企业在正常的经营过程中因销售商品、产品、提供劳务等业务,应向购买单位收取的款项,包括价款、应由购买单位或接受劳务单位负担的税金、代购买方垫付的各种运杂费等。

在会计上,作为应收账款核算的债权,是属于流动资产性质的债权,是因销售活动或提供劳务而形成的债权,需要向购货方收取。

（二）应收账款的计价

应收账款按实际发生额入账,即在一般情况下,按发票金额(包括价款和增值税)和代垫运杂费入账。但是,存在销售折扣时,应当视具体情况处理。

1. 商业折扣

商业折扣是指企业为促进销售而在商品标价上给予的扣除,即我们常见的打折。当企业采取商业折扣时,企业应收账款入账金额按照折扣后的价格进行处理。

2. 现金折扣

现金折扣是指债权人为鼓励债务人在规定的期限内尽早付清货款,而向债务人提供的部分债务免除,其常见的表示方法为"2/10,1/20,N/30",表示债务人若在10天内付款,债权人将给予2%的折扣,若在11—20天内付款,将给予1%的折扣,若在21—30天内付款,则需付全部款项。

对于现金折扣的处理,有总价法和净价法两种核算方法。其中,总价法是指在入账时先不考虑可能发生的现金折扣,如果客户享受了现金折扣,视为费用的增加,记入"财务费用"的借方,该方法可以较好地反映销售的总过程,但在客户可能享受现金折扣时会高估应收账款和销售收入;净价法是指将减去现金折扣后的金额确认为销售收入和应收账款,该方法把客户取得现金折扣视为正常现象,认为客户都会提前付款,而将由于客户超过折扣期限付款多收入的金额,视为提供信贷获得的收入,冲减财务费用,记入"财务费用"的贷方。我国企业采用总价法对现金折扣进行核算。

3. 销售折让

销售折让是指因产品质量有问题,债权人在价格上给予债务人的减让。企业发生销售折让时,按照给予的折让金额,做与确认销售收入相反的账务处理,以冲账。

（三）账户设置

会计核算时,企业应专门设置"应收账款"账户来核算和监督企业应收账款的发生和收回情况。不单独设置"预收账款"账户的企业,预收的款项也在"应收账款"账户中进行核算。该账户属于资产类账户,借方表示增加,登记赊销时企业应向购货单位或接受劳务的单位收取的款项;贷方表示减少,登记客户归还或已结转坏账损失的应收账款金额;期末余额一般在借方,表示企业期末仍未收回的应收账款。应按照不同的购货单位或接受劳务的单位设置明细账,对应收账款进行明细核算。

(四)应收账款的账务处理

【例 2-1-6】 甲企业于 2019 年 5 月 15 日销售商品一批给乙企业,卖价为 200 000 元,增值税为 26 000 元,现金折扣条件为"1/10,N/30"(假设现金折扣时不考虑增值税)。要求:分别按总价法与净价法进行会计处理。

分析: 总价法下,甲企业以全部金额确认销售收入,根据现金折扣条件,若乙企业在折扣期内(5 月 25 日前)付款,将享受 2 000(200 000×1%)元的现金折扣,超过折扣期付款,将不享受现金折扣。

(1) 5 月 15 日,确认销售收入,编制会计分录如下:

借:应收账款　　　　　　　　　　　　　　　　　　 226 000
　　贷:主营业务收入　　　　　　　　　　　　　　　　 200 000
　　　　应交税费——应交增值税(销项税额)　　　　　 26 000

(2) 若在折扣期内付款,编制会计分录如下:

借:银行存款　　　　　　　　　　　　　　　　　　 224 000
　　财务费用　　　　　　　　　　　　　　　　　　　 2 000
　　贷:应收账款　　　　　　　　　　　　　　　　　　 226 000

(3) 若超过折扣期付款,编制会计分录如下:

借:银行存款　　　　　　　　　　　　　　　　　　 226 000
　　贷:应收账款　　　　　　　　　　　　　　　　　　 226 000

○ 案例分析与讨论

A 企业将收回的账款,直接转借给其他单位,并将取得的利息收入转入"小金库"。如 A 企业在收到乙公司欠款时,不记库存现金日记账和银行存款日记账,而是同时签发相同金额的支票,有偿转借给甲公司,对付出银行存款也不登记银行存款日记账。在会计处理上,A 企业将两笔业务合并,记作:

借:应收账款——甲公司
　　贷:应收账款——乙公司

收到利息后不记收入,而是转入企业"小金库"。

分析思考: 根据国家有关规定,企业间可以互相拆借资金,但有些企业却以应收账款放贷,将利息收入转入"小金库",并称为企业间拆借资金。针对这种情况,应该如何加强对应收账款的管理和控制?

三、预付账款和其他应收款的核算

(一) 预付账款的核算

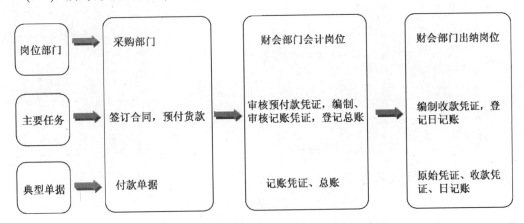

图 2-3　预付账款核算的工作过程与岗位对照

1. 预付账款的概念及性质

预付账款是指企业按照购货合同或劳务合同规定,预先支付给供货方或提供劳务方的款项,包括预付的材料货款、商品采购货款等。预付账款属于流动资产性质的债权。

预付账款按实际预付给供货方或提供劳务方的金额入账。

2. 账户设置

为反映企业预付给供货单位的款项及结算情况,应专门设置"预付账款"账户。该账户属于资产类账户,借方表示增加,登记企业预付给供货单位的款项;贷方表示减少,登记企业收到所购货物时结转的预付款项;期末余额一般在借方,反映企业仍未结转的预付款项。企业应按照不同的供货单位或提供劳务单位设置明细账,对预付账款进行明细核算。对于预付账款不多的企业,可以不单独设置"预付账款"账户,而是在"应付账款"账户中进行核算。

3. 预付账款的账务处理

企业应当按照支付预付款项、购货或接受劳务以及结算款项三个步骤来核算预付账款。在预付款时,根据实际支付的款项,借记"预付账款"科目,贷记"银行存款"科目;购货或接受劳务时,借记相关的资产、成本或费用,按照实际应当支付的款项,贷记"预付账款"科目;最后按照多退少补的原则进行结算,之前少付时补足,借记"预付账款"科目,贷记"银行存款"科目,之前多付时退回,做相反的会计分录。

【例 2-1-7】　A 企业根据购销合同规定,于 2019 年 5 月 10 日预付给甲企业购货款 5 000 元。5 月 25 日,收到供应单位提供的商品和开来的发票,发票上注明价款为 5 000 元,增值税 650 元。5 月 30 日,企业将余款支付给甲企业。

分析:A 企业先支付的 5 000 元,应增加"预付账款"的账面价值,购货时需要支付 5 650 元,可见,之前的预付款不足,应当补足差额 650 元。

（1）5月10日，预付款项时：
借：预付账款　　　　　　　　　　　　　　　　　　5 000
　　贷：银行存款　　　　　　　　　　　　　　　　　　　　5 000
（2）5月25日，收到所购商品时：
借：库存商品　　　　　　　　　　　　　　　　　　5 000
　　应交税费——应交增值税（进项税额）　　　　　　650
　　贷：预付账款　　　　　　　　　　　　　　　　　　　　5 650
（3）5月30日，结算款项时：
借：预付账款　　　　　　　　　　　　　　　　　　650
　　贷：银行存款　　　　　　　　　　　　　　　　　　　　650

（二）其他应收款的核算

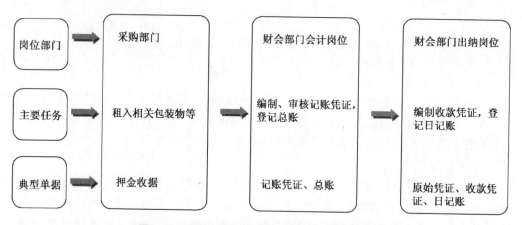

图2-4　其他应收款核算的工作过程与岗位对照

1. 其他应收款的概念及性质

其他应收款是指企业除了应收票据、应收账款、预付账款等以外的其他各种应收、暂付的款项。

其他应收款也是企业的流动资产，而且是非购销活动产生的应收债权。

2. 其他应收款的内容

（1）企业应收的保险公司或其他单位和个人应当支付的各种赔款、罚款；

（2）企业应收的出租包装物租金；

（3）企业应向职工收取的各种垫付款项；

（4）企业的备用金（不单独设置"备用金"科目的企业所拨出的备用金）；

（5）企业存出的保证金（如租入包装物支付的押金等）；

（6）企业的预付账款转入部分；

（7）其他各种应收、暂付的款项。

小贴士

预付账款和应收账款的异同点：

二者的相同点在于，它们都是企业的短期债权，都属于企业的资产。

二者的不同点在于，预付账款产生于购货活动，代表的是收货的权利；应收账款产生于销售活动，代表的是收款的权利。

案例分析与讨论

在中国证券市场上，畸高的其他应收款已经成了那些陷入财务困境公司的普遍特征。如已退市的 PT 奥金曼公司，2000 年年末的其他应收款高达 12.76 亿元，其中，主要是控股方和关联方的占用，而该公司净资产的亏空也不过是 10.6 亿元。显然，来自其他应收款的风险是该公司难以重组而最终退市的主要原因。

分析思考：应该如何加强对其他应收款的管理与控制？

3. 账户设置

企业应设置"其他应收款"账户，用于核算除应收票据、应收账款、预付账款等以外的其他各种应收、暂付款项，包括不设置"备用金"账户的企业拨出的备用金。企业拨出用于投资、购买物资的各种款项，不得通过"其他应收款"账户核算。"其他应收款"账户属于资产类账户，借方登记企业发生的其他各种应收、暂付款项，贷方登记收回的各种款项，余额在借方表示企业尚未收回的其他应收款。企业应在"其他应收款"账户下，按债务人设明细账，进行明细核算。

4. 其他应收款的账务处理

对其他应收款进行核算时，应根据产生原因的不同，分情况进行核算。

【例 2-1-8】 2019 年 5 月 5 日，甲公司以现金支付给出差人员小王预借的差旅费 3 000 元，5 月 25 日小王出差回来，报销差旅费 2 600 元，余款退回。

分析：企业向员工垫付的各种款项，属于"其他应收款"，应增加"其他应收款"账面价值，并按照债务人设置明细账。

甲公司应编制会计分录如下：

(1) 5 月 5 日预借款时：

借：其他应收款——小王　　　　　　　　　　　　　　　　　　　　　　3 000
　　贷：库存现金　　　　　　　　　　　　　　　　　　　　　　　　　　3 000

(2) 5 月 25 日报销时：

借：库存现金　　　　　　　　　　　　　　　　　　　　　　　　　　　　400
　　管理费用　　　　　　　　　　　　　　　　　　　　　　　　　　　2 600
　　贷：其他应收款——小王　　　　　　　　　　　　　　　　　　　　3 000

【例 2-1-9】 2019 年 5 月 6 日，甲公司以银行存款替职工王某垫付应由其个人负担的医疗费 5 000 元，拟从其工资中扣回。甲公司应编制会计分录如下：

（1）垫付时：
　　借：其他应收款——王某　　　　　　　　　　　　5 000
　　　　贷：银行存款　　　　　　　　　　　　　　　　　　5 000
（2）扣款时：
　　借：应付职工薪酬　　　　　　　　　　　　　　　5 000
　　　　贷：其他应收款——王某　　　　　　　　　　　　　5 000

【例2-1-10】 2019年5月7日，甲公司向丁公司租入包装物一批，以银行存款向丁公司支付押金10 000元。甲公司应编制会计分录如下：
　　借：其他应收款——丁公司　　　　　　　　　　　10 000
　　　　贷：银行存款　　　　　　　　　　　　　　　　　　10 000

四、应收款项减值的核算

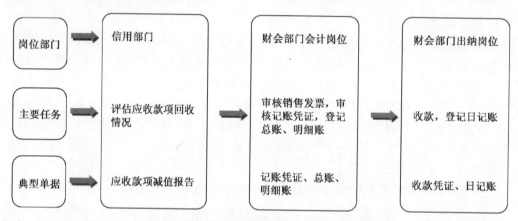

图2-5　应收款项减值核算的工作过程与岗位对照

（一）坏账准备的概念

企业的各项应收款项，可能会因购货人拒付、破产、死亡等原因而无法收回，这类无法收回的应收款项就是坏账。企业因坏账而遭受的损失为坏账损失或减值损失，企业应当在资产负债表日对应收款项的账面价值进行评估，应收款项发生减值的，应当将减记的金额确认为减值损失，计提坏账准备。应收款项减值有两种核算方法：直接转销法和备抵法。我国企业会计准则规定，应收款项减值的核算应采用备抵法，不得采用直接转销法。

1. 直接转销法

直接转销法是指在实际发生坏账损失时，直接从应收账款中转销，列作当期管理费用的方法。

直接转销法把发生的坏账损失直接计入当期损益，简单明了。但它没有将各个会计期间发生的坏账损失与应收账款联系起来，影响收入与费用的正确配比，不符合会计核算的谨慎性要求。这一方法适用于商业信用较少、坏账损失风险小的企业。

2. 备抵法

备抵法就是指企业按期估计可能产生的坏账损失，并计入当期损益，形成企业的坏账准备,待实际发生坏账损失时,再冲减坏账准备和应收款项的处理方法。备抵法适用于赊销金额大、坏账比例高,且数额较大的企业,更符合谨慎性要求。估计坏账准备的方法有三种:余额百分比法、账龄分析法和销货百分比法。

(二) 坏账损失的确认

1. 应全额确认坏账损失的情况

(1) 有确凿证据表明该应收款项不能收回;
(2) 有确凿证据表明该应收款项收回的可能性不大;
(3) 债务人逾期未履行偿债义务超过三年仍无法收回的应收款项。

2. 不能全额计提坏账准备的情况

(1) 当年发生的应收款项,以及未到期的应收款项;
(2) 计划对应收款项进行债务重组,或以其他情况发生进行重组的;
(3) 与关联方发生的应收款项,特别是母子公司交易或事项产生的应收款项;
(4) 其他已逾期,但无确凿证据证明不能收回的应收款项。

(三) 账户设置

企业应当设置"坏账准备"账户和"信用减值损失"账户来核算和监督应收款项的减值情况。"坏账准备"属于资产类账户,是"应收账款""预付账款""其他应收款"等应收款项账户的备抵账户,用来核算应收款项坏账准备的计提、转销等情况。其贷方登记当期计提的坏账准备金额,以及收回已转销的坏账损失;借方登记实际发生的坏账损失金额和冲减的坏账准备金额;期末余额一般在贷方,反映企业已计提但尚未转销的坏账准备。"信用减值损失"账户属于损益类账户,核算企业根据金融工具确认和计量、债权资产减值等计提的资产减值准备所形成的损失。其借方登记企业的债权资产发生的减值损失;贷方登记企业计提减值损失后,相关资产的价值又得以恢复,在原已计提的减值准备金额内,登记恢复增加的金额;期末该账户的余额转入"本年利润"账户,即账户期末无余额。

(四) 应收款项减值的账务处理

企业应当在资产负债表日,对应收款项的账面价值进行检查,有客观证据表明该应收款项发生减值时,应当确认减值损失,计提坏账准备。一般情况下,应当全面考察应收账款、应收票据、其他应收款和预付账款等,并对它们计提坏账准备。

> **小贴士**
>
> 对于应收票据和预付账款,一般情况下不需要计提坏账准备,但在它们不再符合自身的性质时,就需要计提。具体来说,只有待应收票据到期不能收回,转入"应收账款"后才计提坏账准备;有确凿的证据表明预付账款已不符合预付账款的性质,或者因供货单位破产、撤销等原因无望再收到所购货物的,应将其转入"其他应收款"之后再计提坏账准备。

在备抵法下,应收款项减值的账务处理主要包括三个方面的内容:
一是期末按一定方法估计应收款项的减值损失,计提坏账准备时,借记"信用减值损失——计提的坏账准备"科目,贷记"坏账准备"科目;转回坏账准备时,做相反的会计分录。

二是实际发生坏账时注销坏账,借记"坏账准备"科目,贷记"应收账款""其他应收款"等科目。

三是已确认的坏账又收回,根据收回的数额,借记"应收账款""其他应收款"等科目,贷记"坏账准备"科目,同时借记"银行存款"科目,贷记"应收账款""其他应收款"等科目,或者直接借记"银行存款"科目,贷记"坏账准备"科目。

1. 余额百分比法

余额百分比法是按照期末应收款项余额的一定百分比估计坏账损失的方法。坏账百分比由企业根据以往的资料或经验自行确定。在余额百分比法下,企业应在每个会计期末根据本期末应收账款的余额和相应的坏账率估计期末坏账准备账户应有的余额,它与调整前坏账准备账户已有余额的差额,就是当期应计提的坏账准备金额。

采用余额百分比法计提坏账准备的计算公式为:

当期应计提的坏账准备 = 期末应收款项余额 × 坏账准备计提百分比 +(或 -)坏账准备账户借方余额(或贷方余额)

【例 2-1-11】 甲公司 2017 年年末应收账款余额为 800 000 元,企业根据风险特征估计坏账准备的提取比例为应收账款余额的 0.4%。2018 年发生坏账损失 4 000 元,该年年末应收账款余额为 980 000 元。2019 年发生坏账损失 3 000 元,上年冲销的账款中有 2 000 元本年度又收回。该年年末应收账款余额为 600 000 元。假设坏账准备科目在 2017 年年初的余额为 0。

要求:计算各年提取的坏账准备并编制会计分录。

1. 2017 年的账务处理

应提坏账准备 = 800 000 × 0.4% = 3 200(元)(贷方)

借:信用减值损失——计提的坏账准备   3 200
 贷:坏账准备   3 200

2. 2018 年的账务处理

(1)发生坏账损失时:

借:坏账准备   4 000
 贷:应收账款   4 000

(2)2018 年年末:

计提坏账前坏账准备账户的余额为:4 000 - 3 200 = 800(元)(借方)

当期应计提的坏账准备 = 980 000 × 0.4% + 800 = 4 720(元)(贷方)

借:信用减值损失——计提的坏账准备   4 720
 贷:坏账准备   4 720

3. 2019 年的账务处理

(1)发生坏账损失时:

借:坏账准备   3 000
 贷:应收账款   3 000

(2) 收回已冲销的应收账款时：
借：应收账款　　　　　　　　　　　　　　　　　　　　　　2 000
　　贷：坏账准备　　　　　　　　　　　　　　　　　　　　　　　2 000
借：银行存款　　　　　　　　　　　　　　　　　　　　　　2 000
　　贷：应收账款　　　　　　　　　　　　　　　　　　　　　　　2 000
(3) 2019 年年末：
计提坏账前坏账准备账户的金额为：-800+4 720-3 000+2 000=2 920(元)(贷方)
当期应计提的坏账准备 = 600 000×0.4%-2 920 = -520(元)(借方)
借：坏账准备　　　　　　　　　　　　　　　　　　　　　　　520
　　贷：信用减值损失——计提的坏账准备　　　　　　　　　　　　520

小贴士

关于余额百分比法的几点说明：
(1) 此方法认为企业发生坏账的可能性与期末仍未收回的应收账款成正比。
(2) 会计期末要考虑计提前坏账准备的期初账面余额。即应提取的坏账准备大于计提前坏账准备的账面贷方余额(表明企业已提坏账准备)的，按其差额提取；应提取的坏账准备小于其账面贷方余额的，按其差额冲回坏账准备。
(3) 该方法可以恰当地反映应收款项预期可变现净值，但未能很好地解决收入与费用的配比问题。

2. 账龄分析法

账龄分析法是根据应收账款账龄的长短来估计坏账损失的方法。通常来说，应收账款的账龄越长，发生坏账的可能性越大。为此，将企业的应收账款按账龄长短进行分组，分别确定不同的计提百分比估算坏账损失，使坏账损失的计算结果更符合客观情况。

采用账龄分析法计提坏账准备的计算公式为：

当期应计提的坏账准备 = $\sum$（期末各账龄组应收账款余额×各账龄组坏账准备计提百分比）+（或-）坏账准备账户借方余额（或贷方余额）

【例 2-1-12】　甲公司坏账准备核算采用账龄分析法，对未到期、逾期半年内和逾期半年以上的应收账款分别按 1%、5%、10% 估计坏账损失。若甲公司"坏账准备"账户 2019 年年初贷方余额为 60 000 元，2019 年确认的坏账损失为 120 000 元，则甲公司 2019 年 12 月 31 日计提坏账准备计入"信用减值损失"账户的金额为多少？该公司 2019 年 12 月 31 日有关应收款项账户的年末余额如表 2-1 所示。

表 2-1　　　　　　2019 年 12 月 31 日甲公司应收款项年末余额一览表

账　户	期末余额(元)	账　龄
应收账款——A 公司	2 000 000(借方)	逾期 3 个月

续表

账　户	期末余额(元)	账　龄
应收票据——B公司	500 000(贷方)	未到期
其他应收款——C公司	300 000(借方)	逾期8个月
预付账款——D公司	200 000(借方)	未到期
应收账款——E公司	1 000 000(借方)	未到期
预收账款——F公司	400 000(借方)	逾期6个月

分析：(1)题目中给出了各个明细账的情况，则根据应收账款明细账户的借方余额合计数和预收账款明细账户的借方余额合计数再加上其他应收款明细账户的借方余额合计数计提。

(2)预收账款的借方余额具有应收账款的性质，要计提坏账准备。

(3)企业的预付账款如有确凿证据表明其不符合预付账款性质，或者因供货单位破产、撤销等原因已无望再收到所购货物的，应当将原计入预付账款的金额转入其他应收款，并按规定计提坏账准备。

(4)企业持有的未到期应收票据，如有确凿证据证明不能够收回或收回的可能性不大时，期末应考虑计提坏账准备。

综合以上分析，甲公司2019年12月31日应计提坏账准备金额 = 2 000 000 × 5% + 300 000 × 10% + 1 000 000 × 1% + 400 000 × 10% + 120 000 − 60 000 = 240 000(元)。

借：信用减值损失——计提的坏账准备　　　　　　　　240 000
　　贷：坏账准备　　　　　　　　　　　　　　　　　　　　240 000

小·贴士

关于账龄分析法的几点说明：

(1)账龄是指客户所欠账款的时间；

(2)账龄分析法是比余额百分比法更为精确的一种估计坏账的方法；

(3)该方法认为应收款项的入账时间越长，发生坏账的可能性越大，坏账准备率就应越高，反之，则越小；

(4)账龄分析法同样要考虑计提前坏账准备的期初账面余额，虽然可以恰当地反映应收款项预期可变现净值，但仍然未能很好地解决收入与费用的配比问题。

3. 销货百分比法

销货百分比法是根据企业销售总额的一定百分比估计坏账损失的方法。百分比按本企业以往实际发生的坏账与销售总额的关系并结合生产经营与销售政策变动的情况测定。在实际工作中，企业也可以按赊销百分比估计坏账损失。

采用销货百分比法计提坏账准备的计算公式为：

当期应计提的坏账准备 = 本期销售总额(或赊销额) × 坏账准备计提百分比

【例 2-1-13】 丙公司 2019 年赊销金额为 20 000 元,根据以往资料和经验,估计坏账损失率为 1%,2019 年年初坏账准备账户余额为贷方 200 元。计算 2019 年年应计提的坏账准备和 2019 年年末坏账准备账户余额。

丙公司 2019 年应计提的坏账准备为:20 000×1%=200(元)

借:信用减值损失——计提的坏账准备　　　　　　　　　　200
　　贷:坏账准备　　　　　　　　　　　　　　　　　　　　　　200

2019 年年末坏账准备账户余额为:200+200=400(元)。

小贴士

可以看出,采用销货百分比法,在决定各年度应计提的坏账准备金额时,并不需要考虑坏账准备账户上已有的余额。从利润表的观点来看,由于这种方法主要是根据当期利润表上的销货收入数字来估计当期的坏账损失,因此坏账费用与销货收入能较好地配合,比较符合配比概念。但是,由于计提坏账时没有考虑到坏账准备账户以往原有的余额,如果以往年度出现坏账损失估计错误的情况就不能自动更正,资产负债表上的应收账款净额也就不一定能正确地反映其变现价值。因此,采用销货百分比法还应该定期地评估坏账准备是否适当,及时做出调整,以便能更加合理地反映企业的财务状况。

○ 案例分析与讨论

长虹公司 2018 年 5 月销售给鼎盛公司一批货物,应收账款总额为 2 000 万元,2018 年 12 月接到鼎盛公司通知,获知鼎盛公司已经破产,因此长虹公司将该应收账款全部确认为坏账损失。假设鼎盛公司的破产财产极少,且长虹公司未对该应收账款计提坏账准备。

分析思考: 长虹公司对上述应收账款的会计处理是否正确?应该如何对上述应收账款进行相应的会计处理?

任务二　债务的核算

一、应付票据的核算

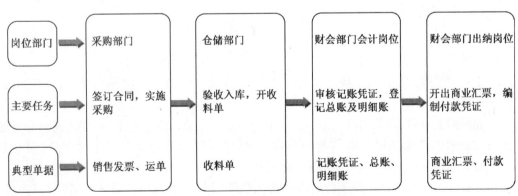

图 2-6　应付票据核算的工作过程与岗位对照

（一）应付票据的概念与账户设置

应付票据是由出票人签发、委托付款人在指定日期无条件支付确定的金额给收款人或者持票人的票据。它通常是因为企业购买材料、商品和接受劳务供应等而开出并承兑的商业汇票。应付票据和应付账款虽然都是因商品交易而引起的负债，都属于流动负债性质，但应付票据有商业汇票作为延期付款的证明，有确切的兑付日期，并有合法的票据做保证。

企业应设置"应付票据"账户，核算采用商业汇票结算方式的应付金额。其贷方登记企业开出承兑汇票或者以承兑汇票抵付货款的金额以及应计的利息，借方登记票据到期支付的金额，贷方余额反映尚未到期的应付票据本息。

企业还应当设置"应付票据备查簿"，详细登记每一应付票据的种类、号数、签发日期、到期日、票面利率、合同交易号、收款人姓名或单位名称，以及付款日期和票面金额等情况。应付票据到期结清时，应当在备查簿内逐笔注销。

○ 案例分析与讨论

宏达贸易公司在2018年年初与三利房屋开发公司签订了为三位老总各购一套住房的协议，并从宏达贸易公司门市部（非独立核算）预付了120万元，同时承诺在拿房后3个月内付完剩余款项。2018年10月，三利房屋开发公司在交付房屋的同时要求宏达贸易公司提供担保或抵押，于是，宏达贸易公司从本公司账户上开出了295万元的银行承兑汇票，并编制分录：借"其他应收款——三利公司"295万元，贷"应付票据——三利公司"295万元。税务机关对宏达贸易公司2018年账务进行例行检查时，发现上述应付票据的分录看不懂。经过仔细检查发现，到了2019年1月，宏达贸易公司又因退票如数冲回，"应付票据——三利公司"和"其他应收款——三利公司"两账户同时转平。原来，宏达贸易公司于2019年1月又从其门市部账户上汇款295万元给三利房屋开发公司，三利房屋开发公司遂将抵押的银行承兑汇票退回给宏达贸易公司。税务机关因此查出以前没有看到的宏达贸易公司门市部的一个银行账户，查明了其5年来隐瞒的收入，最后对宏达贸易公司和相关个人进行了相应的处罚。

分析思考： 你能指出宏达贸易公司在应付票据核算中存在什么问题吗？税务机关是怎样发现宏达贸易公司门市部的那个账户的？

（二）应付票据的账务处理

1. 不带息应付票据的账务处理

（1）签发并承兑商业汇票。

由于应付票据的偿付时间较短，在会计实务中，一般均按照开出并承兑的应付票据的面值入账。

企业因购买材料、商品和接受劳务供应等而开出并承兑的商业汇票，应当按其票面金额作为应付票据的入账金额，借记"材料采购""原材料""库存商品""应付账款""应交税费——应交增值税（进项税额）"等科目，贷记"应付票据"科目。

企业支付的银行承兑汇票手续费应当计入当期财务费用，借记"财务费用"科目，贷记"银行存款"科目。

【例 2-2-1】 甲企业为增值税一般纳税人。该企业于 2019 年 5 月 6 日开出并承兑一张面值为 58 500 元,期限为 5 个月的不带息商业承兑汇票,用于采购一批材料,材料已收到,按实际成本核算,增值税专用发票上注明的材料价款为 50 000 元,增值税额为 8 500 元。该企业编制会计分录如下:

(1) 开出承兑的商业汇票:

借:原材料　　　　　　　　　　　　　　　　　　　　50 000
　　应交税费——应交增值税(进项税额)　　　　　　　 8 500
　　贷:应付票据　　　　　　　　　　　　　　　　　　58 500

(2) 支付承兑手续费 29.25 元:

借:财务费用　　　　　　　　　　　　　　　　　　　　29.25
　　贷:银行存款　　　　　　　　　　　　　　　　　　29.25

(2) 到期承兑商业汇票。

应付票据到期支付票款时,应按账面余额予以结转,借记"应付票据"科目,贷记"银行存款"科目。

【例 2-2-2】 承例 2-2-1,2019 年 10 月 6 日,甲企业于 5 月 6 日开出的商业汇票到期。甲企业通知其开户银行以银行存款支付票款。该企业编制会计分录如下:

借:应付票据　　　　　　　　　　　　　　　　　　　　58 500
　　贷:银行存款　　　　　　　　　　　　　　　　　　58 500

(3) 转销应付票据。

应付商业承兑汇票到期,如企业无力支付票款,应将应付票据的账面余额转作应付账款,借记"应付票据"科目,贷记"应付账款"科目。应付银行承兑汇票到期,如企业无力支付票款,应将应付票据的账面余额转作短期借款,借记"应付票据"科目,贷记"短期借款"科目。

【例 2-2-3】 承例 2-2-2,假设上述商业汇票为银行承兑汇票,该汇票到期时甲企业无力支付票款。该企业编制会计分录如下:

借:应付票据　　　　　　　　　　　　　　　　　　　　58 500
　　贷:短期借款　　　　　　　　　　　　　　　　　　58 500

2. 带息应付票据的账务处理

企业开出的带息商业汇票,通常应于期末对尚未支付的应付票据计提利息,借记"财务费用"科目,贷记"应付票据"科目。

商业承兑汇票到期,如企业无力支付票款,应将应付票据的账面余额转作应付账款。银行承兑汇票到期,如企业无力支付票款,承兑银行除凭票向持票人无条件支付票款外,对出票人尚未支付的汇票金额转作逾期贷款处理,并按一定的利率计收利息。企业接到银行转来的有关凭证,借记"应付票据"科目,贷记"短期借款"科目。

【例 2-2-4】 乙公司于 2019 年 11 月 1 日购买原材料一批,价税合计 1 695 000 元,增值税税率 13%,乙公司出具了一张面值为 1 695 000 元、期限为 3 个月、年利率为 10% 的商业承兑汇票。材料已验收入库。应编制会计分录如下:

(1) 2019 年 11 月 1 日,乙公司签发商业承兑汇票时:

借:原材料　　　　　　　　　　　　　　　　　　　　　1 500 000
　　应交税费——应交增值税(进项税额)　　　　　　　　 195 000
　　贷:应付票据　　　　　　　　　　　　　　　　　　　1 695 000

(2) 2019 年 12 月 31 日,计算 2 个月的应付利息:

借:财务费用　　　　　　　　　　　　　　　　　　　　　28 250
　　贷:应付票据　　　　　　　　　　　　　　　　　　　　28 250

(3) 2020 年 2 月 1 日,到期支付票据本息:

借:应付票据　　　　　　　　　　　　　　　　　　　　　1 723 250
　　财务费用　　　　　　　　　　　　　　　　　　　　　　14 125
　　贷:银行存款　　　　　　　　　　　　　　　　　　　1 737 375

二、应付账款的核算

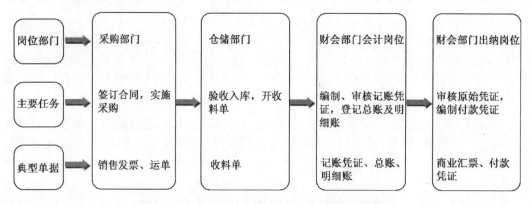

图 2-7　应付账款核算的工作过程与岗位对照

(一) 应付账款的概念

应付账款是指企业因购买材料、商品或接受劳务供应等业务而应付给供应单位的款项。这是购销双方在购销活动中由于取得物资与支付货款在时间上不一致而产生的负债。

应付账款按将来应付金额入账,而不按将来应付金额的现值入账。因为应付账款一般期限较短,现值和将来应付金额相差很小。如果形成一笔应付账款时附带现金折扣的,应付账款入账金额应按应付金额的总额入账,即不需要扣除现金折扣,企业在以后实际偿付账款时将获得的现金折扣冲减财务费用。

(二) 账户设置

企业应设置"应付账款"账户,核算应付账款的发生、偿还、转销等情况。该账户是负债类账户,贷方登记企业因购买材料、商品或接受劳务供应等而发生的应付款项,借方登记偿还或冲销、结转的应付账款款项,期末余额一般在贷方,反映企业尚未支付的应付账款的余额。本账户一般按债权人设置明细账户进行明细核算。

○ **案例分析与讨论**

乙公司想向丙公司销售其产品,然而乙公司规模小,业务量不大,不满足丙公司规定的供应商条件,但乙公司不想失去这个客户,于是,找到其朋友——甲公司总经理商量此事。最后,达成协议:由乙公司开具发票给甲公司,甲公司收到发票后贷方做"应付账款——乙公司"处理,再由甲公司开具相同金额的发票给丙公司,产品由乙公司业务人员携甲公司开具的发票直接以甲公司的名义送货到丙公司,一切费用由乙公司负担,而且乙公司要向甲公司支付开票金额3%的手续费,货款结算通过甲公司银行账户代收,然后再由甲公司将扣除3%手续费后的余款打入乙公司银行账户,此时甲公司再借记"应付账款——乙公司"使该应付账款账户结平。甲公司总经理认为:这样对于公司来讲,销项税额和进项税额相同,应交增值税为零,销售收入和销售成本相等,不用缴纳增值税,还可以获得好处费,也不是赔本的买卖,再说考虑到两人的关系也不好推辞,于是达成了这个协议。

分析思考: 你能指出甲公司在应付账款核算中存在的主要问题吗?应该如何对应付账款进行核算管理?

(三)应付账款的账务处理

在实际工作中,应付账款应区分以下几种情况处理:

(1)在物资和发票账单同时到达的情况下,要区分两种情况处理:如果物资验收入库并同时支付货款的,则不通过"应付账款"账户核算;如果物资验收入库后仍未付款的,则按发票账单记入"应付账款"账户。

> **小贴士**
>
> 在会计实务工作中,为了使所购物资的金额、品种、数量和质量等与合同规定的条款相符,避免因验收时发现所购物资存在数量或质量问题而对入账的物资或应付账款金额进行改动,在物资和发票账单同时到达的情况下,一般在所购物资验收入库后,再根据发票账单登记入账,确认应付账款。在所购物资已经验收入库,但是发票账单未能同时到达的情况下,企业应付物资供应单位的业务已经成立,在会计期末,为了反映企业的负债情况,需要将所购物资和相关的应付账款暂估入账,待下月初再用红字予以冲回。

(2)在物资和发票账单未同时到达的情况下,也要区分两种情况处理:在发票账单已到,物资未到的情况下,未能及时支付货款时,应当直接根据发票账单金额,记入有关物资的成本和"应付账款";在物资已到,发票账单未到也无法确定实际购货成本的情况下,在月度终了,需要按照所购物资和应付账款暂估入账,下月初再用红字予以冲回,待发票账单到达后再进行账务处理。

【例2-2-5】 甲公司于2019年5月20日向D公司购买的材料已到,并验收入库,增值税专用发票上注明材料价款1 500 000元,增值税额为195 000元,该货款于6月10日付清。甲企业应编制会计分录如下:

(1) 5月20日：
借：原材料　　　　　　　　　　　　　　　　　　　　　　1 500 000
　　应交税费——应交增值税（进项税额）　　　　　　　　　195 000
　　贷：应付账款——D公司　　　　　　　　　　　　　　　　　1 695 000
(2) 6月10日：
借：应付账款——D公司　　　　　　　　　　　　　　　　1 695 000
　　贷：银行存款　　　　　　　　　　　　　　　　　　　　　1 695 000
上例中，如果所购材料已经验收入库，但是发票账单未到，应编制会计分录如下：
(1) 5月20日材料验收入库时可暂不做分录。
(2) 5月31日发票账单未到，按暂估价入账，假定暂估价为1 480 000元：
借：原材料　　　　　　　　　　　　　　　　　　　　　　1 480 000
　　贷：应付账款——D公司　　　　　　　　　　　　　　　　1 480 000
(3) 6月1日，用红字冲销上笔业务：
借：原材料　　　　　　　　　　　　　　　　　　　　　　1 480 000
　　贷：应付账款——D公司　　　　　　　　　　　　　　　　1 480 000
(4) 等到发票账单到达企业后，按发票账单上所列材料价款和增值税金额进行账务处理。

企业转销确实无法支付的应付账款（如因债权人撤销等原因而产生无法支付的应付账款），应按其账面余额计入营业外收入，借记"应付账款"科目，贷记"营业外收入"科目。

【例2-2-6】　2019年12月31日，丁企业确定一笔应付账款4 000元为无法支付的款项，应予转销。该企业应编制会计分录如下：
借：应付账款　　　　　　　　　　　　　　　　　　　　　　4 000
　　贷：营业外收入　　　　　　　　　　　　　　　　　　　　　4 000

三、预收账款及其他应付款项的核算

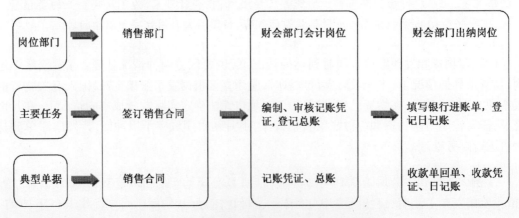

图2-8　预收账款核算的工作过程与岗位对照

（一）预收账款的核算

1. 预收账款的概念

预收账款是指企业按照合同规定向购货单位预收的款项。与应付账款不同,预收账款所形成的负债不是以货币偿付,而是以货物偿付。

2. 账户设置

对于预收账款较多的企业,应当单独设置"预收账款"账户,用于核算预收账款的发生和转销情况。该账户是负债类账户,贷方登记企业收到的预收账款,借方登记冲销、结转的预收账款,期末余额一般在贷方,反映企业尚未转销的预收款项。企业应当按照购货单位设置明细账户进行明细核算。预收款项不多的企业,可以不单独设置"预收账款"账户,其所发生的预收款项,可通过"应收账款"科目核算。

企业预收款项时,按实际收到的全部预收款,借记"库存现金""银行存款"科目,涉及增值税的,按照预收款计算的应交增值税,贷记"应交税费——应交增值税(销项税额)"科目,全部预收款扣除应交增值税的差额,贷记"预收账款"科目。

企业分期确认有关收入时,按照实现的收入,借记"预收账款"科目,贷记"主营业务收入""其他业务收入"科目。

企业收到客户补付款项时,借记"库存现金""银行存款"科目,贷记"预收账款""应交税费——应交增值税(销项税额)"科目。退回客户多预付的款项时,借记"预收账款"科目,贷记"库存现金""银行存款"科目;涉及增值税的,还应进行相应的会计处理。

> **小贴士**
>
> 预收账款和应收账款的异同点:
>
> 二者的相同点在于,它们都是企业因销售商品、产品、提供劳务等,应向购货单位或接受劳务单位收取的款项。
>
> 二者的不同点在于,预收账款是收款在先,出货或提供劳务在后,而应收账款是出货或提供劳务在先,收款在后;预收账款是负债性质,应收账款是债权类资产性质。

○ 案例分析与讨论

深圳永乐超市招股书上显示:截至2019年6月30日,公司预收账款余额3.86亿元,永乐超市解释为主要来自预收大宗销货款。不过报告期内前五大预收款客户总额仅为15万元,占预收款总额的0.398%。3.86亿元与15万元之间的数额悬殊让人疑惑顿生。但事实上,广深两地多位百货界人士对此却见惯不怪,认为"这个现象在商业百货行业很普遍"。

分析思考:你能试着说一说这其中的原因吗?超市购物卡的功能是什么?

3. 预收账款的账务处理

【例 2-2-7】 甲公司为增值税一般纳税人,适用的增值税税率为 13%。2019 年 7 月 1 日,甲公司与乙公司签订经营租赁(非主营业务)吊车合同,向乙公司出租吊车三台,期限为 6 个月,三台吊车租金(含税)共计 67 800 元。合同约定,合同签订日预付租金(含税) 22 600 元,合同到期日付清全部租金余款。合同签订日,甲公司收到乙公司预付租金并存入银行,开具的增值税专用发票注明租金为 20 000 元,增值税额为 2 600 元;租赁期满日,甲公司收到剩余租金和增值税额。据此,甲公司应编制会计分录如下:

(1) 收到乙公司预付租金:
借:银行存款　　　　　　　　　　　　　　　　　　　　　　22 600
　　贷:预收账款——乙公司　　　　　　　　　　　　　　　　　20 000
　　　　应交税费——应交增值税(销项税额)　　　　　　　　　 2 600

(2) 每月末确认租金收入:
借:预收账款——乙公司　　　　　　　　　　　　　　　　　10 000
　　贷:其他业务收入　　　　　　　　　　　　　　　　　　　10 000

(3) 租赁期满收到租金余款及增值税额:
借:银行存款　　　　　　　　　　　　　　　　　　　　　　45 200
　　贷:预收账款——乙公司　　　　　　　　　　　　　　　　　40 000
　　　　应交税费——应交增值税(销项税额)　　　　　　　　　 5 200

(二) 其他应付款项的核算

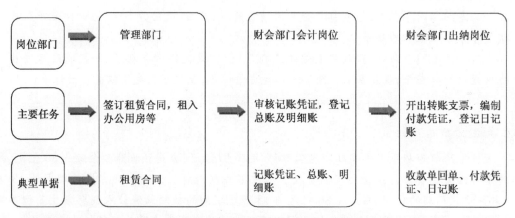

图 2-9　其他应付款项核算的工作过程与岗位对照

1. 应付利息的核算

应付利息是指企业按照合同约定应支付的利息,包括分期付息到期还本的长期借款、企业债券等应支付的利息,通过"应付利息"账户进行核算。

企业应当设置"应付利息"账户,核算其按合同约定支付的利息。该账户为负债类账户,贷方表示增加,登记企业应当支付的利息费用;借方表示减少,登记企业已支付的利息费用;期末余额一般在贷方,反映企业按照合同约定,应当支付而尚未支付的利息费用。本账户应当按债权人设置明细分类账户,进行明细核算。

【例 2-2-8】 A 企业借入三年期到期还本按年付息的长期借款 2 000 000 元,合同约定年利率为 4%,假定利息费用不符合资本化条件。该企业有关利息费用的会计处理如下:
(1) 每年计算确定利息费用时:
借:财务费用　　　　　　　　　　　　　　　　　　　　　　80 000
　　贷:应付利息　　　　　　　　　　　　　　　　　　　　　　　80 000
(2) 每年实际支付利息时:
借:应付利息　　　　　　　　　　　　　　　　　　　　　　80 000
　　贷:银行存款　　　　　　　　　　　　　　　　　　　　　　　80 000

2. 应付股利的核算

应付股利是指企业经董事会、股东大会或类似机构决议确定分配的现金股利或利润。有两点需要进行说明:

第一,企业董事会或类似机构通过的利润分配方案中拟分配的现金股利或利润,不做账务处理,但应在附注中披露。

第二,企业分配的股票股利,不通过"应付股利"账户核算。

企业应当设置"应付股利"账户,核算其按利润分配方案确定支付的现金股利或利润。该账户为负债类账户,贷方表示增加,登记企业应当支付的现金股利或者利润;借方表示减少,登记企业实际支付的现金股利或利润;期末余额一般在贷方,反映企业应当支付而尚未支付的现金股利或利润。本账户应当按投资者设置明细分类账户,进行明细核算。

【例 2-2-9】 A 有限责任公司 2019 年度实现净利润 900 000 元,经过董事会批准,决定 2019 年度分配股利 500 000 元,股利已经用银行存款支付。该公司应编制会计分录如下:
借:利润分配——应付现金股利　　　　　　　　　　　　　500 000
　　贷:应付股利　　　　　　　　　　　　　　　　　　　　　　500 000
借:应付股利　　　　　　　　　　　　　　　　　　　　　　500 000
　　贷:银行存款　　　　　　　　　　　　　　　　　　　　　　500 000

3. 其他应付款的核算

其他应付款是企业除经常性购销业务之外所发生的应付款项,只反映企业应付给其他单位或个人的零星款项,主要包括应付经营租入固定资产和包装物租金、职工未按期领取的工资、存入保证金(如收入包装物押金等),以及其他应付、暂收款项等。

企业应当设置"其他应付款"账户,核算其他应付款项的增减变动及其结存情况。该账户为负债类账户,贷方表示增加,登记企业发生的各种应付、暂收款项;借方表示减少,登记企业偿还或转销的各种应付、暂收款项;期末余额一般在贷方,反映企业应当支付而尚未支付的其他应付款项。本账户应当按其他应付款的项目和对方单位(或个人)设置明细账,进行明细核算。

【例 2-2-10】 B 企业从 2019 年 10 月 1 日起以经营租赁方式租入一幢办公用房,合同规定租赁期为两年,每月租金 10 500 元,每季度末支付,增值税额 4 095 元。有关会计分录如下:

(1) 每月预提租金费用时:

借:管理费用　　　　　　　　　　　　　　　　　　　　10 500
　　贷:其他应付款　　　　　　　　　　　　　　　　　　　　10 500

(2) 季末支付租金时:

借:其他应付款　　　　　　　　　　　　　　　　　　　　21 000
　　管理费用　　　　　　　　　　　　　　　　　　　　　　10 500
　　应交税费——应交增值税(进项税额)　　　　　　　　　 4 095
　　贷:银行存款　　　　　　　　　　　　　　　　　　　　35 595

小·贴士

注意事项:

(1) 应付固定资产的租金,包括企业采用经营租赁方式租入的固定资产所应支付的租金,而不包括应付融资租赁租入固定资产的租赁费用;

(2) 存入保证金是指其他单位或个人由于使用本企业的某些资产而交付的押金,待以后资产归还后还需退还的暂收款项。

○ 案例分析与讨论

南方股份有限公司是一家单一生产电风扇的企业,近几年经营业绩尚可,但在去年实施的地税专项检查中,审计人员发现该公司报表反映的平均利润率高达 34%,远高于行业平均利润率。据对该公司报表的粗略分析,光靠单一产品的生产与销售,似乎很难达到这一利润水平。经过实地观察,除了厂房、车间、办公用房外,厂部并无其他经营实体产生利润。通过对企业提供的账册凭证的仔细审核,审计人员发现总账的"其他应付款"余额数大于明细账的余额数。经过询问,企业财务人员又去找来了一本账,这是一本公司二级核算单位(非独立)往来账,从这本账里,审计人员发现该公司下属非独立核算的某市场是该公司利润的主要来源,在出租摊位向客户收取租金的同时,还收取名目繁多的各种代垫费用,如广告费、治安费等,这些价外费用却都挂在"其他应付款——代垫费"账户贷方,支付的各项费用直接在该账户的借方冲转。

分析思考: 你能指出南方股份有限公司在其他应付款核算内容中存在的主要问题吗?哪些款项能通过其他应付款核算?

四、应付职工薪酬的核算

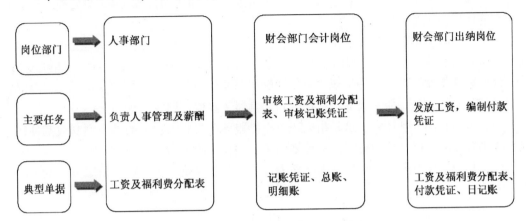

图 2-10　应付职工薪酬核算的工作过程与岗位对照

（一）应付职工薪酬的概念及内容

应付职工薪酬是指企业为获得职工提供的服务而给予各种形式的报酬以及其他相关支出，包括职工在职期间和离职后提供给职工的全部货币性薪酬和非货币性福利。企业提供给职工配偶、子女或受赡养人的福利等，也属于职工薪酬。

> **小贴士**
>
> 这里所称"职工"比较宽泛，包括三类人员：
> 一是与企业订立正式劳动合同的所有人员，含全职、兼职和临时工。
> 二是未与企业订立正式劳动合同，但由企业正式任命的人员，如董事会成员、监事会成员和内部审计委员会成员等。
> 三是在企业的计划和控制下，虽未与企业订立劳动合同或未由其正式任命，但为其提供与职工类似服务的人员，也属于职工范畴。

应付职工薪酬的内容主要有以下四个方面。

1. 短期薪酬

短期薪酬是指企业在职工提供相关服务的年度报告期间结束后 12 个月内需要全部予以支付的职工薪酬，因解除与职工劳动关系给予的补偿除外。短期薪酬具体包括：

（1）职工工资、奖金、津贴和补贴。这是指按照构成工资总额的计时工资、计件工资、支付给职工的超额劳动报酬和增收节支的劳动报酬、为补偿职工特殊或额外的劳动消耗和因其他特殊原因支付给职工的津贴，以及为保证职工工资水平不受物价影响支付给职工的物价补贴等。其中，企业按照短期奖金计划向职工发放的奖金属于短期薪酬，按照长期奖金计划向职工发放的奖金属于其他长期职工福利。

（2）职工福利费。这是指企业向职工提供的生活困难补助、丧葬补助费、抚恤费、职工异地安家费、防暑降温费等职工福利支出。

（3）医疗保险费、工伤保险费和生育保险费等社会保险费。这是指企业按照国家规定的基准和比例计算,向社会保险经办机构缴纳的医疗保险费、工伤保险费和生育保险费。

(4) 住房公积金。这是指企业按照国家规定的基准和比例计算,向住房公积金管理机构缴存的住房公积金。

(5) 工会经费和职工教育经费。这是指企业为了改善职工文化生活、为职工学习先进技术和提高文化水平及业务素质,用于开展工会活动和职工教育及职业技能培训等的相关支出。

(6) 短期带薪缺勤。这是指职工虽然缺勤但企业仍向其支付报酬的安排,包括年休假、病假、婚假、产假、丧假、探亲假等。长期带薪缺勤属于其他长期职工福利。

(7) 短期利润分享计划。这是指因职工提供服务而与职工达成的基于利润或其他经营成果提供薪酬的协议。长期利润分享计划属于其他长期职工福利。

(8) 其他短期薪酬。这是指除上述薪酬以外的其他为获得职工提供的服务而给予的短期薪酬。

2. 离职后福利

离职后福利是指企业为获得职工提供的服务而在职工退休或与企业解除劳动关系后,提供的各种形式的报酬和福利,短期薪酬和辞退福利除外。离职后福利计划是指企业与职工就离职后福利达成的协议,或者企业为向职工提供离职后福利制定的规章或办法等。离职后福利计划按照企业承担的风险和义务情况,可以分为设定提存计划和设定受益计划。其中,设定提存计划是指企业向独立的基金缴存固定费用后,不再承担进一步支付义务的离职后福利计划;设定受益计划是指除设定提存计划以外的离职后福利计划。

3. 辞退福利

辞退福利是指企业在职工劳动合同到期之前解除与职工的劳动关系,或者为鼓励职工自愿接受裁减而给予职工的补偿。

4. 其他长期职工福利

其他长期职工福利是指除短期薪酬、离职后福利、辞退福利之外所有的职工薪酬,包括长期带薪缺勤、长期残疾福利、长期利润分享计划等。

(二) 账户的设置

企业应当设置"应付职工薪酬"账户,核算应付职工薪酬的计提、结算、使用等情况。该账户的贷方登记已分配计入有关成本费用项目的职工薪酬的数额;借方登记实际发放职工薪酬的数额,包括扣还的款项等;账户期末为贷方余额,反映企业未付的职工薪酬。

"应付职工薪酬"账户应当按照"工资、奖金、津贴和补贴""职工福利费""非货币性福利""社会保险费""住房公积金""工会经费和职工教育经费""带薪缺勤""利润分享计划""设定提存计划""设定受益计划义务""辞退福利"等职工薪酬项目设置明细分类账户,进行明细核算。

(三) 应付职工薪酬的计量标准

1. 货币性职工薪酬

国家规定了计提基础和计提比例的,应当按照国家规定的标准计提;没有规定计提基础和计提比例的,企业应当根据历史经验数据和实际情况,合理预计当期应付职工薪酬。当期实际发生金额大于预计金额的,应当补提应付职工薪酬;当期实际发生金额小于预计金额的,应当冲回多提的应付职工薪酬。

2. 非货币性福利

企业以其自产产品作为非货币性福利发放给职工的,应当根据受益对象,按照该产品的公允价值,计入相关资产成本或当期损益,同时确认应付职工薪酬。实际发放自产产品时,视同销售,结转应付职工薪酬的同时,确认销售收入、结转销售成本。

(四) 应付职工薪酬的确认原则

企业应当在职工为其提供服务的会计期间,根据职工提供服务的受益对象,将应确认的职工薪酬(包括货币性职工薪酬和非货币性福利)计入相关资产成本或当期损益,同时确认应付职工薪酬。具体分以下情况进行处理:

(1) 由生产产品、提供劳务负担的职工薪酬,借记"生产成本""制造费用""劳务成本"等科目,贷记"应付职工薪酬"科目;

(2) 管理部门人员的职工薪酬,借记"管理费用"科目,贷记"应付职工薪酬"科目;

(3) 销售人员的职工薪酬,借记"销售费用"科目,贷记"应付职工薪酬"科目;

(4) 由在建工程、研发支出负担的职工薪酬,借记"在建工程""研发支出"科目,贷记"应付职工薪酬"科目。

对于不能认定受益对象的职工薪酬,计入当期损益。如辞退福利,借记"管理费用"科目,贷记"应付职工薪酬"科目。

(五) 短期薪酬的核算

企业应当在职工为其提供服务的会计期间,将实际发生的短期薪酬确认为负债,并计入当期损益,其他相关会计准则要求或允许计入资产成本的除外。

1. 货币性职工薪酬

(1) 职工工资、奖金、津贴和补贴。

对于职工工资、奖金、津贴和补贴等货币性职工薪酬,企业应当在职工为其提供服务的会计期间,将实际发生的职工工资、奖金、津贴和补贴,根据职工提供服务的受益对象,将应确认的职工薪酬,借记"生产成本""制造费用""劳务成本"等科目,贷记"应付职工薪酬——工资、奖金、津贴和补贴"科目。

企业应当按照确认应付职工薪酬与发放职工薪酬两个步骤,对应付职工薪酬进行核算。

【例2-2-11】 C企业根据"工资结算汇总表",结算2019年5月份应付职工工资总额562 000元,代扣职工个人所得税40 000元,企业代垫职工家属医药费2 000元,实际发放工资520 000元。企业开出现金支票,从银行提取现金发放工资。C企业应编制的会计分录如下:

(1) 向银行提取现金时:
借:库存现金　　　　　　　　　　　　　　　　　　　520 000
　　贷:银行存款　　　　　　　　　　　　　　　　　　520 000

(2) 发放工资时:
借:应付职工薪酬——工资、奖金、津贴和补贴　　　　520 000
　　贷:库存现金　　　　　　　　　　　　　　　　　　520 000

（3）代扣款项时：
借：应付职工薪酬——工资、奖金、津贴和补贴　　　　42 000
　　贷：应交税费——应交个人所得税　　　　　　　　　40 000
　　　　其他应收款——代垫医药费　　　　　　　　　　 2 000

（2）职工福利费。

职工福利费是企业按工资的一定比例提取出来专门用于职工医疗、补助以及其他福利支出的费用。其使用范围主要包括职工医药费、职工的生活困难补助、职工及其供养直系亲属的死亡待遇、集体福利的补贴、其他福利待遇。

计提和发放职工福利费记入"应付职工薪酬——职工福利费"科目下核算。

【例2-2-12】　D企业2019年6月份应付职工福利费共44 000元,其中,生产车间人员福利费为30 000元,车间管理人员福利费为6 000元,行政管理人员福利费为6 000元,销售人员福利费为2 000元。均以银行存款进行发放。

（1）计提职工福利费时：
借：生产成本　　　　　　　　　　　　　　　　　　　30 000
　　制造费用　　　　　　　　　　　　　　　　　　　　6 000
　　管理费用　　　　　　　　　　　　　　　　　　　　6 000
　　销售费用　　　　　　　　　　　　　　　　　　　　2 000
　　贷：应付职工薪酬——职工福利费　　　　　　　　　44 000

（2）发放职工福利费时：
借：应付职工薪酬——职工福利费　　　　　　　　　　44 000
　　贷：银行存款　　　　　　　　　　　　　　　　　　44 000

（3）国家规定计提标准的职工薪酬。

这是指企业按照国务院、各地方政府或企业年金计划规定的基准比例计算缴纳的医疗保险、工伤保险和生育保险等社会保险费,以及工会经费、职工教育经费、住房公积金等费用。

工会经费是根据《工会法》的规定,企业按每月全部职工工资总额的2%向工会拨缴经费,并在成本费用列支,主要用于为职工服务和工会活动。

职工教育经费一般由企业按照每月工资薪金总额的8%计提,主要用于职工接受岗位培训、继续教育等方面的支出。

期末,企业根据规定的计提基础和比例计算确定应付工会经费、职工教育经费,借记"生产成本""制造费用""管理费用""销售费用""在建工程""研发支出"等科目,贷记"应付职工薪酬——工会经费、职工教育经费"科目；实际拨缴或发生实际开支时,借记"应付职工薪酬——工会经费、职工教育经费",贷记"银行存款"等科目。

社会保险费包括医疗保险费、养老保险费、失业保险费、工伤保险费和生育保险费。企业承担社会保险费除养老保险费和失业保险费按规定确认为离职后福利,其他的社会保险费作为企业的短期薪酬。

住房公积金分为职工所在单位为职工缴存和职工个人缴存两部分,但其全部属于职工个人所有。

期末,对于企业应缴纳的社会保险费(不含基本养老保险费和失业保险费)和住房公积金,应按照国家规定的计提基础和比例,在职工为其提供服务的会计期间,根据受益对象计入当期损益和相关资产成本,并确定相应的应付职工薪酬金额,借记"生产成本""制造费用""管理费用""销售费用""在建工程""研发支出"等科目,贷记"应付职工薪酬——社会保险费、住房公积金"科目;对于职工个人承担的社会保险费和住房公积金,由职工所在企业每月从其工资中代扣代缴,借记"应付职工薪酬——社会保险费(医疗保险、工伤保险)、住房公积金"。

【例2-2-13】 2019年6月,甲公司当月应发工资1 560万元,其中,生产部门直接生产人员工资1 000万元,生产部门管理人员工资200万元,公司管理部门人员工资360万元。根据所在地政府规定,公司按照职工工资总额的10%和8%分别计提医疗保险费和住房公积金,缴纳给当地社会保险经办机构和住房公积金管理机构;按照职工工资总额的2%和1.5%计提工会经费和职工教育经费。不考虑工伤保险费和生育保险费。

应计入生产成本的职工薪酬金额 = 1 000 + 1 000 × (10% + 8% + 2% + 1.5%) = 1 215(万元)

应计入制造费用的职工薪酬金额 = 200 + 200 × (10% + 8% + 2% + 1.5%) = 243(万元)

应计入管理费用的职工薪酬金额 = 360 + 360 × (10% + 8% + 2% + 1.5%) = 437.4(万元)

应编制会计分录如下:

借:生产成本　　　　　　　　　　　　　　　　　12 150 000
　　制造费用　　　　　　　　　　　　　　　　　 2 430 000
　　管理费用　　　　　　　　　　　　　　　　　 4 374 000
　贷:应付职工薪酬——工资　　　　　　　　　　15 600 000
　　　　　　　　　——医疗保险费　　　　　　　 1 560 000
　　　　　　　　　——住房公积金　　　　　　　 1 248 000
　　　　　　　　　——工会经费　　　　　　　　　 312 000
　　　　　　　　　——职工教育经费　　　　　　　 234 000

(4) 短期带薪缺勤。

对于职工带薪缺勤,企业应当根据其性质及职工享有的权利,分为累积带薪缺勤和非累积带薪缺勤两类。企业应当对累积带薪缺勤和非累积带薪缺勤分别进行会计处理。如果带薪缺勤属于长期带薪缺勤的,企业应当作为其他长期职工福利处理。

累积带薪缺勤是指带薪权利可以结转下期的带薪缺勤。本期尚未用完的带薪缺勤权利可以在未来期间使用。企业应当在职工提供了服务从而增加了其未来享有的带薪缺勤权利时,确认与累积带薪缺勤相关的职工薪酬,并以累积未行使权利而增加的预期支付金额计量。确认累积带薪缺勤时,借记"管理费用"等科目,贷记"应付职工薪酬——带薪缺勤——短期带薪缺勤——累积带薪缺勤"科目。

【例 2-2-14】丁企业共有 2 000 名职工,从 2019 年 1 月 1 日起,该企业实行累积带薪缺勤制度。该制度规定,每个职工每年可享受 5 个工作日带薪年休假,未使用的带薪年休假只能向后结转一个公历年度,超过一年未使用的权利作废,在职工离开企业时也无权获得现金支付;职工休年假时,首先使用当年可享受的权利,再从上年结转的带薪年休假中扣除。

2019 年 12 月 31 日,丁企业预计 2020 年有 1 900 名职工将享受不超过 5 天的带薪年休假,剩余 100 名职工将平均每人享受 6 天半带薪年休假。假定这 100 名职工全部为总部各部门经理,该企业平均每名职工每个工作日工资为 300 元,不考虑其他相关因素。2019 年 12 月 31 日,丁企业应编制会计分录如下:

借:管理费用　　　　　　　　　　　　　　　　　　45 000
　　贷:应付职工薪酬——带薪缺勤——短期带薪缺勤——累积带薪缺勤　45 000

丁企业在 2019 年 12 月 31 日应当预计由于职工累积未使用的带薪年休假权利而导致的预期支付的金额,即相当于 150(100×1.5)天的年休假工资金额 45 000(150×300)元。

非累积带薪缺勤是指带薪权利不能结转下期的带薪缺勤,本期尚未用完的带薪缺勤权利将予以取消,并且职工离开企业时,也无权获得现金支付。我国企业职工休婚假、产假、丧假、探亲假、病假期间的工资通常属于非累积带薪缺勤。由于职工提供服务本身不能增加其能够享受的福利金额,企业在职工未缺勤时不应当计提相关费用和负债,因此,企业应当在职工实际发生缺勤的会计期间确认与非累积带薪缺勤相关的职工薪酬。

企业确认职工享有的与非累积带薪缺勤权利相关的薪酬,视同职工出勤确认的当期损益或相关资产成本。通常情况下,与非累积带薪缺勤相关的职工薪酬已经包括在企业每期向职工发放的工资等薪酬中,因此,不必额外做相应的账务处理。

2. 非货币性福利

企业以其自产产品作为非货币性福利发放给职工的,应当根据受益对象,按照该产品的公允价值,计入相关资产成本或当期损益,同时确认应付职工薪酬,借记"管理费用""生产成本""制造费用"等科目,贷记"应付职工薪酬——非货币性福利"科目。

将企业拥有的房屋等资产无偿提供给职工使用的,应当根据受益对象,将该住房每期应计提的折旧计入相关资产成本或当期损益,同时确认应付职工薪酬,借记"管理费用""生产成本""制造费用"等科目,贷记"应付职工薪酬——非货币性福利"科目,并且同时借记"应付职工薪酬——非货币性福利"科目,贷记"累计折旧"科目。

将企业租赁的住房等资产供职工无偿使用的,应当根据受益对象,将每期应付的租金计入相关资产成本或当期损益,并确认应付职工薪酬,借记"管理费用""生产成本""制造费用"等科目,贷记"应付职工薪酬——非货币性福利"科目。

【例 2-2-15】甲公司为一家彩电生产企业,共有职工 220 名,2019 年 2 月,公司以其生产的成本为 8 000 元的液晶彩电作为福利发放给公司每名职工。该型号液晶彩电的售价为每台 10 000 元,甲公司适用的增值税税率为 13%。假定 220 名职工中 190 名为直接参加生产的职工,30 名为总部管理人员。甲公司应编制会计分录如下:

彩电的增值税销项税额 = 220 × 10 000 × 13% = 286 000（元）

（1）公司决定发放职工福利时：

借：生产成本　　　　　　　　　　　　　　　　　　　　　　2 147 000
　　管理费用　　　　　　　　　　　　　　　　　　　　　　　 339 000
　　　贷：应付职工薪酬——非货币性福利　　　　　　　　　　　　　2 486 000

（2）实际发放时：

借：应付职工薪酬——非货币性福利　　　　　　　　　　　　　2 486 000
　　　贷：主营业务收入　　　　　　　　　　　　　　　　　　　　 2 200 000
　　　　　应交税费——应交增值税（销项税额）　　　　　　　　　　 286 000
借：主营业务成本　　　　　　　　　　　　　　　　　　　　　1 760 000
　　　贷：库存商品　　　　　　　　　　　　　　　　　　　　　　 1 760 000

【例2-2-16】 F公司决定为每位部门经理提供轿车免费使用，同时为每位副总裁租赁一套住房免费使用。F公司部门经理共有20名，副总裁共有5名。假定每辆轿车月折旧额为1 000元，每套住房月租金为8 000元。F公司应编制会计分录如下：

（1）计提非货币性福利时：

借：管理费用　　　　　　　　　　　　　　　　　　　　　　　　60 000
　　　贷：应付职工薪酬——非货币性福利费　　　　　　　　　　　　 60 000

（2）发放非货币性福利时：

借：应付职工薪酬——非货币性福利费　　　　　　　　　　　　　60 000
　　　贷：累计折旧　　　　　　　　　　　　　　　　　　　　　　　20 000
　　　　　银行存款　　　　　　　　　　　　　　　　　　　　　　　40 000

3. 短期利润分享计划

短期利润分享计划同时满足下列条件的，企业应当确认相关的应付职工薪酬，并计入当期损益或相关资产成本：

（1）企业因过去事项导致现在具有支付职工薪酬的法定义务或推定义务。

（2）因利润分享计划所产生的应付职工薪酬义务能够可靠估计。属于下列三种情形之一的，视为义务金额能够可靠估计：① 在财务报告批准报出之前企业已确定应支付的薪酬金额；② 该利润分享计划的正式条款中包括确定薪酬金额的方式；③ 过去的惯例为企业确定推定义务金额提供了明显证据。

企业在计量利润分享计划产生的应付职工薪酬时，应当反映职工因离职而没有得到利润分享计划支付的可能性。如果企业预期在职工为其提供相关服务的年度报告期间结束后12个月内，不需要全部支付利润分享计划产生的应付职工薪酬，该利润分享计划应当适用其他长期职工福利的有关规定。

【例2-2-17】 甲公司于2018年年初制订和实施了一项短期利润分享计划，以对公司管理层进行激励。该计划规定，公司全年的净利润指标为1 000万元，如果在公司管理层的努力下完成的净利润超过1 000万元，公司管理层将可以分享超过1 000万元净利润部分的10%作为额外报酬。假定至2018年12月31日，甲公司全年实际完成净利润1 500

万元。假定不考虑离职等其他因素,则甲公司管理层按照利润分享计划可以分享利润 50[(1 500 – 1 000)×10%]万元作为其额外的薪酬。

2018年12月31日,甲公司应编制会计分录如下:

借：管理费用　　　　　　　　　　　　　　　　　　　　　500 000
　　贷：应付职工薪酬——利润分享计划　　　　　　　　　　　　　500 000

【例2-2-18】 丙公司有一项职工利润分享计划,要求丙公司将其至2018年12月31日止会计年度的税前利润的指定比例支付给在2018年7月1日至2019年6月30日为丙公司提供服务的职工,奖金于2019年6月30日支付。2018年12月31日止财务年度的税前利润为2 000万元人民币。如果丙公司在2018年7月1日至2019年6月30日期间没有职工离职,则当年的利润分享支付总额为税前利润的3%。

(1) 2018年12月31日,丙公司估计职工离职将使支付额降低至税前利润的2.5%(直接参加生产的职工享有1%,总部管理人员享有1.5%),不考虑个人所得税的影响。

根据职工有权分享利润的服务期间,丙公司应以2018年度税前利润的50%为基数,计算确认负债和成本费用,金额为250 000元(20 000 000×50%×2.5%)。对于余下的利润分享金额,应在2019年职工有权分享利润的服务期间予以确认,即在2019年上半年末确认。丙公司编制会计分录如下:

借：生产成本　　　　　　　　　　　　　　　　　　　　　100 000
　　管理费用　　　　　　　　　　　　　　　　　　　　　150 000
　　贷：应付职工薪酬——利润分享计划　　　　　　　　　　　　　250 000

(2) 2019年6月30日,丙公司的职工离职使其应支付的利润分享金额调整为2018年度税前利润的2.8%(直接参加生产的职工享有1.1%,总部管理人员享有1.7%)。

2019年6月30日,丙公司应首先确认余下的利润分享金额,其中包括估计金额与实际支付金额之间的差额调整额。丙公司确认余下的利润分享额合计为435 000(20 000 000×2.8% – 125 000)元。其中,计入生产成本的利润分享额为170 000 (20 000 000×1.1% – 50 000)元；计入管理费用的利润分享额为265 000(20 000 000×1.7% – 75 000)元。丙公司按期支付奖金。丙公司编制会计分录如下:

借：生产成本　　　　　　　　　　　　　　　　　　　　　170 000
　　管理费用　　　　　　　　　　　　　　　　　　　　　265 000
　　贷：应付职工薪酬——利润分享计划　　　　　　　　　　　　　435 000
借：应付职工薪酬——利润分享计划　　　　　　　　　　　　　435 000
　　贷：银行存款　　　　　　　　　　　　　　　　　　　　　435 000

(六) 离职后福利

离职后福利计划是指企业与职工就离职后福利达成的协议,或者企业为向职工提供离职后福利制定的规章或办法等。企业应当按照企业承担的风险和义务情况,将离职后福利计划分为设定提存计划和设定受益计划两种类型。

1. 设定提存计划

设定提存计划是指企业向单独主体(如基金等)缴存固定费用后,不再承担进一步支付义务的离职后福利计划。

设定提存计划的会计处理比较简单,因为企业在每一期间的义务取决于该期间将要存的金额。因此,在计量义务或费用时不需要精算假设,通常也不存在精算利得或损失。

企业应在资产负债表日确认为换取职工在会计期间为其提供的服务而应付给设定提存计划的提存金,并作为一项费用计入当期损益或相关资产成本。

【例2-2-19】 甲公司根据所在地政府规定,按照职工工资总额的12%计提基本养老保险费,缴存当地社会保险经办机构。2018年7月,甲公司缴存的基本养老保险费,应计入生产成本的金额为96 000元,应计入制造费用的金额为18 000元,应计入管理费用的金额为24 000元,应计入销售费用的金额为12 000元。甲公司应编制会计分录如下:

借:生产成本　　　　　　　　　　　　　　　　　　　　　　96 000
　　制造费用　　　　　　　　　　　　　　　　　　　　　　18 000
　　管理费用　　　　　　　　　　　　　　　　　　　　　　24 000
　　销售费用　　　　　　　　　　　　　　　　　　　　　　12 000
　贷:应付职工薪酬——设定提存计划——基本养老保险费　 150 000

2. 设定受益计划

设定受益计划是指除设定提存计划以外的离职后福利计划。当企业负有下列义务时,该计划就是一项设定受益计划:(1)计划福利公式不仅仅与提存金金额相关,且要求企业在资产不足以满足该公式的福利时提供进一步的提存金;(2)通过计划间接地或直接地对提存金的特定回报做出担保。

企业对设定受益计划的会计处理通常包括下列四个步骤:

(1)确定设定受益计划义务的现值和当期服务成本。

企业应当根据预期累计福利单位法,采用无偏且相互一致的精算假设对有关人口统计变量和财务变量等做出估计,计量设定受益计划所产生的义务,并确定相关义务的归属期间。企业应当根据资产负债表日与设定受益计划义务期限和币种相匹配的国债或活跃市场上的高质量公司债券的市场收益率确定折现率,将设定受益计划所产生的义务予以折现,以确定设定受益计划义务的现值和当期服务成本。

(2)确定设定受益计划净负债或净资产。

设定受益计划存在资产的,企业应当将设定受益计划义务的现值减去设定受益计划资产公允价值所形成的赤字或盈余确认为一项设定受益计划净负债或净资产。计划资产包括长期职工福利基金持有的资产、符合条件的保险单等,但不包括企业应付但未付给独立主体的提存金、由企业发行并由独立主体持有的任何不可转换的金融工具。

设定受益计划存在盈余的,企业应当以设定受益计划的盈余和资产上限两项的孰低者计量设定受益计划净资产。其中,资产上限,是指企业可从设定受益计划退款或减少未来向独立主体缴存提存金而获得的经济利益的现值。

(3)确定应当计入当期损益的金额。

报告期末,企业应当在损益中确认的设定受益计划产生的职工薪酬成本包括服务成本、设定受益净负债或净资产的利息净额。除非其他相关会计准则要求或允许职工福利成本计入资产成本,企业应当将服务成本和设定受益净负债或净资产的利息净额计入当期损益。

服务成本包括当期服务成本、过去服务成本和结算利得或损失。

(4) 确定应当计入其他综合收益的金额。

企业应当将重新计量设定受益计划净负债或净资产所产生的变动计入其他综合收益,并且在后续会计期间不允许转回至损益,但企业可以在权益范围内转移这些在其他综合收益中确认的金额。

重新计量设定受益计划净负债或净资产所产生的变动包括下列部分:① 精算利得或损失,即由于精算假设和经验调整导致之前所计量的设定受益计划义务现值的增加或减少。② 计划资产回报,扣除包括在设定受益净负债或净资产的利息净额中的金额。③ 资产上限影响的变动,扣除包括在设定受益计划净负债或净资产的利息净额中的金额。

(七) 辞退福利

企业向职工提供辞退福利时,应确认辞退福利产生的职工薪酬负债,并计入当期损益。

企业应当按照辞退计划条款的规定,合理预计并确认辞退福利产生的职工薪酬负债,并具体考虑下列情况:

(1) 对于职工没有选择权的辞退计划,企业应当根据计划条款规定拟解除劳动关系的职工数量、每一职位的辞退补偿等计提应付职工薪酬。

(2) 对于自愿接受裁减建议的辞退计划,由于接受裁减的职工数量不确定,企业应当根据《企业会计准则第13号——或有事项》规定,预计将会接受裁减建议的职工数量,根据预计的职工数量和每一职位的辞退补偿等计提应付职工薪酬。

(3) 对于辞退福利预期在其确认的年度报告期间期末后12个月内完全支付的辞退福利,企业应当适用短期薪酬的相关规定。

(4) 对于辞退福利预期在年度报告期间期末后12个月内不能完全支付的辞退福利,企业应当适用其他长期职工福利的相关规定。

【例2-2-20】 甲公司为一家家用电器制造企业,2018年10月,为了能够在下一年度顺利实施转产,甲公司管理层制订了一项辞退计划,拟从2019年2月1日起,企业将以职工自愿方式,辞退其平面直角系列彩电生产车间的职工。

辞退计划的详细内容均已与职工沟通,并达成一致意见。辞退计划已于2018年12月20日经董事会正式批准,并将于下一个年度内实施完毕。计划的详细内容如表2-2所示。

表2-2　　　　　　　　甲公司2018年辞退计划一览表

金额单位:万元

所属部门	职位	辞退数量(个)	工龄(年)	每人补偿
彩电车间	车间主任和副主任	10	1—10	10
			11—20	20
			21—30	30

续表

所属部门	职位	辞退数量(个)	工龄(年)	每人补偿
彩电车间	一般技工	120	1—10	5
			11—20	15
			21—30	25
小计		130		

假定在本例中,对于彩电车间主任和副主任级别、工龄在11—20年的职工,接受辞退的各种数量及发生概率如表2-3所示。

表2-3　　车间主任和副主任级别、工龄在11—20年的职工接受辞退人数估计表

接受辞退的职工数量	发生概率	最佳估计数
0	0	0.00
1	3%	0.03
2	5%	0.10
3	5%	0.15
4	20%	0.80
5	15%	0.75
6	25%	1.50
7	8%	0.56
9	12%	1.08
10	7%	0.70
合计	100%	5.67

甲公司应确认该职级的辞退福利金额为1 134 000(5.67×200 000)元,编制会计分录如下:

借:管理费用　　　　　　　　　　　　　　　　　　　　　　　　1 134 000
　　贷:应付职工薪酬——辞退福利　　　　　　　　　　　　　　　　　1 134 000

(八)其他长期职工福利

企业向职工提供的其他长期职工福利,符合设定提存计划条件的,应当按照设定提存计划的有关规定进行会计处理;符合设定受益计划条件的,应当按照设定受益计划的有关规定,确认和计量其他长期职工福利净负债或净资产。

在报告期末,企业应当将其他长期职工福利产生的职工薪酬成本确认为下列组成部分:

(1)服务成本;
(2)其他长期职工福利净负债或净资产的利息净额;
(3)重新计量其他长期职工福利净负债或净资产所产生的变动。

为了简化相关会计处理,上述项目的总净额应计入当期损益或相关资产成本。

○ **案例分析与讨论**

2013年年末，注册会计师在对东风股份有限公司进行审计时，发现该公司12月份有张凭证摘要为发放职工福利费，其账务处理为：

借：管理费用　　　　　　　　　　　　　　　　　3 000 000
　　贷：库存商品　　　　　　　　　　　　　　　　　　　3 000 000

查看所附原始凭证，证实为该公司将自产的200件产品作为福利发放给公司的管理人员。该批产品的单位成本为1.5万元，市场销售价格为每件2万元。东风股份有限公司为增值税一般纳税人，使用的增值税税率为17%，不考虑其他相关税费。

分析思考：结合案情分析东风股份有限公司账务处理存在的问题，并提出处理意见。

五、应交税费的核算

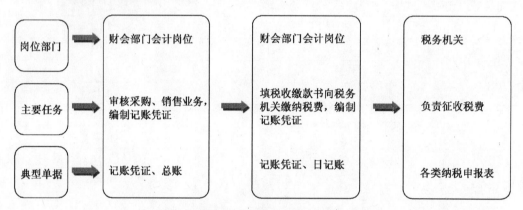

图2-11　应交税费核算的工作过程与岗位对照

（一）应交税费的概念及内容

应交税费是指企业根据在一定时期内取得的营业收入、实现的利润等，按照现行税法规定，采用一定的计税方法计提的应缴纳的各种税费。这些应缴纳的税费应按照权责发生制原则进行确认、计提，在尚未缴纳之前暂时留在企业，形成一项负债。

企业根据税法规定应缴纳的各种税费包括增值税、消费税、城市维护建设税、资源税、所得税、土地增值税、房产税、车船税、土地使用税、教育费附加、矿产资源补偿费、印花税、耕地占用税等。

企业应通过"应交税费"科目总括反映各种税费的缴纳情况，并按照应交税费的种类进行明细核算。该科目贷方登记应缴纳的各种税费；借方登记实际缴纳的税费；期末余额一般在贷方，反映企业尚未缴纳的税费，期末余额如在借方，则反映企业多交或尚未抵扣的税费。

> **小·贴士**
>
> 企业按规定应缴纳的代扣代缴的个人所得税、教育附加费、矿产资源补偿费，通过"应交税费"账户核算；企业不需要预计缴纳的税金，如印花税、契税、耕地占用税、车辆购置税等，不在该账户进行核算。

（二）应交增值税的核算

1. 增值税的概念

增值税是指对在我国境内销售货物，提供加工、修理修配劳务，销售服务、无形资产、不动产，以及进口货物的单位和个人征收的一种流转税。按照纳税人的规模及会计核算的健全程度，增值税的纳税人可以分为一般纳税人和小规模纳税人。一般纳税人的应交增值税，根据其当期销项税额减去进项税额计算确定；小规模纳税人的应交增值税，根据销售额和规定的征收率计算确定，不得抵扣进项税额。

> **小贴士**
>
> 各国实行的增值税在计算增值额时一般都实行税款抵扣制度，即在计算企业应纳税款时，要扣除商品在以前生产环节已负担的税款，以避免重复征税。依据实行增值税的各个国家允许抵扣已纳税款的扣除项目范围的大小，增值税分为生产型增值税、收入型增值税和消费型增值税三种类型。它们之间的主要区别在于对购入固定资产的处理上。生产型增值税在计算增值额时，对购入的固定资产及其折旧均不予扣除。收入型增值税对于购置用于生产、经营用的固定资产，允许将已提折旧的价值额予以扣除。消费型增值税允许将用于生产、经营的固定资产价值中已含的税款，在购置当期全部一次扣除。2008年，我国修订了《中华人民共和国增值税暂行条例》，实现了生产型增值税向消费型增值税的转型。修订后的《中华人民共和国增值税暂行条例》自2009年1月1日起在全国范围内实施。

2. 账户设置

为了核算企业应交增值税的发生、抵扣、缴纳、退税及转出等情况，一般纳税人应当在"应交税费"科目下设置"应交增值税""未交增值税""预交增值税""待认证进项税额""待转销项税额""增值税留抵税额""简易计税""转让金融商品应交增值税""代扣代缴增值税"等明细科目。

（1）"应交增值税"明细科目，核算一般纳税人进项税额、销项税额抵减、已交税金、减免税款、出口抵减内销产品应纳税额、销项税额、出口退税、进项税额转出、转出多交或未交增值税等情况。

该明细科目下应设置以下专栏：

①"进项税额"专栏，记录一般纳税人购进货物、加工、修理修配劳务、服务、无形资产或不动产而支付或负担的、准予从当期销项税额中抵扣的增值税额。支付的进项税额，用蓝字登记；因销售折让、中止或者退回而收回的增值税额（即应冲销的进项税额），用红字登记。

②"销项税额抵减"专栏，记录一般纳税人按照现行增值税制度规定因扣减销售额而减少的销项税额。

③"已交税金"专栏，记录一般纳税人当月已缴纳的应交增值税额。

④"减免税款"专栏，记录一般纳税人按现行增值税制度规定准予减免的增值税额。

⑤"出口抵减内销产品应纳税额"专栏，记录实行"免、抵、退"办法的一般纳税人按规定计算的出口货物的进项税抵减内销产品金额的税额。

⑥"转出未交增值税"专栏,记录一般纳税人月末转出当月应交未交的增值税额。

⑦"销项税额"专栏,记录一般纳税人销售货物、加工、修理修配劳务、服务、无形资产或不动产应收取的增值税额;客户退回已销售货物时应冲销的销项税额,用红字登记。

⑧"出口退税"专栏,记录一般纳税人出口货物、加工、修理修配劳务、服务、无形资产按规定退回的增值税额。

⑨"进项税额转出"专栏,记录一般纳税人购进货物、加工、修理修配劳务、服务、无形资产或不动产等发生非正常损失以及其他原因而不应从销项税额中抵扣、按规定转出的进项税额。

⑩"转出多交增值税"专栏,记录一般纳税人月末转出当月多交的增值税额。

(2)"未交增值税"明细科目,核算一般纳税人月度终了从"应交增值税"或"预交增值税"明细科目转入的当月应交未交、多交或预交的增值税额,以及当月缴纳以前期间未交的增值税额。

(3)"预交增值税"明细科目,核算一般纳税人转让不动产、提供不动产经营租赁服务、提供建筑服务、采用预收款方式销售自行开发的房地产项目等,以及其他按现行增值税制度规定应预交的增值税额。

(4)"待认证进项税额"明细科目,核算一般纳税人由于未经税务机关认证而不得从当期销项税额中抵扣的进项税额。包括一般纳税人已取得增值税扣税凭证、按照现行增值税制度规定准予从销项税额中抵扣,但尚未经税务机关认证的进项税额;一般纳税人已申请稽核但尚未取得稽核相符结果的海关缴款书进项税额。

(5)"待转销项税额"明细科目,核算一般纳税人销售货物、加工、修理修配劳务、服务、无形资产或不动产,已确认相关收入或利得,但尚未发生增值税纳税义务而应于以后期间确认为销项税额的增值税额。

(6)"简易计税"明细科目,核算一般纳税人采用简易计税方法发生的增值税计提、扣减、预缴和缴纳等业务。

(7)"转让金融商品应交增值税"明细科目,核算增值税纳税人转让金融商品发生的增值税额。

(8)"代扣代缴增值税"明细科目,核算增值税纳税人购进在境内未设经营机构的境外单位或个人在境内的应税行为代扣代缴的增值税。

3. 增值税的账务处理

(1)一般纳税人应交增值税的核算。

① 一般的购进业务。

【例2-2-21】 甲企业购入原材料一批,增值税专用发票上注明货款40 000元,增值税额5 200元,货物尚未到达,货款和进项税款已用银行存款支付。该企业采用实际成本法对原材料进行核算。该企业的有关会计分录如下:

借:在途物资　　　　　　　　　　　　　　　　　　　　　　40 000
　　应交税费——应交增值税(进项税额)　　　　　　　　　　5 200
　　贷:银行存款　　　　　　　　　　　　　　　　　　　　　　45 200

② 购进农产品。

企业购进农产品,除取得增值税专用发票或者海关进口增值税专用缴款书外,按照农产品收购发票或者销售发票上注明的农产品买价和9%的扣除率计算进项税额;购进用于生产销售或委托加工13%税率货物的农产品,按照农产品收购发票或者销售发票上注明的农产品买价和10%的扣除率计算进项税额。因此,企业购进农产品应按照其应交增值税进项税额,借记"应交税费——应交增值税(进项税额)"科目,按农产品买价扣除进项税额后的差额,借记"材料采购""在途物资""原材料""库存商品"等科目,按照应付或实际支付的价款,贷记"应付账款""应付票据""银行存款"等科目。

【例2-2-22】 甲公司为增值税一般纳税人,农产品收购发票上注明的价款为200 000元,规定的扣除率为9%,货物尚未到达,货款已用银行存款支付。该企业的有关会计分录如下:

进项税额=购买价款×扣除率=200 000×9%=18 000(元)

借:在途物资　　　　　　　　　　　　　　　　　　　　182 000
　　应交税费——应交增值税(进项税额)　　　　　　　 18 000
　　贷:银行存款　　　　　　　　　　　　　　　　　　200 000

③ 视同销售行为。

企业将自产或委托加工的货物用于非应税项目、集体福利或个人消费,将自产、委托加工或购买的货物作为投资、分配给股东、赠送他人等,应视同销售货物计算缴纳增值税,借记"在建工程""长期股权投资""营业外支出"等科目,贷记"应交税费——应交增值税(销项税额)"等科目。

【例2-2-23】 甲企业将自己生产的产品无偿捐赠给希望工程。该批产品的成本为20 000元,不含税价格为30 000元,增值税税率为13%。甲企业的有关会计分录如下:

借:营业外支出　　　　　　　　　　　　　　　　　　　 23 900
　　贷:库存商品　　　　　　　　　　　　　　　　　　 20 000
　　　　应交税费——应交增值税(销项税额)　　　　　　 3 900

④ 进项税额转出。

企业已单独确认进项税额的购进货物、加工、修理修配劳务、服务、无形资产或者不动产,但其事后改变用途(如用于简易计税方法计税项目、免征增值税项目、非增值税应税项目等),或发生非正常损失,原已计入进项税额、待抵扣进项税额或待认证进项税额,按照现行增值税制度规定不得从销项税额中抵扣。这里所说的"非正常损失",根据现行增值税制度规定,是指因管理不善造成货物被盗、丢失、腐烂变质,以及因违反法律法规造成货物或者不动产被依法没收、销毁、拆除的情形。

在进行进项税额转出的账务处理时,借记"待处理财产损溢""应付职工薪酬""固定资产""无形资产"等科目,贷记"应交税费——应交增值税(进项税额转出)""应交税费——待抵扣进项税额""应交税费——待认证进项税额"科目。属于转作待处理财产损溢的进项税额,应与非正常损失的购进货物、在产品或库存商品、固定资产和无形资产的成本一并处理。

【例2-2-24】 甲企业因责任人过失造成一批库存材料损失,有关增值税专用发票确认的成本为20 000元,增值税额为2 600元。甲公司应编制会计分录如下:

借:待处理财产损溢——待处理流动资产损溢　　　　　　　　　22 600
　　贷:原材料　　　　　　　　　　　　　　　　　　　　　　　20 000
　　　　应交税费——应交增值税(进项税额转出)　　　　　　　　2 600

需要说明的是,一般纳税人购进货物、加工、修理修配劳务、服务、无形资产或不动产,用于简易计税方法计税项目、免征增值税项目、集体福利或个人消费等,即使取得的增值税发票上已注明增值税进项税额,该税额按照现行增值税制度规定也不得从销项税额中抵扣。取得增值税专用发票时,应将待认证的目前不可抵扣的增值税进项税额,借记"应交税费——待认证进项税额"科目,贷记"银行存款""应付账款"等科目。经税务机关认证为不可抵扣的增值税进项税额时,借记"应交税费——应交增值税(进项税额)"科目,贷记"应交税费——待认证进项税额"科目;同时,将增值税进项税额转出,借记相关成本费用或资产科目,贷记"应交税费——应交增值税(进项税额转出)"科目。

【例2-2-25】 2019年6月28日,甲公司外购空调扇300台作为福利发放给直接从事生产的职工,取得的增值税专用发票上注明的价款为150 000元、增值税额为19 500元,以银行存款支付了购买空调扇的价款和增值税进项税额,增值税专用发票尚未经税务机关认证。甲公司应编制会计分录如下:

(1) 购入时:
借:库存商品——空调扇　　　　　　　　　　　　　　　　　　150 000
　　应交税费——待认证进项税额　　　　　　　　　　　　　　　19 500
　　贷:银行存款　　　　　　　　　　　　　　　　　　　　　　169 500

(2) 经税务机关认证不可抵扣时:
借:应交税费——应交增值税(进项税额)　　　　　　　　　　　19 500
　　贷:应交税费——待认证进项税额　　　　　　　　　　　　　19 500
借:库存商品——空调扇　　　　　　　　　　　　　　　　　　　19 500
　　贷:应交税费——应交增值税(进项税额转出)　　　　　　　　19 500

(3) 实际发放时:
借:应付职工薪酬——非货币性福利　　　　　　　　　　　　　169 500
　　贷:库存商品——空调扇　　　　　　　　　　　　　　　　　169 500

⑤ 一般的销售业务。

【例2-2-26】 甲企业销售产品一批,价款100 000元,按规定应收取增值税额13 000元,提货单和增值税专用发票已交给买方,款项通过一张面值为113 000元的商业承兑汇票支付。该企业应编制会计分录如下:

借:应收票据　　　　　　　　　　　　　　　　　　　　　　　113 000
　　贷:主营业务收入　　　　　　　　　　　　　　　　　　　　100 000
　　　　应交税费——应交增值税(销项税额)　　　　　　　　　　13 000

⑥ 缴纳增值税。

企业缴纳增值税,应借记"应交税费——应交增值税(已交税金)"科目,贷记"银行存款"科目。

【例2-2-27】 某企业以银行存款缴纳本月增值税67 000元。该企业应编制会计分录如下:
借:应交税费——应交增值税(已交税金)　　　　　　　　　　67 000
　　贷:银行存款　　　　　　　　　　　　　　　　　　　　　　　67 000

【例2-2-28】 某企业本月发生销项税额合计84 770元,进项税额转出24 578元,进项税额20 440元,已交增值税60 000元。
该企业本月"应交税费——应交增值税"科目的余额为:
84 770 + 24 578 − 20 440 − 60 000 = 28 908(元)
该余额在贷方,表示企业尚未缴纳增值税28 908元。

◎ 案例分析与讨论

甲有限责任公司为增值税一般纳税人,2019年12月份发生如下经济业务:销售商品1 000件,每件不含税售价为200元,该货物适用13%的增值税税率;购进原材料取得增值税专用发票,发票上注明的税款为13 000元;购进免税农产品10 000元;支付运输费11 000元。

分析思考:
- 甲有限责任公司2019年12月份增值税销项税额是多少?
- 购进农产品的增值税进项税额应如何计算?
- 有些纳税人认为凡是运输费均可以按照9%的扣除率计算增值税进项税额,是否正确?
- 甲有限责任公司2019年12月份增值税进项税额是多少?
- 甲有限责任公司2019年12月份需要缴纳多少增值税?

(2) 小规模纳税人应交增值税的核算。

小规模纳税人应当按照不含税销售额和规定的增值税征收率计算缴纳增值税,销售货物或提供应税劳务时只能开具普通发票,不能开具增值税专用发票。小规模纳税人不享有进项税额的抵扣权,其购进货物或接受应税劳务支付的增值税直接计入有关货物或劳务的成本。因此,小规模纳税人只需在"应交税费"科目下设置"应交增值税"明细科目,不需要在"应交增值税"明细科目中设置专栏,"应交税费——应交增值税"科目贷方登记应缴纳的增值税,借方登记已缴纳的增值税,期末贷方余额为尚未缴纳的增值税,借方余额为多缴纳的增值税。

① 一般的购进业务。

【例2-2-29】 某小规模纳税人购入材料一批,取得的增值税专用发票中注明货款为40 000元,增值税额5 200元,款项以银行存款支付,材料已验收入库(该企业材料按实际成本计价核算)。该企业应编制会计分录如下:
借:原材料　　　　　　　　　　　　　　　　　　　　　　　　　45 200
　　贷:银行存款　　　　　　　　　　　　　　　　　　　　　　　45 200

② 一般的销售业务。

【例2-2-30】 某小规模纳税人销售产品一批,所开出的普通发票中注明的货款(含税)为51 500元,增值税征收率为3%,款项已存入银行。该企业应编制会计分录如下:
借:银行存款　　　　　　　　　　　　　　　　　　　51 500
　　贷:主营业务收入　　　　　　　　　　　　　　　　　50 000
　　　　应交税费——应交增值税　　　　　　　　　　　1 500

小贴士

一、含税销售额与不含税销售额的关系
1. 不含税销售额=含税销售额÷(1+征收率)
2. 应交增值税=不含税销售额×征收率

二、税率与征收率

自2019年4月1日起,一般纳税人适用的增值税税率分为13%、9%、6%和零税率。一般纳税人销售或者进口货物、提供加工、修理修配劳务、提供有形动产租赁服务,税率为13%;一般纳税人销售或者进口粮食、食用植物油、自来水、暖气、冷气、热水、煤气、石油液化气、天然气、沼气、居民用煤炭制品、图书、报纸、杂志、饲料、化肥、农药、农机、农膜及国务院及其有关部门规定的其他货物,税率为9%;提供交通运输、邮政、基础电信、建筑、不动产租赁服务、销售不动产、转让土地使用权,税率为9%;其他应税行为,税率为6%。小规模纳税人增值税的计征采用简易方法。增值税的简易计税方法是按照不含税销售额与征收率计算增值税应纳税额,不得抵扣进项税额。现行简易计税方法的增值税计算公式为:当期增值税应纳税额=当期不含税销售额×征收率,征收率为3%或5%。

一般纳税人出口货物,税率为零;但是,国务院另有规定的除外。境内单位和个人发生的跨境应税行为税率为零,具体范围由财政部和国家税务总局另行规定。

(三)应交消费税的核算

1. 消费税的概念

消费税是指在我国境内销售、委托加工和进口应税消费品的单位和个人,按其流转额缴纳的一种税。消费税有从价定率和从量定额两种征收办法。采取从价定率办法计征的消费税,以不含增值税的销售额为税基,按照税法规定的税率计算,企业的销售收入包含增值税的,应将其换算为不含增值税的销售额。采取从量定额办法计征的消费税,根据按税法确定的企业应税消费品的数量和单位应税消费品应缴纳的消费税计算确定。

采用从价定率办法征收的消费税,应纳税额=应税消费品销售额×适用税率
采用从量定额办法征收的消费税,应纳税额=应税消费品销售数量×适用税额标准

2. 账户设置

企业应在"应交税费"科目下设置"应交消费税"明细科目,核算应交消费税的发生、缴纳情况。该科目贷方登记应缴纳的消费税,借方登记已缴纳的消费税,期末贷方余额为尚未缴纳的消费税,借方余额为多缴纳的消费税。

3. 消费税的账务处理

(1) 销售应税消费品。

企业销售应税消费品需缴纳消费税时,应借记"税金及附加"科目,贷记"应交税费——应交消费税"科目。

【例2-2-31】 某企业销售所生产的烟丝,价款100 000元(不含增值税),适用的消费税税率为30%。该企业的有关会计分录如下:

应交消费税额 = 100 000 × 30% = 30 000(元)

借:税金及附加　　　　　　　　　　　　　　　　　　　　30 000
　　贷:应交税费——应交消费税　　　　　　　　　　　　　　　　30 000

(2) 自产自用应税消费品。

企业将生产的应税消费品用于在建工程等非生产机构时,按规定应缴纳的消费税,借记"在建工程"等科目,贷记"应交税费——应交消费税"等科目。

【例2-2-32】 某企业工程部门领用产品一批,该产品的账面价值为35 000元,市场价格50 000元(不含增值税),适用的消费税税率为10%,增值税税率为13%。有关计算如下:

应交消费税 = 50 000 × 10% = 5 000(元)

应交增值税 = 50 000 × 13% = 6 500(元)

编制如下会计分录:

借:在建工程　　　　　　　　　　　　　　　　　　　　　46 500
　　贷:库存商品　　　　　　　　　　　　　　　　　　　　　　35 000
　　　　应交税费——应交增值税(销项税额)　　　　　　　　　　6 500
　　　　　　　　——应交消费税　　　　　　　　　　　　　　　5 000

(3) 委托加工应税消费品。

需要缴纳消费税的委托加工物资,应由受托方代收代缴消费税,受托方按照应交税款金额,借记"应收账款""银行存款"等科目,贷记"应交税费——应交消费税"科目。委托加工物资收回后,直接用于销售的,应将受托方代收代缴的消费税计入委托加工物资的成本,借记"委托加工物资"科目,贷记"银行存款"科目;委托加工物资收回后用于连续生产应税消费品,按规定准予抵扣的,应按已由受托方代收代缴的消费税,借记"应交税费——应交消费税"科目,贷记"银行存款"科目。

【例2-2-33】 甲企业(一般纳税人)委托丙企业代为加工一批应交消费税的材料(非金银首饰)。甲企业的材料成本为1 000 000元,加工费为80 000元,增值税为10 400元,由丙企业代收代缴消费税,消费税税率为10%。材料已经加工完成验收入库,加工费签发转账支票付讫。甲企业采用实际成本法进行原材料的核算。

(1) 如果甲企业收回的委托加工物资用于继续生产应税消费品,甲企业的有关会计分录如下:

① 发出用于加工的材料时：
借：委托加工物资　　　　　　　　　　　　　　　　　1 000 000
　　贷：原材料　　　　　　　　　　　　　　　　　　　　　1 000 000
② 支付加工费、增值税和消费税时：
借：委托加工物资　　　　　　　　　　　　　　　　　　80 000
　　应交税费——应交增值税（进项税额）　　　　　　　10 400
　　应交税费——应交消费税　　　　　　　　　　　　　120 000
　　贷：银行存款　　　　　　　　　　　　　　　　　　　　210 400
本例中消费税的组成计税价格=（1 000 000+80 000）÷（1-10%）=1 200 000（元）；应纳消费税税额=1 200 000×10%=120 000（元）。
③ 收回委托加工物资时：
借：原材料　　　　　　　　　　　　　　　　　　　　1 080 000
　　贷：委托加工物资　　　　　　　　　　　　　　　　　　1 080 000
（2）如果甲企业收回的委托加工物资直接用于对外销售，甲企业的有关会计分录如下：
① 发出用于加工的材料时：
借：委托加工物资　　　　　　　　　　　　　　　　　1 000 000
　　贷：原材料　　　　　　　　　　　　　　　　　　　　　1 000 000
② 支付加工费、增值税和消费税时：
借：委托加工物资　　　　　　　　　　　　　　　　　　200 000
　　应交税费——应交增值税（进项税额）　　　　　　　10 400
　　贷：银行存款　　　　　　　　　　　　　　　　　　　　210 400
③ 收回委托加工物资时：
借：库存商品　　　　　　　　　　　　　　　　　　　1 200 000
　　贷：委托加工物资　　　　　　　　　　　　　　　　　　1 200 000

小贴士

委托加工应税消费品，除受托方为个人外，由受托方交货时代扣代缴消费税。按照受托方的同类消费品销售价格计算纳税，没有同类消费品销售价格的，按照组成计税价格计算纳税。组成计税价格计算公式为：

组成计税价格=（材料成本+加工费）÷（1-消费税税率）

应纳税额=组成计税价格×适用税率

（4）进口应税消费品。

企业进口应税物资在进口环节应缴纳的消费税，计入该项物资的成本，借记"在途物资""固定资产"等科目，贷记"银行存款"等科目。

【例2-2-34】 甲企业从国外进口一批需要缴纳消费税的商品,商品价值1 500 000元,进口环节需要缴纳的消费税为195 000元(不考虑增值税),采购的商品已经验收入库,货款尚未支付,税款已经用银行存款支付。甲企业的有关会计分录如下:

借:库存商品　　　　　　　　　　　　　　　　　　　　　　1 695 000
　　贷:应付账款　　　　　　　　　　　　　　　　　　　　　　1 500 000
　　　　银行存款　　　　　　　　　　　　　　　　　　　　　　　 195 000

(四) 其他应交税费的核算

对于除上述税金以外的应交城市维护建设税、资源税、土地增值税、房产税、土地使用税、车船使用税、个人所得税、企业所得税、教育费附加、矿产资源补偿费等,企业应当在"应交税费"科目下设置相应的明细科目进行核算。该科目贷方登记应缴纳的有关税费,借方登记已缴纳的有关税费,期末贷方余额表示尚未缴纳的有关税费。

1. 应交城市维护建设税

城市维护建设税是一种附加税。按照现行税法规定,城市维护建设税应根据应交增值税、应交消费税和应交营业税之和的一定比例计算缴纳。城市维护建设税计算公式为:

应交城市维护建设税 =(应交增值税 + 应交消费税 + 应交营业税)× 适用税率

> **小·贴士**
>
> 城市维护建设税适用税率按纳税人所在地区不同,分为以下三档差别比例税率,即纳税人所在地为市区的,税率为7%;纳税人所在地为县城、镇的,税率为5%;纳税人所在地不在市区、县城或者镇的,税率为1%。

企业应交的城市维护建设税,借记"税金及附加"等科目,贷记"应交税费——应交城市维护建设税"科目;缴纳城市维护建设税,借记"应交税费——应交城市维护建设税"科目,贷记"银行存款"科目。

【例2-2-35】 2018年10月,某市区企业实际缴纳增值税6 000元、消费税6 000元。城市维护建设税计算及缴纳的会计处理如下:

(1) 计提应交城市维护建设税时:

应交城市维护建设税 =(6 000 + 6 000)× 7% = 840(元)

借:税金及附加　　　　　　　　　　　　　　　　　　　　　　　　840
　　贷:应交税费——应交城市维护建设税　　　　　　　　　　　　　840

(2) 缴纳城市维护建设税时:

借:应交税费——应交城市维护建设税　　　　　　　　　　　　　840
　　贷:银行存款　　　　　　　　　　　　　　　　　　　　　　　　840

2. 应交教育费附加

教育费附加是国家为了发展我国的教育事业、提高人民的文化素质而征收的一项附加费用,按照企业缴纳流转税的一定比例计征,并与流转税一起缴纳。企业应交的教育费附加,借记"税金及附加"等科目,贷记"应交税费——应交教育费附加"科目;缴纳教育费附加,借记"应交税费——应交教育费附加"科目,贷记"银行存款"科目。

【例 2-2-36】 甲公司按税法规定计算,2019 年 12 月实际缴纳增值税 420 000 元、消费税 200 000 元,教育费附加征收率 3%,地方教育附加征收率 2%,期末计算应交教育费附加,于下月初缴纳。

甲公司应编制会计分录如下:
(1)确定应交的教育费附加及地方教育附加:
应交教育费附加 =(420 000 + 200 000)× 3% = 18 600(元)
应交地方教育附加 =(420 000 + 200 000)× 2% = 12 400(元)

借:税金及附加	31 000
贷:应交税费——应交教育费附加	18 600
——应交地方教育附加	12 400

(2)缴纳教育费附加:

借:应交税费——应交教育费附加	18 600
——应交地方教育附加	12 400
贷:银行存款	31 000

3. 应交资源税

资源税是国家对在我国境内开采矿产品(如原油、天然气、煤炭、其他非金属矿原矿等)或者生产盐的单位和个人征收的一种税。资源税按照应税产品的课税数量和规定的单位税额计算。开采或者生产应税产品销售的,以销售数量为课税数量;开采或者生产应税产品自用的,以自用数量为课税数量。而单位税额则按不同产区的产品分别规定差别税额。

企业对外销售应税产品应缴纳的资源税,借记"税金及附加"科目,贷记"应交税费——应交资源税"科目;企业自产自用应税产品而应缴纳的资源税,借记"生产成本""制造费用"等科目,贷记"应交税费——应交资源税"科目。

【例 2-2-37】 某企业对外销售某种资源税应税矿产品 1 000 吨,每吨应交资源税 5 元。该企业的有关会计分录如下:

借:税金及附加	5 000
贷:应交税费——应交资源税	5 000

4. 应交土地增值税

土地增值税是指在我国境内有偿转让国有土地使用权、地上建筑物及其附着物产权的单位和个人,就其土地增值额征收的一种税。土地增值税按照转让房地产所取得的增值额和规定的税率计算征收。其中,"增值额"是转让收入减除规定扣除项目金额后的余额。转让收入包括货币收入、实物收入和其他收入。计算土地增值额的主要扣除项目有:取得土地使用权所支付的金额;开发土地的成本与费用;新建房屋及配套设施的成本、费用,或者旧房及建筑物的评估价格;与转让房地产有关的税金;财政部规定的其他扣除项目。

企业应交的土地增值税视情况记入不同科目:企业转让的土地使用权连同地上建筑物

及其附着物一并在"固定资产"等科目核算的,转让时应交的土地增值税,借记"固定资产清理"科目,贷记"应交税费——应交土地增值税"科目;土地使用权在"无形资产"科目核算的,按实际收到的金额,借记"银行存款"科目,按应交的土地增值税,贷记"应交税费——应交土地增值税"科目,同时冲销土地使用权的账面价值,贷记"无形资产"科目,按其差额,借记或贷记"资产处置损益"科目。

【例2-2-38】 某企业对外转让一栋厂房,根据税法规定计算的应交土地增值税为46 000元。该企业有关会计处理如下:
(1) 计算应交的土地增值税时:
借:固定资产清理 46 000
    贷:应交税费——应交土地增值税 46 000
(2) 缴纳应交土地增值税税额时:
借:应交税费——应交土地增值税 46 000
    贷:银行存款 46 000

5. 应交个人所得税

个人所得税是对个人(自然人)取得的各项应税所得征收的一种税。企业按规定计算的代扣代缴的职工个人所得税,借记"应付职工薪酬"科目,贷记"应交税费——应交个人所得税"科目。

【例2-2-39】 某企业结算本月应付职工工资总额200 000元,代扣职工个人所得税共计2 000元,实发工资198 000元。该企业与应交个人所得税有关的会计分录如下:
借:应付职工薪酬——工资 2 000
    贷:应交税费——应交个人所得税 2 000

6. 应交房产税、城镇土地使用税、车船税、矿产资源补偿费

房产税是国家在城市、县城、建制镇和工矿区范围内,对产权所有人征收的一种税。房产税依照房产原值一次减除10%—30%后的余额计算缴纳。没有房产原值作为依据的,由房产所在地税务机关参考同类房产价格核定。房产出租的,以房产租金收入为房产税的计税依据。

城镇土地使用税是国家为了合理利用城镇土地,调节土地级差收入,提高土地使用效益,加强土地管理而征收的一种税,以纳税人实际占用的土地面积为计税依据,依照规定税额计算征收。

车船税由车船的所有人或管理人缴纳,车船税按照适用税额计算缴纳。

矿产资源补偿费是对在中华人民共和国领域和其他管辖海域开采矿产资源的单位或个人征收的一项费用。矿产资源补偿费按照矿产品销售收入的一定比例计征,由采矿权享有人缴纳。

企业应交的房产税、城镇土地使用税、车船税、矿产资源补偿费,借记"管理费用"科目,贷记"应交税费——应交房产税(或应交城镇土地使用税、应交车船税、应交矿产资源补偿费)"科目。

○ 案例分析与讨论

长江有限责任公司为增值税一般纳税人,2019年12月份发生下列经济业务:销售商品1 000件,每件不含税售价为200元,该商品使用的增值税税率为13%;购入原材料一批,取得的增值税专用发票上注明的税款为13 000元;支付运费1 000元,增值税专用发票上注明的税款为90元。

分析思考:若你是长江有限责任公司的财务人员,本月公司的销项税额、进项税额和应交增值税额分别为多少?

小 结

应收及预付款项是指企业在日常生产经营过程中发生的各项债权,主要包括应收票据、应收账款、预付账款和其他应收款等。

带息应收票据应于期末按应收票据的票面价值和确定的利率计算计提票据利息;不带息应收票据到期收回票据的面值。

应收账款是指企业在正常经营活动中因销售商品和产品、提供劳务等应向购货单位或接受劳务单位收取的款项,包括应向客户收取的价款、代垫的运杂费及增值税等。应收账款通常按实际发生的金额入账,但是应当注意销售折扣和销售折让的处理。其中,销售折扣包括商业折扣和现金折扣。

预付账款是指企业按照合同规定预付给供应单位的款项。

其他应收款是指企业除应收票据、应收账款、预付账款、应收利息、应收股利等以外的其他各种应收、暂付款项。

估计坏账损失有三种方法可供选择,即余额百分比法、账龄分析法和赊销百分比法。

应付及预收款项主要包括应付票据、应付账款、预收款项、应付利息、应付股利、其他应付款、应付职工薪酬、应交税费等。

应付票据是指企业因购买材料、商品或接受劳务供应等而开出、承兑的商业汇票。

应付账款是指企业因购买材料、商品或接受劳务供应等经济活动应支付的款项。

预收账款是根据买卖双方协议,在销货前由供货企业预先向购买方收取一部分货款而形成的一项负债。

其他应付款项主要包括应付利息、应付股利和其他应付款等。

企业按照规定缴纳各种税费,主要包括增值税、消费税、所得税、资源税、土地增值税、城市维护建设税、房产税、城镇土地使用税、车船税、教育费附加、矿产资源补偿费等。这些应交的税金在未缴纳之前,形成企业的一项负债。

知识巩固

一、思考题

1. 什么是应收票据？什么是应付票据？试举例说明其账务处理。
2. 什么是现金折扣？附有现金折扣条件的应收账款和应付账款应如何核算？
3. 应付职工薪酬包括哪些内容？应如何进行计量？
4. 计提坏账准备的方法有哪些？如何进行账务处理？
5. 试比较一般纳税人和小规模纳税人对增值税核算的区别。

二、实务题

（一）债权的核算

1. 甲企业于2019年11月1日销售一批商品给乙企业，销售收入为50 000元，增值税为6 500元，商品已经发出。乙企业交来一张期限为6个月、票面利率为10%的商业承兑汇票。

要求：编制甲企业收到票据、年终计提票据利息和收回货款的会计分录。

2. 2019年2月18日，甲公司收到A公司出具的一张不带息商业承兑汇票，面值20 000元，期限5个月，假设企业在持有票据三个月时将票据到银行办理了贴现，贴现率为9%。

要求：
(1) 计算贴现所得。
(2) 编制下列业务会计分录：
① 贴现的商业承兑汇票不附追索权；
② 贴现的商业承兑汇票附追索权。

3. A公司为一般纳税人，适用的增值税税率为13%。2019年发生如下经济业务：
(1) A公司用银行存款向甲公司预付材料款10 000元。
(2) A公司收到甲公司发来的材料，材料价款为20 000元，增值税为2 600元。A公司对材料采用实际成本法核算。
(3) A公司开出转账支票补付甲公司不足材料款。
(4) A公司某生产车间核对的备用金定额为3 000元，以现金拨付。

要求：编制上述经济业务的会计分录。

4. 某公司根据公司客户群的特点和公司经营情况，确定每年均按5‰的预期信用损失率为应收账款计提坏账准备。该公司最近三年应收账款余额情况如下：
(1) 第一年年末应收账款余额为1 000 000元；
(2) 第二年年末发生坏账损失10 000元，其中A企业6 000元，B企业4 000元，年末应收账款余额为900 000元；
(3) 第三年已冲销的上年B企业应收账款4 000元又收回，年末应收账款余额为1 400 000元。

要求：根据上述经济业务，编制相应的会计分录。

(二) 债务的核算

1. 甲公司为增值税一般纳税人，原材料按实际成本法核算，适用的增值税税率为13%，2019年9月份发生如下经济业务：

(1) 购入一批原材料，增值税专用发票上注明的材料价款为600万元，增值税额为78万元，贷款已付，材料已验收入库。

(2) 职工集体福利工程领用生产用原材料30万元，该批原材料原购进时的进项税额为3.9万元。

(3) 购进免税农产品一批，买价为300万元，已用银行存款支付，农产品已到达并验收入库。该批免税农产品按规定可抵扣9%。

(4) 购入一台设备，增值税专用发票上记载的设备价款为100万元，支付的增值税税额为13万元，款项已由银行存款支付。

(5) 销售商品一批，销售收入为600万元(不含税)，货款尚未收到。

(6) 出售一项土地使用权，出售收入5 000万元已存入银行，该项土地使用权原值为6 000万元，已累计摊销2 000万元。适用的增值税税率为9%。

要求：根据上述资料，编制有关会计分录(为简化核算，不考虑城市维护建设税、土地增值税和教育费附加等)。

2. 长江公司2019年11月份的工资总额为220 000元，其中，产品生产工人工资120 000元，无形资产研发人员工资50 000元，行政管理部门人员工资30 000元，产品销售人员工资20 000元。该企业按工资总额的8%计提住房公积金，按工资总额的16%计提社会保险费，按工资总额的2%、8%计提工会经费和职工教育经费。

要求：编制相关业务的会计分录。

3. 甲公司为增值税一般纳税人，适用的增值税税率为13%。2019年12月，甲公司董事会决定将本公司生产的产品作为元旦福利发放给公司管理人员。该批产品的成本为80万元，市场销售价格为100万元(不含增值税)。不考虑其他相关税费。

要求：编制相关业务的会计分录。

项目三 资产物资的核算

 本项目说明

本项目的资产物资主要包括存货、固定资产、无形资产等。存货是企业重要的流动资产,固定资产、无形资产属于企业的非流动资产。资产物资的核算是存货、资产会计岗位必须掌握的工作内容。对本项目内容的学习,不仅要把握好单一的知识点本身,还要注意与其他知识的融会贯通。比如,与应收账款、收入、增值税、财务报表的结合。本项目内容还涉及很多计算问题,如存货发出的计价、固定资产的折旧等,应注意熟练掌握。

 知识目标

1. 了解存货、固定资产、无形资产的概念、分类。
2. 掌握存货的初始计量,以及实际成本法下发出存货的计价方法。
3. 掌握按实际成本计价和计划成本计价的原材料收发核算。
4. 掌握周转材料、其他存货、存货清查、存货减值的核算。
5. 掌握固定资产不同取得途径的核算、固定资产计提折旧的核算及固定资产计提减值准备的方法及核算。
6. 掌握无形资产的取得、摊销、减值、处置的核算。
7. 掌握长期待摊费用的核算。

 能力目标

1. 能够熟练运用实际成本法和计划成本法进行原材料收发业务的账务处理。
2. 能熟练进行周转材料业务和其他存货业务的会计处理。
3. 能正确确认固定资产,熟练运用不同方法进行固定资产折旧的计算并进行账务处理。
4. 能对不同方式取得的固定资产进行账务处理。
5. 能正确确认无形资产,并能对不同方式取得的无形资产进行账务处理。
6. 能熟练进行无形资产的摊销、减值、处置业务的账务处理。
7. 能熟练进行长期待摊费用业务的账务处理。

 知识准备

资产物资是企业进行生产经营活动的经济资源,主要包括原材料、包装物、低值易耗品、在产品、库存商品等存货资产,也包括房屋、建筑物、机器、设备、运输工具等固定资产,还包括专利权、商标权、非专利技术、土地使用权等无形资产。它们都是企业组织生产经营活动所必需的重要生产资料、生活资料和生产设备,一般价值较大,在企业的资产总额中占有重要比重。因此,资产物资的正确确认和计量对企业财务状况、经营成果具有重大影响。企业必须加强对资产物资的核算,维护企业正常的生产经营秩序。

任务一 存货的核算

存货是指企业在日常活动中持有以备出售的产品或商品、处在生产过程中的在产品、在生产过程或提供劳务过程中耗用的材料或物料等。

存货按经济用途,可以分为原材料、在产品、自制半成品、产成品、商品、周转材料等;按存放地点,可以分为库存存货、在途存货、加工中存货三类;按取得来源,可以分为外购存货、自制存货、委托加工存货、投资者投入的存货、接受捐赠取得的存货、盘盈的存货等。

存货核算的工作过程与岗位对照如图3-1所示。

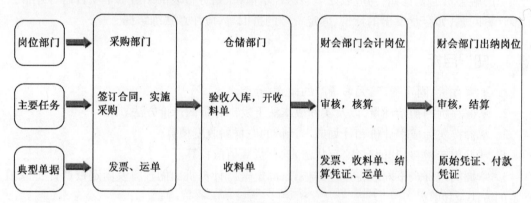

图3-1 存货核算的工作过程与岗位对照

一、实际成本法下存货的核算

由于存货的取得方式是多种多样的,而在不同的取得方式下,存货成本的具体构成内容并不完全相同。因此,存货的实际成本应结合存货的具体取得方式分别确定,作为存货入账的依据。

(一)存货取得的初始计量

存货应按成本进行初始计量。存货成本包括采购成本、加工成本和其他成本。

1. 存货的采购成本

存货的采购成本,一般包括购买价款、相关税费、运输费、装卸费、保险费及其他可归属于存货采购成本的费用。

购买价款是指所购货物发票账单上列明的价款,但不包括按规定可予抵扣的增值税额;相关税费是指进口关税及购买、自制或委托加工存货发生的消费税、资源税和不能从增值税销项税额中抵扣的进项税额。

其他可归属于存货采购成本的费用是指采购成本中除上述各项以外的可归属于存货采购成本的费用,如在存货采购过程中发生的仓储费、包装费、运输途中的合理损耗、入库前的挑选整理费用等。

对于存货在运输途中发生的短缺,属于合理损耗的,其价值应当计入采购成本中,但在计算单位成本时,应当扣除其损耗掉的数量;属于过失人造成的损失,应向过失人索取赔偿,不计入采购成本;属于自然灾害造成的非正常损失,应将扣除保险赔款和可收回残值后的净损失,计入营业外支出;属于无法查明原因的途中损耗,应先作为待处理财产损溢核算,待查明原因后再做处理。此外,市内零星货物的运杂费、采购人员的差旅费、采购机构的经费及供应部门的经费等,一般都不应当包括在存货的采购成本中。

2. 存货的加工成本

存货的加工成本是指在存货的加工过程中发生的追加费用,包括直接人工及按照一定方法分配的制造费用。

3. 存货的其他成本

存货的其他成本是指除采购成本、加工成本以外的,使存货达到目前场所和状态所发生的其他支出。企业设计产品发生的设计费用通常应计入当期损益,但是为特定客户设计产品所发生的、可直接确定的设计费用应计入存货的成本。

存货的来源不同,其成本的构成内容也不同。

（1）外购的存货。

① 对于一般纳税人：

采购成本 = 买价 + 运费 + 杂费 + 相关税金(关税 + 消费税 + 不能抵扣的进项税) + 运输途中合理损耗 + 入库前挑选整理费等

② 对于小规模纳税人：

采购成本 = 买价 + 运费 + 杂费 + 相关税金(关税 + 消费税 + 进项税) + 运输途中合理损耗 + 入库前挑选整理费等

（2）自制的存货。

实际成本 = 直接材料 + 直接人工 + 制造费用等

（3）委托加工的存货。

实际成本 = 发出材料成本 + 往返运杂费 + 加工费 + 收回后用于直接销售的消费税

（4）投资者投入的存货。

投资者投入存货的成本,应当按照投资合同或协议约定的价值确定,但合同或协议约定价值不公允的除外。

（5）接受捐赠取得的存货。

企业接受捐赠取得的存货,应当分下列情况确定入账成本：

① 捐赠方提供了有关凭据(如发票、报关单、有关协议)的,按凭据上标明的金额加上应支付的相关税费,作为入账成本。

② 捐赠方没有提供有关凭据的,按如下顺序确定入账成本：

如同类或类似存货存在活跃市场的,按同类或类似存货的市场价格估计的金额,加上应支付的相关税费,作为入账成本；如同类或类似存货不存在活跃市场的,按该接受捐赠存货预计未来现金流量的现值,作为入账成本。

(二) 账户设置

存货按实际成本法核算时,存货的收发及结存,无论总分类核算还是明细分类核算,均按照实际成本计价。这种核算方法一般适用于规模较小、原材料品种少、采购业务不多的企业。

1. 原材料

该账户用于核算库存各种材料的收发与结存情况。在原材料按实际成本核算时,该账户借方登记入库材料的实际成本,贷方登记发出材料的实际成本,期末余额在借方,反映企业库存材料的实际成本。

2. 在途物资

该账户用于企业采用实际成本进行材料、商品等物资的日常核算,货款已付尚未验收入库的在途物资的采购成本,该账户应按供应单位和物资品种进行明细核算。该账户借方登记企业购入在途物资的实际成本,贷方登记验收入库的在途物资的实际成本,期末余额在借方,反映企业在途物资的实际成本。

(三) 实际成本法下取得存货的账务处理

1. 外购存货的核算

由于距离采购地点远近不同、货款结算方式不同等原因,可能造成存货验收入库和货款结算并不总是同步完成。同时,外购存货还可能采用预付货款方式、赊购方式等。因此,企业外购的存货应根据具体情况,分别进行会计处理。

(1) 存货验收入库和货款结算同时完成。

在存货验收入库和货款结算同时完成的情况下,企业应于支付货款或开出、承兑商业汇票,并且存货验收入库后,按发票账单等结算凭证确定的存货成本,借记"原材料""周转材料""库存商品"等存货科目;按增值税专用发票上注明的增值税额,借记"应交税费——应交增值税(进项税额)"科目;按实际支付的款项或应付票据面值,贷记"银行存款""应付票据"等科目。

【例3-1-1】 A公司购入一批原材料,增值税专用发票上注明的材料价款为50 000元,增值税额为6 500元。货款已通过银行转账支付,材料也已验收入库。A公司编制会计分录如下:

借:原材料   50 000
　　应交税费——应交增值税(进项税额)   6 500
　贷:银行存款   56 500

(2) 货款已结算但存货尚在运输途中。

在已经支付货款或开出、承兑商业汇票,但存货尚在运输途中或虽已运达但尚未验收入库的情况下,企业应于支付货款或开出、承兑商业汇票时,按发票账单等结算凭证确定的存货成本,借记"在途物资"科目;按增值税专用发票上注明的增值税额,借记"应交税费——应交增值税(进项税额)"科目;按实际支付的款项或应付票据面值,贷记"银行存款""应付票据"等科目。待存货运达企业并验收入库后,再根据有关验货凭证,借记"原材料""周转材料""库存商品"等科目,贷记"在途物资"科目。

【例3-1-2】 B公司购入一批原材料,增值税专用发票上注明的材料价款为20 000元,增值税额为2 600元。货款已通过银行转账支付,材料尚在运输途中。B公司编制会计分录如下:

(1) 支付货款时:

借:在途物资　　　　　　　　　　　　　　　　　　　　20 000
　　应交税费——应交增值税(进项税额)　　　　　　　　2 600
　　贷:银行存款　　　　　　　　　　　　　　　　　　　　　22 600

(2) 原材料验收入库时:

借:原材料　　　　　　　　　　　　　　　　　　　　　20 000
　　贷:在途物资　　　　　　　　　　　　　　　　　　　　　20 000

(3) 存货已验收入库但货款尚未结算。

在存货已运达企业并验收入库,但发票账单等结算凭证尚未到达、货款尚未结算的情况下,企业在收到存货时可先不进行会计处理。如果在本月内结算凭证能够到达企业,则应在支付货款或开出、承兑商业汇票后,按发票账单等结算凭证确定的存货成本,借记"原材料""周转材料""库存商品"等存货科目;按增值税专用发票上注明的增值税额,借记"应交税费——应交增值税(进项税额)"科目;按实际支付的款项或应付票据面值,贷记"银行存款""应付票据"等科目。如果月末时结算凭证仍未到达,为全面反映资产及负债情况,应对收到的存货按暂估价值入账,借记"原材料""周转材料""库存商品"等存货科目;贷记"应付账款——暂估应付账款"科目,下月初,再编制相同的红字记账凭证予以冲回。待结算凭证到达,企业付款或开出、承兑商业汇票后,按发票账单等结算凭证确定的存货成本,借记"原材料""周转材料""库存商品"等存货科目;按增值税专用发票上注明的增值税额,借记"应交税费——应交增值税(进项税额)"科目;按实际支付的款项或应付票据面值,贷记"银行存款""应付票据"等科目。

【例3-1-3】 2019年3月28日,C公司购入一批原材料,材料已运达企业并已验收入库,但发票账单等结算凭证尚未到达。月末时,该批货物的结算凭证仍未到达,C公司对该批材料估价35 000元入账。4月3日,结算凭证到达企业,增值税专用发票上注明的原材料价款为36 000元,增值税额为4 680元,货款通过银行转账支付。C公司编制会计分录如下:

(1) 3月28日,材料运达企业并验收入库,暂不做会计处理。

(2) 3月31日,结算凭证仍未到达,对该批材料暂估价值入账。

借:原材料　　　　　　　　　　　　　　　　　　　　　35 000
　　贷:应付账款——暂估应付账款　　　　　　　　　　　　35 000

(3) 4月1日,编制红字记账凭证或相反的分录冲回估价入账分录。

借:应付账款——暂估应付账款　　　　　　　　　　　　35 000
　　贷:原材料　　　　　　　　　　　　　　　　　　　　　　35 000

(4) 4月3日，收到结算凭证并支付货款时：

借：原材料   36 000
    应交税费——应交增值税（进项税额）   4 680
  贷：银行存款   40 680

(4) 采用预付货款方式购入存货。

在采用预付货款方式购入存货的情况下，企业应在预付货款时，按照实际预付的金额，借记"预付账款"科目，贷记"银行存款"科目。购入的存货验收入库时，按发票账单等结算凭证确定的存货成本，借记"原材料""周转材料""库存商品"等存货科目；按增值税专用发票上注明的增值税额，借记"应交税费——应交增值税（进项税额）"科目；按存货成本与增值税进项税额之和，贷记"预付账款"科目。预付的货款不足，需补付货款时，按照补付的金额，借记"预付账款"科目，贷记"银行存款"科目。供货方退回多付的货款时，借记"银行存款"科目，贷记"预付账款"科目。

【例3-1-4】 2019年6月20日，D公司向乙公司预付货款70 000元，采购一批原材料。乙公司于7月10日交付所购材料，并开来增值税专用发票，材料价款为62 000元，增值税额为8 060元。7月12日，D公司将应补付的货款60元通过银行转账支付。D公司编制会计分录如下：

(1) 预付货款时：

借：预付账款——乙公司   70 000
  贷：银行存款   70 000

(2) 材料验收入库时：

借：原材料   62 000
    应交税费——应交增值税（进项税额）   8 060
  贷：预付账款——乙公司   70 060

(3) 补付货款时：

借：预付账款——乙公司   60
  贷：银行存款   60

2. 委托加工存货的核算

委托加工存货的成本，一般包括加工过程中实际耗用的原材料或半成品成本、加工费、运输费、装卸费等，以及按规定应计入加工成本的税金。

企业领用待加工的材料物资、委托其他单位加工存货时，按发出材料物资的实际成本，借记"委托加工物资"科目，贷记"原材料""库存商品"等科目；支付加工费和往返运杂费时，借记"委托加工物资"科目，贷记"银行存款"科目；支付应由受托加工方代收代缴的增值税时，借记"应交税费——应交增值税（进项税额）"科目，贷记"银行存款"科目。

> 小贴士
>
> 委托加工存货中代收代缴消费税的核算,应分情况处理:
>
> (1) 委托加工存货收回后直接用于销售,由受托加工方代收代缴的消费税应计入委托加工存货成本,借记"委托加工物资"科目,贷记"银行存款"等科目;
>
> (2) 委托加工存货收回后用于连续生产应税消费品,由受托加工方代收代缴的消费税按规定准予抵扣的,借记"应交税费——应交消费税"科目,贷记"银行存款"等科目。

委托加工的存货加工完成验收入库并收回剩余物资时,按计算的委托加工存货实际成本和剩余物资实际成本,借记"原材料""周转材料""库存商品"等科目,贷记"委托加工物资"科目。

【例3-1-5】 G公司委托乙公司加工一批B材料(属于应税消费品),发出B材料的实际成本为25 000元,支付加工费11 000元。G公司适用的增值税税率为13%,B材料适用的消费税税率为10%。委托加工的B材料收回后用于连续生产。G公司编制会计分录如下:

(1) 发出待加工的B材料时:

借:委托加工物资	25 000
贷:原材料——B材料	25 000

(2) 支付加工费时:

借:委托加工物资	11 000
贷:银行存款	11 000

(3) 支付增值税和消费税时:

应交增值税 = 11 000 × 13% = 1 430(元)

消费税组成计税价格 = $\dfrac{25\,000 + 11\,000}{1 - 10\%}$ = 40 000(元)

应交消费税 = 40 000 × 10% = 4 000(元)

借:应交税费——应交增值税(进项税额)	1 430
——应交消费税	4 000
贷:银行存款	5 430

(4) 收回加工完成的B材料时:

B材料实际成本 = 25 000 + 11 000 = 36 000(元)

借:原材料——B材料	36 000
贷:委托加工物资	36 000

3. 投资者投入存货的核算

投资者投入存货的成本,应当按照投资合同或协议约定的价值确定,合同或协议约定价值不公允的除外。

企业收到投资者投入的存货,按照投资合同或协议约定的存货价值,借记"原材料""周转材料""库存商品"等科目;按增值税专用发票上注明的增值税额,借记"应交税费——应交增值税(进项税额)"科目;按投资者在注册资本中所占的份额,贷记"实收资本""股本"科目;按其差额,贷记"资本公积"科目。

【例3-1-6】 H公司为增值税一般纳税人,收到W股东作为资本投入的原材料,原材料价款650 000元,增值税专用发票上注明的税额为84 500元,H公司确认按该价税合计额作为W股东的投入资本,可折换H公司每股面值1元的普通股股票500 000股。H公司编制会计分录如下:

  借:原材料   650 000
    应交税费——应交增值税(进项税额)   84 500
   贷:股本——W股东   500 000
    资本公积——股本溢价   234 500

4. 接受捐赠取得存货的核算

企业接受捐赠取得的存货,应当分以下情况确定入账成本:

(1)捐赠方提供了有关凭据(如发票、报关单、有关协议)的,按凭据上标明的金额加上应支付的相关税费,作为入账成本。

(2)捐赠方没有提供有关凭据的,按如下顺序确定入账成本:

① 同类或类似存货存在活跃市场的,按同类或类似存货的市场价格估计的金额,加上应支付的相关税费,作为入账成本;

② 同类或类似存货不存在活跃市场的,按该接受捐赠存货预计未来现金流量的现值,作为入账成本。

企业收到捐赠的存货时,按照确定的存货入账成本,借记"原材料""周转材料""库存商品"等科目;按增值税专用发票上注明的增值税额,借记"应交税费——应交增值税(进项税额)"科目;按实际支付或应付的相关税费,贷记"银行存款"科目;按其差额,贷记"营业外收入"科目。

【例3-1-7】 I公司为增值税一般纳税人,接受一批捐赠商品,捐赠方提供的增值税专用发票上注明的价款为250 000元,税额为32 500元;I公司支付运杂费1 000元及其增值税额90元。I公司编制会计分录如下:

  借:库存商品   251 000
    应交税费——应交增值税(进项税额)   32 590
   贷:银行存款   1 090
    营业外收入——捐赠利得   282 500

○ 案例分析与讨论

天盛股份有限公司为增值税一般纳税人,适用的增值税税率为13%。2019年12月25日,接受蓝天有限责任公司作为投资的原材料一批,双方约定该批原材料的价值为20万元,根据当时的市场行情测算,该原材料的公允价值应为15万元。

分析思考:若你是天盛股份有限公司的财务人员,对于该批投资者投入的原材料,应当以多少价值入账?

（四）实际成本法下发出存货的核算

1. 实际成本法下发出存货的计价方法

我国企业会计准则规定，企业应当采用先进先出法、移动加权平均法、全月一次加权平均法或个别计价法确定发出存货的实际成本。存货计价方法一旦选定，前后各期应当保持一致，并在会计报表附注中予以披露。

> **小贴士**
>
> 对于发出存货，计量的关键问题是确定其单价。商品流通企业还可以采用毛利率或售价金额核算法计算发出存货的成本。

（1）先进先出法。

先进先出法是以先入库的存货先发出去这一存货实物流转假设为前提，对先发出的存货按先入库的存货单位成本计价，后发出的存货按后入库的存货单位成本计价，据以确定本期发出存货和期末结存存货成本的一种方法。

采用先进先出法进行存货计价，可以随时确定发出存货的成本，从而保证了产品成本和销售成本计算的及时性，并且期末存货成本是按最近购货成本确定的，比较接近现行的市场价值。但采用该方法计价，有时对同一批发出存货要采用两个或两个以上的单位成本计价，计算繁琐，对存货进出频繁的企业更是如此。从该方法对财务报告的影响来看，在物价上涨期间，会高估当期利润和存货价值；反之，会低估当期利润和存货价值。

【例3-1-8】 甲公司的丙材料按实际成本核算，2019年12月丙材料购入、领用、结存资料见表3-1。采用先进先出法计算发出材料和结存材料成本。

表3-1　　　　　　　　　　原材料明细账

品种：丙材料　　　　　　　数量：千克　　　　　　　金额：元

2019年		凭证号数	摘要	收入			发出			结存		
月	日			数量	单价	金额	数量	单价	金额	数量	单价	金额
12	1		期初结存							300	20	6 000
	2		购进	2 000	21	42 000				2 300		
	10		发出				500			1 800		
	15		购进	1 000	22	22 000				2 800		
	21		发出				2 000			800		
	28		购进	1 000	21	21 000				1 800		
	31		本月合计	4 000		85 000	2 500			1 800		

12月10日发出丙材料的实际成本：20×300+21×200=10 200(元)
12月21日发出丙材料的实际成本：21×1 800+22×200=42 200(元)
12月发出丙材料的实际成本：10 200+42 200=52 400(元)
12月末结存丙材料的实际成本：6 000+85 000-52 400=38 600(元)
原材料明细账的登记见表3-2。

表3-2　　　　　　　　　　原材料明细账(先进先出法)

品种：丙材料　　　　　　　　数量：千克　　　　　　　　金额：元

2019年		凭证号数	摘要	收入			发出			结存		
月	日			数量	单价	金额	数量	单价	金额	数量	单价	金额
12	1		期初结存							300	20	6 000
	2		购进	2 000	21	42 000				300 2 000	20 21	48 000
	10		发出				300 200	20 21	10 200	1 800	21	37 800
	15		购进	1 000	22	22 000				1 800 1 000	21 22	59 800
	21		发出				1 800 200	21 22	42 200	800	22	17 600
	28		购进	1 000	21	21 000				800 1 000	22 21	38 600
	31		本月合计	4 000		85 000	2 500		52 400	800 1 000	22 21	38 600

(2) 全月一次加权平均法。

全月一次加权平均法，又称月末一次加权平均法。全月一次加权平均法是指以月初结存存货数量和本月各批收入存货数量为权数，计算本月存货的加权平均单位成本，据以确定本期发出存货成本和期末结存存货成本的一种方法。全月一次加权平均单位成本的计算公式如下：

$$\text{全月一次加权平均单位成本} = \frac{\text{月初结存存货成本} + \text{本月购进存货成本}}{\text{月初结存存货数量} + \text{本月购进存货数量}}$$

期末结存存货成本 = 期末结存存货数量 × 全月一次加权平均单价

本期发出存货实际成本 = 期初余额 + 本期购进存货实际成本 - 期末结存存货成本

采用月末一次加权平均法，只在月末一次计算加权平均单位成本并结转发出存货成本即可，平时不对发出存货计价，因而日常核算工作量较小，简便易行，适用于存货收发比较频繁的企业。但也正因为存货计价集中在月末进行，所以平时无法提供发出存货和结存存货的单价及金额，不利于存货的管理。

【例3-1-9】 承例3-1-8,采用全月一次加权平均法计算发出材料和结存材料成本。

12月丙材料的全月一次加权平均单价 = (6 000 + 85 000)/(300 + 4 000) ≈ 21.16 (元/千克)

月末库存丙材料成本 = 21.16 × 1 800 = 38 088(元)

本月发出丙材料成本 = 6 000 + 85 000 - 38 088 = 52 912(元)

原材料明细账的登记见表3-3。

表3-3　　　　　　　　　原材料明细账(全月一次加权平均法)

品种:丙材料　　　　　　　数量:千克　　　　　　　金额:元

2019年		凭证号数	摘要	收入			发出			结存		
月	日			数量	单价	金额	数量	单价	金额	数量	单价	金额
12	1		期初结存							300	20	6 000
	2		购进	2 000	21	42 000				2 300		
	10		发出				500			1 800		
	15		购进	1 000	22	22 000				2 800		
	21		发出				2 000			800		
	28		购进	1 000	21	21 000				1 800		
	31		本月合计	4 000		85 000	2 500	21.16	52 900	1 800	21.16	38 088

(3) 移动加权平均法。

移动加权平均法是指平时每入库一批存货,就以原有存货数量和本批入库存货数量为权数,计算一个加权平均单位成本,据以对其后发出存货进行计价的一种方法。移动加权平均单位成本的计算公式如下:

$$移动加权平均单位成本 = \frac{原有存货成本 + 本批入库存货成本}{原有存货数量 + 本批入库数量}$$

本期发出存货实际成本 = 本期发出存货数量 × 移动加权平均单价

与月末一次加权平均法相比,移动加权平均法的特点是将存货的计价和明细账的登记分散在平时进行,从而可以随时掌握发出存货的成本和结存存货的成本,为存货管理及时提供所需信息。但采用这种方法,每次收货都要计算一次平均单位成本,计算工作量较大,不适合收发货比较频繁的企业使用。

【例3-1-10】 承例3-1-8,采用移动加权平均法计算发出材料和结存材料成本。

第一批收入丙材料后的加权平均单价 = (6 000 + 42 000)/(2 000 + 300) ≈ 20.87(元/千克)

第一批发出丙材料的实际成本 = 20.87 × 500 = 10 435(元)

第一批丙材料发出后结存丙材料的实际成本 = 6 000 + 42 000 - 10 435 = 37 565(元)

第二批收入丙材料后的加权平均单价 = (37 565 + 22 000)/(1 800 + 1 000) ≈ 21.27 (元/千克)

第二批发出丙材料的实际成本 = 21.27 × 2 000 = 42 540(元)

第二批丙材料发出后结存丙材料的实际成本 = 37 565 + 22 000 − 42 540 = 17 025(元)
第三批收入丙材料后的加权平均单价 = (17 025 + 21 000)/(800 + 1 000) = 21.125(元/千克)
本月发出丙材料的实际成本 = 10 435 + 42 540 = 52 975(元)
丙材料月末结存的实际成本 = 6 000 + 85 000 − 52 975 = 38 025(元)

(4) 个别计价法。

个别计价法又称个别认定法或具体辨认法,是指本期发出存货和期末结存存货的成本,完全按照该存货所属购进批次或生产批次入账时的实际成本进行确定的一种方法。由于采用该方法要求各批发出存货必须可以逐一辨认所属的购进批次或生产批次,因此,需要对每一存货的品种规格、入账时间、单位成本、存放地点等做详细记录。

个别计价法的特点是成本流转与实物流转完全一致,因而能准确地反映本期发出存货和期末结存存货的成本。但采用该方法必须具备详细的存货收、发、存记录,日常核算非常繁琐,存货实物流转的操作程序也相当复杂。

小·贴士

四种发出存货的方法,各有优缺点:先进先出法符合实物的流转过程,但不太符合配比原则;个别计价法核算得比较精确,但计算比较繁琐;加权平均法相对简单些,但又不利于企业对存货进行监管等。企业应该根据自身的性质、存货的种类、发出的频率等因素,选择使用合适的方法。

○ 案例分析与讨论

宏德股份有限公司2019年7月1日结存A材料100千克,实际成本为10元/千克;7月10日和18日又分别购入A材料300千克和200千克,实际成本分别为12元/千克和13元/千克;7月13日厂部领用A材料180千克;7月27日车间领用A材料270千克。

分析思考:分别采用先进先出法、全月一次加权平均法、移动加权平均法计算发出A材料的实际成本。

2. 实际成本法下发出存货的账务处理

存货是为了满足企业生产经营的各种需要而储备的,其经济用途各异,消耗方式也各不相同。因此,企业应当根据各类存货的用途及特点,选择适当的会计处理方法,对发出的存货进行会计处理。

(1) 生产经营领用原材料的核算。

生产经营领用的原材料,应根据领用部门和用途,分别计入有关成本费用项目。领用原材料时,按计算确定的实际成本,借记"生产成本""制造费用""委托加工物资""销售费用""管理费用"等科目,贷记"原材料"科目。

【例3-1-11】J公司本月领用原材料的实际成本为250 000元。其中,基本生产领用150 000元,辅助生产领用70 000元,生产车间一般耗用20 000元,管理部门领用10 000

元。J公司编制会计分录如下:

```
借:生产成本——基本生产成本         150 000
       ——辅助生产成本               70 000
   制造费用                         20 000
   管理费用                         10 000
   贷:原材料                                250 000
```

(2) 出售原材料的核算。

出售原材料取得的销售收入作为其他业务收入,相应的原材料成本应计入其他业务成本。出售原材料时,按已收或应收的价款,借记"银行存款""应收账款"等科目;按实现的营业收入,贷记"其他业务收入"科目;按增值税销项税额,贷记"应交税费——应交增值税(销项税额)"科目。同时,按出售原材料的实际成本结转销售成本,借记"其他业务成本"科目,贷记"原材料"科目。

【例3-1-12】 K公司销售一批原材料,售价6 000元,增值税额780元,原材料实际成本4 500元。款项已存入银行。K公司编制会计分录如下:

```
借:银行存款                        6 780
   贷:其他业务收入                        6 000
       应交税费——应交增值税(销项税额)      780
借:其他业务成本                     4 500
   贷:原材料                                4 500
```

二、计划成本法下存货的核算

(一) 计划成本法的概念

计划成本法是指存货的日常收入、发出和结存均按预先制定的计划成本计价,并设置"材料成本差异"科目登记实际成本与计划成本之间的差异;月末,再通过对存货成本差异的分摊,将发出存货的计划成本和结存存货的计划成本调整为实际成本进行反映的一种核算方法。

(二) 账户设置

1. 原材料

该账户用于核算库存各种材料的收发与结存情况。在原材料按计划成本核算时,该账户借方登记入库材料的计划成本,贷方登记发出材料的计划成本,期末余额在借方,反映结存材料的计划成本。

2. 材料采购

该账户是在采用计划成本进行材料日常核算下使用,用来反映和监督材料采购资金的使用情况、核算外购材料的采购成本,确定材料成本差异,其借方登记购入材料的实际成本及入库材料结转至"材料成本差异"的节约差异;贷方登记入库材料的计划成本及入库材料结转至"材料成本差异"的超支差异;期末余额一般在借方,反映企业在途材料的采购成本。

"材料采购"账户通常按材料的种类或品种规格设置明细账,进行明细核算。

3. 材料成本差异

该账户用于核算存货实际成本与计划成本之间的差异,并区分"原材料""周转材料"等,按照类别或品种进行明细核算。取得存货并形成差异时,实际成本高于计划成本的超支差异,在该科目的借方登记,实际成本低于计划成本的节约差异,在该科目的贷方登记;发出存货并分摊差异时,超支差异从该科目的贷方用蓝字转出,节约差异从该科目的贷方用红字转出。

(三)计划成本法下取得存货的账务处理

企业外购的存货,需要专门设置"材料采购"科目进行计价对比,以确定外购存货实际成本与计划成本的差异。购进存货时,按确定的实际采购成本,借记"材料采购"科目;按增值税专用发票上注明的增值税额,借记"应交税费——应交增值税(进项税额)"科目;按已支付或应支付的金额,贷记"银行存款""应付票据""应付账款"等科目。已购进的存货验收入库时,按计划成本,借记"原材料""周转材料"等存货科目,贷记"材料采购"科目。已购进并已验收入库的存货,按实际成本大于计划成本的超支差额,借记"材料成本差异"科目,贷记"材料采购"科目;按实际成本小于计划成本的节约差额,借记"材料采购"科目,贷记"材料成本差异"科目。月末,对已验收入库但尚未收到发票账单的存货,按计划成本暂估入账,借记"原材料"等存货科目,贷记"应付账款——暂估应付账款"科目,下月初再用红字做相同的会计分录予以冲回;下月收到发票账单并结算时,按正常的程序进行会计处理。

(1)货款已支付,同时材料验收入库。

【例3-1-13】 M公司的存货采用计划成本法核算。2019年4月5日,购入一批原材料,增值税专用发票上注明的价款为100 000元,增值税额为13 000元。货款已通过银行转账支付,材料也已验收入库。该批原材料的计划成本为106 000元。M公司编制会计分录如下:

借:材料采购　　　　　　　　　　　　　　　　　　　100 000
　　应交税费——应交增值税(进项税额)　　　　　　　13 000
　　贷:银行存款　　　　　　　　　　　　　　　　　　　113 000
借:原材料　　　　　　　　　　　　　　　　　　　　106 000
　　贷:材料采购　　　　　　　　　　　　　　　　　　　106 000
借:材料采购　　　　　　　　　　　　　　　　　　　6 000
　　贷:材料成本差异　　　　　　　　　　　　　　　　　6 000

(2)货款已支付,材料尚未验收入库。

【例3-1-14】 N公司2019年4月10日,购入一批原材料,增值税专用发票上注明的价款为200 000元,增值税额为26 000元。货款已通过银行转账支付,材料尚在运输途中。N公司编制会计分录如下:

借:材料采购　　　　　　　　　　　　　　　　　　　200 000
　　应交税费——应交增值税(进项税额)　　　　　　　26 000
　　贷:银行存款　　　　　　　　　　　　　　　　　　　226 000

(3) 货款尚未支付，材料已经验收入库。

【例3-1-15】 乙公司2019年4月22日采用商业汇票方式购入原材料一批，增值税专用发票上注明的材料价款为250 000元，增值税额为32 500元。该批原材料的计划成本为240 000元。乙公司编制会计分录如下：

借：材料采购　　　　　　　　　　　　　　　　　　　250 000
　　应交税费——应交增值税（进项税额）　　　　　　 32 500
　　贷：应付票据　　　　　　　　　　　　　　　　　　　　282 500
借：原材料　　　　　　　　　　　　　　　　　　　　240 000
　　贷：材料采购　　　　　　　　　　　　　　　　　　　　240 000
借：材料成本差异　　　　　　　　　　　　　　　　　 10 000
　　贷：材料采购　　　　　　　　　　　　　　　　　　　　 10 000

为了简化收入存货和结转存货成本差异的核算手续，企业平时收到存货时，可以先不记录存货的增加，不结转形成的存货成本差异，月末时，再将本月已付款或已开出、承兑商业汇票并已验收入库的存货，按实际成本和计划成本分别汇总，一次登记本月存货的增加，并计算和结转本月存货成本差异。

（四）计划成本法下发出存货的账务处理

采用计划成本法对存货进行日常核算，发出存货时先按计划成本计价，即按发出存货的计划成本，借记"生产成本""制造费用""管理费用"等有关成本费用科目，贷记"原材料"等存货科目；月末，再将期初结存存货的成本差异和本月取得存货形成的成本差异，在本月发出存货和期末结存存货之间进行分摊，将本月发出存货和期末结存存货的计划成本调整为实际成本。计划成本、成本差异与实际成本之间的关系如下：

实际成本＝计划成本＋（－）超支差异（节约差异）

为了便于存货成本差异的分摊，企业应当计算材料成本差异率，作为分摊存货成本差异的依据，计算公式如下：

本期材料成本差异率 ＝ $\dfrac{期初结存材料成本差异 + 本期入库材料成本差异}{期初结存材料计划成本 + 本期入库材料计划成本} \times 100\%$

本期发出存货应负担的成本差异 ＝ 发出存货的计划成本 × 材料成本差异率

本期发出存货的实际成本 ＝ 发出存货的计划成本 ＋（－）发出存货应负担的超支差异（节约差异）

期末结存存货的实际成本 ＝ 结存存货的计划成本 ＋（－）结存存货应负担的超支差异（节约差异）

本期发出存货应负担的成本差异从"材料成本差异"科目转出之后，该科目的余额为期末结存存货应负担的成本差异。在编制资产负债表时，期末结存存货应负担的成本差异应作为存货的调整项目，将结存存货的计划成本调整为实际成本列示。

【例3-1-16】 P公司2012年4月1日结存原材料的计划成本为52 000元,"材料成本差异"科目的贷方余额为1 000元。经汇总,4月份已经付款或已开出、承兑商业汇票并已验收入库的原材料计划成本为498 000元,实际成本为510 000元,材料成本差异为超支的12 000元。4月份领用原材料的计划成本为504 000元,其中,基本生产领用350 000元,辅助生产领用110 000元,车间一般耗用16 000元,管理部门领用8 000元,出售20 000元。P公司编制会计分录如下:

(1) 按计划成本发出原材料时:

借:生产成本——基本生产成本　　　　　　　　　　350 000
　　　　　　——辅助生产成本　　　　　　　　　　110 000
　　制造费用　　　　　　　　　　　　　　　　　　 16 000
　　管理费用　　　　　　　　　　　　　　　　　　　8 000
　　其他业务成本　　　　　　　　　　　　　　　　 20 000
　贷:原材料　　　　　　　　　　　　　　　　　　504 000

(2) 计算本月材料成本差异率:

$$\text{本月材料成本差异率} = \frac{-1\,000 + 12\,000}{52\,000 + 49\,800} \times 100\% = 2\%$$

在计算本月材料成本差异率时,本月收入存货的计划成本金额不包括已验收入库但发票等结算凭证月末时尚未到达、企业按计划成本估价入账的原材料金额。

(3) 分摊材料成本差异:

生产成本(基本生产成本)应分摊的材料成本差异 = 350 000 × 2% = 7 000(元)
生产成本(辅助生产成本)应分摊的材料成本差异 = 110 000 × 2% = 2 200(元)
制造费用应分摊的材料成本差异 = 16 000 × 2% = 320(元)
管理费用应分摊的材料成本差异 = 8 000 × 2% = 160(元)
其他业务成本应分摊的材料成本差异 = 20 000 × 2% = 400(元)

借:生产成本——基本生产成本　　　　　　　　　　　7 000
　　　　　　——辅助生产成本　　　　　　　　　　　2 200
　　制造费用　　　　　　　　　　　　　　　　　　　　320
　　管理费用　　　　　　　　　　　　　　　　　　　　160
　　其他业务成本　　　　　　　　　　　　　　　　　　400
　贷:材料成本差异　　　　　　　　　　　　　　　 10 080

○ 案例分析与讨论

绿源股份有限公司主要生产螺丝刀等零部件,该公司现有原材料521种,原来采用实际成本法进行核算,由于公司之前的会计核算制度不完善,在发出原材料时是按估计成本转作生产成本,导致原材料的实际成本与账面成本出现较大差异。为此,公司向注册会计师咨询改进措施,注册会计师考察过公司的基本情况后,建议其改用计划成本法核算原材料。

分析思考: 原材料按计划成本核算有何优点?绿源公司应该如何进行操作?

三、其他存货的核算

(一) 周转材料

周转材料主要包括包装物、低值易耗品,以及企业(建筑业)的钢模板、木模板、脚手架等。周转材料种类繁多,分布于生产经营的各个环节,具体用途各不相同,会计处理也不尽相同。

1. 包装物

包装物是指为了包装本企业商品而储备的各种包装容器,如桶、箱、瓶、坛、袋等。其核算内容包括:生产过程中用于包装产品作为产品组成部分的包装物;随同商品出售而不单独计价的包装物;随同商品出售而单独计价的包装物;出租或出借给购买单位使用的包装物。

企业应当设置"周转材料——包装物"科目进行核算。对于生产领用包装物,应根据领用包装物的实际成本或计划成本,借记"生产成本"科目,贷记"周转材料——包装物""材料成本差异"等科目。随同商品出售而不单独计价的包装物,应于包装物发出时,按其实际成本计入销售费用。随同商品出售而单独计价的包装物,一方面应反映其销售收入,计入其他业务收入;另一方面应反映其实际销售成本,计入其他业务成本。多次使用的包装物应当根据使用次数分次进行摊销。

(1) 包装物的核算方法。

企业包装物购进的核算方法与原材料购进的核算方法基本相同,在此不再重述。

① 生产领用包装物。

【例3-1-17】 Q公司对包装物采用计划成本核算,某月生产产品领用包装物的计划成本为100 000元,材料成本差异率为-3%。Q公司编制会计分录如下:

借:生产成本　　　　　　　　　　　　　　　　　　　　　　97 000
　　材料成本差异　　　　　　　　　　　　　　　　　　　　 3 000
　　贷:周转材料——包装物　　　　　　　　　　　　　　　　　　100 000

② 随同商品出售包装物。

一种是随同商品出售而不单独计价的包装物。

【例3-1-18】 R公司某月销售商品领用不单独计价包装物的计划成本为50 000元,材料成本差异率为-3%。R公司编制会计分录如下:

借:销售费用　　　　　　　　　　　　　　　　　　　　　　48 500
　　材料成本差异　　　　　　　　　　　　　　　　　　　　 1 500
　　贷:周转材料——包装物　　　　　　　　　　　　　　　　　　50 000

另一种是随同商品出售而单独计价的包装物。

【例3-1-19】 S公司某月销售商品领用单独计价包装物的实际成本为6 000元,销售收入为8 000元,增值税额为1 040元,款项已存入银行。S公司编制会计分录如下:
(1)出售单独计价包装物时:
借:银行存款　　　　　　　　　　　　　　　　　　　　　　　　　9 040
　　贷:其他业务收入　　　　　　　　　　　　　　　　　　　　　　　8 000
　　　　应交税费——应交增值税(销项税额)　　　　　　　　　　　　1 040
(2)结转所售单独计价包装物的成本时:
借:其他业务成本　　　　　　　　　　　　　　　　　　　　　　　6 000
　　贷:周转材料——包装物　　　　　　　　　　　　　　　　　　　　6 000

③出租、出借包装物。

出租包装物是指企业因销售产品,以出租方式有偿提供给购货单位暂时使用的包装物。出租包装物除收取押金外,还要向使用单位收取租金。收取的租金作为企业的"其他业务收入",收取的押金作为"其他应付款"。出租包装物的损耗、维修等支出应计入"其他业务成本"。出借包装物的损耗、维修支出应计入"销售费用"。按税法规定,出租包装物收取的租金和没收逾期未退包装物的押金,应缴纳增值税。

出租、出借的包装物可以长期周转使用,但其价值会随着使用过程的磨损而逐渐降低。因此,需要采用一定的方法摊销包装物的磨损价值,并将摊销额计入有关成本或费用。

企业在第一次领用新包装物用于出租、出借时,应结转其成本;收回已使用过的出租、出借的包装物,入库时不再进行账务处理,为加强管理,应在备查簿上进行登记。

(2)包装物的摊销方法。

包装物的摊销方法有一次转销法和五五摊销法。

①一次转销法。一次转销法是指在领用包装物时将其全部账面价值一次计入相关的成本或者当期损益的方法。

> **小·贴士**
>
> 一次转销法适用于生产领用和随同产品出售的包装物。数量不多、金额较小且业务不频繁的出租或者出借包装物,也可采用一次转销法结转包装物的成本,但在以后收回使用过的出租或出借包装物时应加强实物管理,并在备查簿上进行登记。

【例3-1-20】 某生产车间领用一批新的包装物,实际成本30 000元,其中,属于出借的包装物20 000元,期限为3个月;属于出租的包装物10 000元,期限为1个月,应收租金936元。包装物的摊销采用一次转销法。收取出借包装物的押金24 000元,出租包装物的押金12 000元,款项已收入银行。根据有关原始凭证,编制会计分录如下:
(1)发出包装物时:
借:其他业务成本——出租包装物　　　　　　　　　　　　　　　10 000
　　销售费用　　　　　　　　　　　　　　　　　　　　　　　　　20 000
　　贷:周转材料——包装物　　　　　　　　　　　　　　　　　　　　30 000

(2) 收到押金时：

借：银行存款　　　　　　　　　　　　　　　　　　　　　　　　36 000
　　贷：其他应付款——存入保证金　　　　　　　　　　　　　　　　36 000

(3) 出租的包装物按期回收，在押金中扣收租金936元，其中按规定应交的增值税额为107.68元，其余款项通过银行转账退回。

借：其他应付款——存入保证金　　　　　　　　　　　　　　　　12 000
　　贷：其他业务收入——出租包装物　　　　　　　　　　　　　　　828.32
　　　　应交税费——应交增值税（销项税额）　　　　　　　　　　　107.68
　　　　银行存款　　　　　　　　　　　　　　　　　　　　　　　　11 064

(4) 按期收回出借的包装物，押金通过银行转账退回。

借：其他应付款——存入保证金　　　　　　　　　　　　　　　　24 000
　　贷：银行存款　　　　　　　　　　　　　　　　　　　　　　　24 000

对于逾期未退包装物没收的押金，借记"其他应付款"科目，应交的增值税，贷记"应交税费——应交增值税（销项税额）"科目，按其差额，贷记"其他业务收入"科目。

出租、出借的包装物，收回后不能使用而报废的，应及时办理报废手续。对于包装物报废取得的残料应计价入库，作为"原材料"入账，同时冲减相关的成本及当期损益，并按其价值，借记"原材料"等科目，贷记"其他业务成本——出租包装物""销售费用——出借包装物"等科目。

② 五五摊销法。五五摊销法是指在领用包装物时摊销其价值的一半，在包装物报废时再摊销其另一半价值的方法。采用五五摊销法摊销出租、出借包装物的价值时，应设置"在库包装物""在用包装物""包装物摊销"三个明细账户，核算包装物的使用和摊销情况。

【例3-1-21】 某企业将200条麻袋出租给宏达公司，每条实际成本10元，收取押金12元，每月租金1元，租期10个月。宏达公司到期退回200条麻袋，仓库验收发现收回的麻袋中100条无法使用，批准予以报废，残料出售收入100元现金。根据包装物出租的有关会计凭证，编制会计分录如下：

(1) 领用包装物摊销实际成本的50%：

借：周转材料——在用包装物　　　　　　　　　　　　　　　　　2000
　　贷：周转材料——在库包装物　　　　　　　　　　　　　　　　　2000
借：其他业务成本——包装物摊销　　　　　　　　　　　　　　　1 000
　　贷：周转材料——包装物摊销　　　　　　　　　　　　　　　　　1 000

(2) 摊销报废包装物价值的50%：

借：其他业务成本——包装物摊销　　　　　　　　　　　　　　　　500
　　贷：周转材料——包装物摊销　　　　　　　　　　　　　　　　　　500

(3) 残料出售收入100元现金：

借：库存现金　　　　　　　　　　　　　　　　　　　　　　　　　100
　　贷：其他业务成本——包装物摊销　　　　　　　　　　　　　　　100

(4) 注销报废的包装物的账面价值：

借：周转材料——包装物摊销　　　　　　　　　　　　　　　　　1 000
　　贷：周转材料——在用包装物　　　　　　　　　　　　　　　　　1 000

2. 低值易耗品

低值易耗品是指不能作为固定资产核算的各种用具物品,如工具、管理工具、玻璃器皿、劳动保护用品等。为了反映和监督低值易耗品的增减变动及结存情况,企业应当设置"周转材料——低值易耗品"科目,借方登记低值易耗品的增加,贷方登记低值易耗品的减少,期末余额在借方,通常反映企业期末结存低值易耗品的金额。

企业低值易耗品购进的核算方法与原材料购进的核算方法基本相同,在此不再重述。

低值易耗品的摊销方法主要有一次摊销法和五五摊销法。

(1) 一次摊销法。

一次摊销法是将低值易耗品价值在领用时一次计入有关资产成本或当期损益。

【例3-1-22】 T公司的基本生产车间领用一般工具一批,实际成本为7 000元,全部计入当期制造费用。应做会计处理如下:

借:制造费用　　　　　　　　　　　　　　　　　　　　　　　　　　7 000
　　贷:周转材料——低值易耗品　　　　　　　　　　　　　　　　　　7 000

(2) 五五摊销法。

采用五五摊销法的企业,应在"周转材料"账户下设置"在库低值易耗品""在用低值易耗品""低值易耗品摊销"三个明细账户,进行明细核算。

【例3-1-23】 U公司的基本生产车间领用专用工具一批,实际成本为200 000元,采用五五摊销法进行摊销。应做会计处理如下:

(1) 领用专用工具,同时摊销其价值的一半:

借:周转材料——在用低值易耗品　　　　　　　　　　　　　　　　200 000
　　贷:周转材料——在库低值易耗品　　　　　　　　　　　　　　　　200 000
借:制造费用　　　　　　　　　　　　　　　　　　　　　　　　　　100 000
　　贷:周转材料——低值易耗品摊销　　　　　　　　　　　　　　　　100 000

(2) 报废时摊销其价值的一半:

借:制造费用　　　　　　　　　　　　　　　　　　　　　　　　　　100 000
　　贷:周转材料——低值易耗品摊销　　　　　　　　　　　　　　　　100 000
借:周转材料——低值易耗品摊销　　　　　　　　　　　　　　　　　200 000
　　贷:周转材料——在用低值易耗品　　　　　　　　　　　　　　　　200 000

(二) 库存商品

库存商品是指企业已完成全部生产过程并已验收入库,合乎标准规格和技术条件,可以按照合同规定的条件送交订货单位,或可以作为商品对外销售的产品及外购或委托加工完成验收入库用于销售的各种商品。为了反映和监督库存商品的增减变动及结存情况,企业应当设置"库存商品"账户,借方登记验收入库的库存商品成本,贷方登记发出的库存商品成本,期末余额在借方,反映各种库存商品的实际成本或计划成本。

企业对外销售的库存商品,应按从购货方已收或应收合同或协议价款的公允价值确认销售收入,借记"银行存款""应收账款"等科目,贷记"主营业务收入""应交税费——应交增值税(销项税额)"科目;同时,按库存商品的账面价值结转销售成本,借记"主营业务成本"科目,贷记"库存商品"科目。

【例3-1-24】 V公司赊销A产品800件,每件售价80元。A产品的单位生产成本为60元。应做会计处理如下:

借:应收账款	72 320
贷:主营业务收入	64 000
应交税费——应交增值税(销项税额)	8 320
借:主营业务成本	48 000
贷:库存商品	48 000

商品流通企业的库存商品还可以采用毛利率法和售价金额核算法进行日常核算。

1. 毛利率法

毛利率法是指用上期实际(或本期计划、本期估计)毛利率乘以本期销售净额,估算本期销售毛利,进而估算本期发出存货成本和期末结存存货成本的一种方法。采用毛利率法计算公式如下:

$$毛利率 = \frac{销售毛利}{销售净额} \times 100\%$$

销售净额 = 销售收入 - 销售退回与折让

销售毛利 = 销售净额 × 毛利率

本期销售成本 = 本期销售净额 - 销售毛利 = 本期销售净额 × (1 - 毛利率)

期末结存存货成本 = 期初存货成本 + 本期购货成本 - 本期销售成本

【例3-1-25】 W公司月初结存电器产品成本648 000元,本月购进成本4 120 000元,本月销售收入5 650 000元,销售退回与折让10 000元。上季度家用电器的实际毛利率为25%。有关计算如下:

本月销售净额 = 5 650 000 - 10 000 = 5 640 000(元)

本月销售毛利 = 5 640 000 × 25% = 1 410 000(元)

本月销售成本 = 5 640 000 × (1 - 25%) = 4 230 000(元)

月末结存存货成本 = (648 000 + 4 120 000) - 4 230 000 = 538 000(元)

毛利率法是商品批发企业普遍采用的一种存货估价方法。商品批发企业经营的商品种类繁多,若按月采用发出存货的计价方法对每种商品计算并结转销售成本,工作量会十分繁重。由于商品批发企业同类商品的毛利率大致相同,因此可采用毛利率法估算存货成本。

2. 售价金额核算法

售价金额核算法是指平时商品的购入、加工收回、销售均按售价记账,售价与进价的差额通过"商品进销差价"账户核算,期末计算进销差价率和本期已销售商品应分摊的进销差价,并据以调整本期销售成本的一种方法。采用售价金额核算法计算公式如下:

商品进销差价率=（期初库存商品进销差价+本期购入商品进销差价）÷（期初库存商品售价+本期购入商品售价）×100%

本期销售商品应分摊的商品进销差价=本期商品销售收入×商品进销差价率

本期销售商品的实际成本=本期商品销售收入-本期销售商品应分摊的商品进销差价

期末结存商品实际成本=期初库存商品实际成本+本期购进商品实际成本-本期销售商品实际成本

如果企业的商品进销差价率各期之间是比较均衡的，也可以采用上期商品进销差价率分摊本期的商品进销差价。年度终了，应对商品进销差价进行核实调整。

对于从事商品零售业务的企业（如百货公司、超市等），由于经营的商品种类、品种、规格等繁多，而且要求按商品零售价格标价，采用其他成本计算结转方法均较困难，因此广泛采用这一方法。

【例3-1-26】某商场采用售价金额核算法进行核算。2019年7月，期初某库存商品的进价成本为100万元，售价总额为110万元，本月购进该商品的进价成本为75万元，售价总额为90万元，本月销售收入为120万元。有关计算如下：

该商品进销差价率=（10+15）÷（110+90）×100%=12.5%

已销该商品应分摊的商品进销差价=120×12.5%=15（万元）

本月销售该商品的实际成本=120-15=105（万元）

月末结存该商品的实际成本=100+75-105=70（万元）

○ 案例分析与讨论

2018年税务部门按照规定对浙江明健仪表公司进行稽查，相关人员对该公司2017年3月份领料凭证审阅时发现有一张制造车间领用20台电扇的领料单，公司人员做的会计分录为：

借：制造费用　　　　　　　　　　　　　　　　　　　　　　8 520
　　贷：原材料——修理用备件　　　　　　　　　　　　　　　　8 520

因该公司的低值易耗品除少数几种采用一次摊销法外，其余都是采用五五摊销法，电扇不属于修理用的备件性质，公司将其纳入原材料账户核算，混淆了原材料与低值易耗品的界限。

税务人员认为，属于分次或分期摊销的低值易耗品错按原材料进行核算，将应分次计入成本的费用一次性计入，对企业的纳税会产生影响。

分析思考：原材料和低值易耗品有什么区别？举例说明哪些物品属于低值易耗品。

四、存货清查和存货减值的核算

（一）存货清查

1. 存货清查的方法

存货清查是指通过对存货的实地盘点，确定存货的实有数，并与账面结存数核对，从而确定存货实存数与账面结存数是否相符的一种专门方法。

由于存货种类繁多、收发频繁，在日常收发过程中可能发生计量错误、计算错误、自然损耗，还可能发生损坏变质及贪污、盗窃等情况，造成账实不符，形成存货的盘盈、盘亏。对于存货的盘盈、盘亏，应填写存货盘点报告（如实存账存对比表），及时查明原因，按照规定程序报批处理。

为了反映企业在财产清查中查明的各种存货的盘盈、盘亏和毁损情况,企业应当设置"待处理财产损溢"账户,借方登记存货的盘亏、毁损金额及盘盈的转销金额,贷方登记存货的盘盈金额及盘亏的转销金额。企业清查的各种存货损溢,应在期末结账前处理完毕,期末处理后,本科目应无余额。

2. 存货清查结果的账务处理

(1) 存货盘盈的账务处理。

存货盘盈是指存货的实存数量超过账面结存数量的差额。存货发生盘盈,应按照同类或类似存货的市场价格作为实际成本及时登记入账,借记"原材料""周转材料""库存商品"等存货科目,贷记"待处理财产损溢"科目;待查明原因,报经批准处理后,冲减当期管理费用。

【例3-1-27】 Y公司在存货清查中盘盈一批A材料,市场价格为7 000元。经查系计量错误造成。Y公司应编制会计分录如下:

(1) 发现盘盈时,根据实存账存对比表:

借:原材料　　　　　　　　　　　　　　　　　　　　　　　7 000
　　贷:待处理财产损溢——待处理流动资产损溢　　　　　　　　7 000

(2) 报经批准处理时:

借:待处理财产损溢——待处理流动资产损溢　　　　　　　　7 000
　　贷:管理费用　　　　　　　　　　　　　　　　　　　　　7 000

(2) 存货盘亏的账务处理。

存货盘亏是指存货的实存数量少于账面结存数量的差额。存货发生盘亏,应将其账面成本及时转销,借记"待处理财产损溢"科目,贷记"原材料""周转材料""库存商品"等存货科目;盘亏存货涉及增值税的,还应进行相应处理。待查明原因,报经批准处理后,根据造成盘亏的原因,分以下情况进行会计处理:

① 属于定额内自然损耗造成的短缺,计入管理费用。

② 属于收发计量差错和管理不善等原因造成的短缺或毁损,将扣除可收回的保险公司和过失人赔款及残料价值后的净损失,计入管理费用。

③ 属于自然灾害或意外事故等非正常原因造成的毁损,将扣除可收回的保险公司赔款及残料价值后的净损失,计入营业外支出。

【例3-1-28】 甲公司2019年12月底在财产清查中,盘亏一批外购A材料1 000千克,实际成本为10 000元,相关进项税额为1 300元。经查系管理不善造成的丢失,属于一般经营损失。甲公司应编制会计分录如下:

(1) 批准处理前:

借:待处理财产损溢——待处理流动资产损溢　　　　　　　　11 300
　　贷:原材料　　　　　　　　　　　　　　　　　　　　　　10 000
　　　　应交税费——应交增值税(进项税额转出)　　　　　　　1 300

(2) 批准处理后:

借:管理费用　　　　　　　　　　　　　　　　　　　　　　11 300
　　贷:待处理财产损溢——待处理流动资产损溢　　　　　　　11 300

【例3-1-29】 甲公司2019年12月底在财产清查中,发现一批Y产品霉烂变质,账面价值为40 000元。当期产品的生产成本总额为500 000元,其中所耗用的外购材料成本为250 000元,该材料适用13%增值税税率。甲公司应编制会计分录如下:

(1) 批准处理前:

损失产品成本中所耗外购货物购进额 = 40 000 × (250 000 ÷ 500 000) = 20 000(元)

应转出进项税额 = 20 000 × 13% = 2 600(元)

借:待处理财产损溢——待处理流动资产损溢　　　　　42 600
　　贷:库存商品　　　　　　　　　　　　　　　　　　40 000
　　　　应交税费——应交增值税(进项税额转出)　　　 2 600

(2) 批准处理后:

借:管理费用　　　　　　　　　　　　　　　　　　　42 600
　　贷:待处理财产损溢——待处理流动资产损溢　　　　42 600

【例3-1-30】 2019年8月因所在地区发生水灾,甲公司仓库中一批材料被毁,实际成本为100 000元,相关进项税额为13 000元。根据已签订的保险合同条款,应由保险公司负责赔偿70 000元。甲公司应编制会计分录如下:

(1) 批准处理前:

借:待处理财产损溢——待处理流动资产损溢　　　　100 000
　　贷:原材料　　　　　　　　　　　　　　　　　　100 000

(2) 批准处理后:

借:其他应收款　　　　　　　　　　　　　　　　　 70 000
　　营业外支出——非常损失　　　　　　　　　　　　30 000
　　贷:待处理财产损溢——待处理流动资产损溢　　　100 000

○ 案例分析与讨论

2019年12月30日,蓝翔阀门制造有限公司对公司的财产物资进行全盘时,盘亏一批甲产品,共300件,其单位成本为23元,共6 900元,为生产甲产品,领用原材料应当分摊的增值税进项税额为425元。经查,该批产品是由于当年火灾造成的损毁,对于其损失,保管员小李承担1 000元的责任,保险公司赔偿2 000元,其余部分由公司自行承担。

分析思考: 对于蓝翔公司甲产品的盘亏,应当如何进行账务处理?

(二) 存货减值的核算

1. 存货期末计量的原则

我国企业会计准则规定,资产负债表日,存货应当按照成本与可变现净值孰低计量。其中,成本是指期末存货的实际成本,如企业在存货成本的日常核算中采用计划成本法、售价金额核算法等核算方法的,则成本为经调整后的实际成本。可变现净值是指在日常活动中,存货的估计售价减去至完工时估计将要发生的成本、估计的销售费用及相关税费后的金额。

2. 存货跌价准备的计提和转回

当存货成本低于其可变现净值时,存货按成本计价;当存货成本高于其可变现净值时,存货按可变现净值入账。当存货成本高于其可变现净值时,表明存货可能发生损失,应在存货销售之前提前确认这一损失,计入当期损益,并相应减少存货的账面价值。以前减记存货价值的影响因素已经消失的,减记的金额应当予以恢复,并在原已计提的存货跌价准备金额内转回,转回的金额计入当期损益。

3. 存货跌价准备的账务处理

企业应当设置"存货跌价准备"账户,核算计提的存货跌价准备。该账户贷方登记计提的存货跌价准备金额,借方登记实际发生的存货跌价损失金额和冲减的存货跌价准备金额,期末余额一般在贷方,反映企业已计提但尚未转销的存货跌价准备。

当存货成本高于其可变现净值时,企业应当按照存货可变现净值低于其成本的差额,借记"资产减值损失——计提的存货跌价准备"科目,贷记"存货跌价准备"科目。转回已计提的存货跌价准备金额时,按恢复增加的金额,借记"存货跌价准备"科目,贷记"资产减值损失——计提的存货跌价准备"科目。

企业结转存货销售成本时,对于已计提存货跌价准备的,借记"存货跌价准备"科目,贷记"主营业务成本""其他业务成本"等科目。

【例3-1-31】 2018年12月31日,A公司产品的账面成本为300 000元,预计可变现净值为280 000元;2019年12月31日,由于市场供求关系发生变化使得该产品的预计可变现净值为290 000元,假设其账面成本仍为300 000元。A公司应编制会计分录如下:

(1) 2018年12月31日:

由于产品账面成本为300 000元,预计可变现净值为280 000元,成本高于其可变现净值,故应以其差额20 000元计提存货跌价准备:

借:资产减值损失——计提的存货跌价准备　　　　　　　　20 000
　　贷:存货跌价准备　　　　　　　　　　　　　　　　　　　　20 000

(2) 2019年12月31日:

由于该产品的可变现净值有所恢复,应计提的存货跌价准备为10 000(300 000 - 290 000)元,则当期应当冲减已计提的存货跌价准备10 000元。

借:存货跌价准备　　　　　　　　　　　　　　　　　　　　10 000
　　贷:资产减值损失——计提的存货跌价准备　　　　　　　　10 000

○ 案例分析与讨论

德森贸易有限公司是一家生产电子产品的公司,为增值税一般纳税人。2019年2月31日,公司A产品的库存量为500台,单位成本为16万元,市场价格为18万元,预计发生的运费等销售费用每台为1万元。假设公司未签订不可撤销的销售合同,"存货跌价准备——A产品"账户期初无余额。

分析思考:2019年12月31日,德森公司需要对A产品计提存货跌价准备吗?若需要,如何进行账务处理?

任务二　固定资产的核算

固定资产是指企业为生产商品、提供劳务、出租或经营管理而持有的、使用寿命超过一个会计年度的有形资产。

固定资产具有三个方面的特征：一是持有固定资产的目的是用于经营而非销售；二是固定资产的使用寿命超过一个会计年度；三是固定资产是有形资产。

固定资产按经济用途可分为生产经营用固定资产和非生产经营用固定资产；按使用情况可分为使用中的固定资产、未使用的固定资产和不需用的固定资产；按经济用途和使用情况综合分类为生产经营用固定资产、非生产经营用固定资产、租出固定资产、不需用固定资产、未使用固定资产、土地（指过去已经估价单独入账的土地）及融资租入固定资产七类，实际工作中，通常将固定资产进行综合分类。

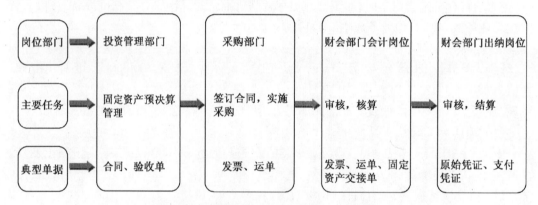

图 3-2　固定资产核算的工作过程与岗位对照

一、固定资产的初始计量

（一）固定资产的初始计量

固定资产的初始计量是指确定固定资产的取得成本。固定资产应当按照成本进行初始计量。固定资产成本是指企业购建某项固定资产达到预定可使用状态前所发生的一切合理必要的支出。企业取得固定资产的方式不同，初始计量方法也各不相同。

1. 外购的固定资产

外购固定资产的成本，包括购买价款、相关税费，以及为使固定资产达到预定可使用状态前所发生的可归属于该项资产的运输费、装卸费、安装费和专业人员服务费等。

2. 自行建造的固定资产

自行建造固定资产的成本，由建造该项资产达到预定可使用状态前所发生的必要支出构成。

3. 投资者投入的固定资产

投资者投入固定资产的成本，按照投资合同或协议约定的价值确定，但合同或协议约定价值不公允的除外。

企业的固定资产除上述来源之外，还可能通过接受捐赠、改建扩建、盘盈等方式取得，其固定资产的成本应按照相关会计准则的规定确定。

(二) 账户设置

1. 固定资产

该账户用来核算企业持有的固定资产原值的增减变动和结存情况。该账户借方登记增加的固定资产原值,贷方登记减少的固定资产原值,期末余额在借方,反映现有的固定资产原值。该账户按固定资产的类别和项目设置明细分类账户,进行明细分类核算。

2. 工程物资

该账户用于核算企业为在建工程准备的各种物资的成本。该账户借方登记企业购入工程物资的成本,贷方登记领用工程物资的成本,期末余额在借方,反映企业为在建工程准备的各种物资的成本。

3. 在建工程

该账户用来核算企业基建、更新改造等在建工程发生的支出。该账户借方登记企业各项在建工程的实际支出,贷方登记完工工程转出的成本,期末余额在借方,反映企业尚未达到预定可使用状态的在建工程的成本。

4. 累计折旧

该账户是"固定资产"账户的备抵调整账户,用来核算固定资产的累计折旧,贷方登记计提的固定资产折旧,借方登记处置固定资产转出的累计折旧,期末余额在贷方,反映企业固定资产的累计折旧额。

此外,企业固定资产、在建工程、工程物资发生减值的,还应当设置"固定资产减值准备""在建工程减值准备""工程物资减值准备"等账户进行核算。

(三) 固定资产取得的账务处理

1. 购入不需要安装的固定资产

企业购入不需要安装的固定资产,应按购置过程中实际发生的各项支出,包括购买价款、增值税、进口关税等相关税费,以及为使固定资产达到预定可使用状态前所发生的可归属于该项资产的运输费、装卸费和专业人员服务费等,扣除可抵扣的增值税进项税额,借记"固定资产"科目;按增值税专用发票上注明的增值税进项税额,借记"应交税费——应交增值税(进项税额)"科目;贷记"银行存款"等科目。

【例3-2-1】 甲公司为增值税一般纳税人。2019年8月10日,甲公司购入一台设备,增值税专用发票注明价款为2 000 000元,增值税额为260 000元,另发生运输费并取得增值税专用发票,注明运输价格为50 000元,增值税额为4 500元。该设备不需要安装就可使用,所有款项已用银行存款付清。甲公司应编制会计分录如下:

借:固定资产　　　　　　　　　　　　　　　　　　　　　　2 050 000
　　应交税费——应交增值税(进项税额)　　　　　　　　　　　264 500
　　贷:银行存款　　　　　　　　　　　　　　　　　　　　　　　2 314 500

2. 购入需要安装的固定资产

企业购入需要安装的固定资产,应通过"在建工程"账户归集购置和安装过程中所发生的全部支出,以确定其总成本。安装完毕交付使用时,再将其总成本由"在建工程"账户转入"固定资产"账户。

【例3-2-2】 B公司为增值税一般纳税人,购入一台需要安装的机器设备,取得的增值税专用发票上注明的设备价款为500 000元,增值税额为65 000元,支付的运杂费为2 500元,增值税额为225元,款项已通过银行支付;安装设备时,领用原材料一批,其账面成本为30 000元,购进该批原材料时支付的增值税额为3 900元;支付安装工人的工资为4 900元。假定不考虑其他相关税费。B公司应编制会计分录如下:

(1) 支付设备价款、增值税、运杂费时:

借:在建工程　　　　　　　　　　　　　　　　　　　502 500
　　应交税费——应交增值税(进项税额)　　　　　　　 65 225
　　贷:银行存款　　　　　　　　　　　　　　　　　　567 725

(2) 领用原材料时:

借:在建工程　　　　　　　　　　　　　　　　　　　 30 000
　　贷:原材料　　　　　　　　　　　　　　　　　　　 30 000

(3) 支付安装人员工资时:

借:在建工程　　　　　　　　　　　　　　　　　　　 4 900
　　贷:应付职工薪酬　　　　　　　　　　　　　　　　 4 900

(4) 设备安装完毕交付使用时:

借:固定资产　　　　　　　　　　　　　　　　　　　537 400
　　贷:在建工程　　　　　　　　　　　　　　　　　　537 400

小贴士

增值税是我国现阶段税收收入规模最大的税种。2016年3月24日,财政部、国家税务总局印发《营业税改征增值税试点实施办法》,自2016年5月1日起,在全国范围内全面推开"营改增"试点,建筑业、房地产业、金融业、生活服务业等全部营业税纳税人,纳入试点范围,由缴纳营业税改为缴纳增值税。自2019年4月1日起,增值税一般纳税人取得不动产或者不动产在建工程的进项税额不再分2年抵扣。此前按照规定尚未抵扣完毕的待抵扣进项税额,可自2019年4月税款所属期起从销项税额中抵扣。

3. 购入多项没有单独标价的固定资产

企业可能用一笔款项购入多项没有单独标价的固定资产,即"一揽子购货",这种情况应当按照各项固定资产的公允价值比例对总成本进行分配,分别确定各项固定资产的成本。

【例3-2-3】 C公司同时购入两台具有不同生产能力的设备A和B,总价款8 400 000元,增值税额为1 092 000元;发生运费为30 000元,增值税额为2 700元;包装费20 000元,增值税额为1 200元。全部款项以银行存款支付。假定A、B设备的公允价值分别为4 000 000元和6 000 000元,不考虑其他相关税费。C公司应编制会计分录如下:

(1) 确定计入固定资产成本：
应计入固定资产成本的金额 = 8 400 000 + 20 000 + 30 000 = 8 450 000（元）
(2) 确定分配比例：
A 设备分配比例 = 4 000 000 ÷ (4 000 000 + 6 000 000) × 100% = 40%
B 设备分配比例 = 6 000 000 ÷ (4 000 000 + 6 000 000) × 100% = 60%
确定各设备的入账价值：
A 设备入账价值 = 8 450 000 × 40% = 3 380 000（元）
B 设备入账价值 = 8 450 000 × 60% = 5 070 000（元）
(3) 账务处理：
借：固定资产——A 设备　　　　　　　　　　　　　　　3 380 000
　　　　　　——B 设备　　　　　　　　　　　　　　　5 070 000
　　应交税费——应交增值税（进项税额）　　　　　　　1 095 900
　贷：银行存款　　　　　　　　　　　　　　　　　　　95 459 000

4. 自行建造的固定资产

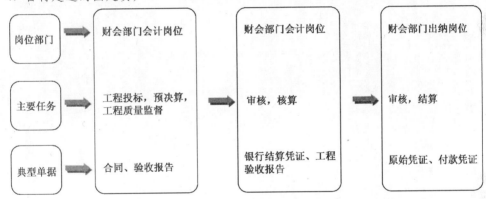

图 3-3　自行建造固定资产核算的工作过程与岗位对照

企业自行建造固定资产包括自营建造和出包建造两种方式。无论采用何种方式，所建工程都应当按照实际发生的支出确定其工程成本并单独核算。

(1) 自营方式建造固定资产。

以自营方式建造固定资产，其核算内容主要包括以下三个方面：

① 采购工程所需物资。购入为工程准备的各种物资时，应以实际发生的买价、增值税及运输费、保险费等相关支出作为购入物资的实际成本扣除可抵扣的增值税进项税额后，记入"工程物资"账户。

② 工程实际发生的各项支出。自营工程自开始建造直至达到预定可使用状态止所发生的、应计入工程成本的各项支出，均应通过"在建工程"账户核算，包括工程消耗的材料、人工和其他应由工程成本负担的各项费用等。

工程施工领用各种工程物资时，按领用物资的实际成本，借记"在建工程"科目，贷记"工程物资"科目；工程领用本企业原材料时，借记"在建工程"科目，贷记"原材料"科目；工程领用本企业生产的商品时，借记"在建工程"科目，贷记"库存商品""应交税费——应交增值税(销项税额)"等科目;自营工程发生的其他费用,应按实际发生额,借记"在建工程"科目,贷记"银行存款""应付职工薪酬"等科目。

③ 工程完工交付使用。自营工程完工,固定资产达到预定可使用状态交付使用时,按实际发生的全部支出,借记"固定资产"科目,贷记"在建工程"科目。

【例3-2-4】 2019年4月13日,甲公司开始自行建造一幢厂房。该公司购入为工程准备的各种物资的增值税专用发票上注明的价款为600 000元,增值税额为78 000元,已用银行存款支付,全部用于工程建设。工程建设期间,领用生产用原材料A一批,实际成本为300 000元,购进该批原材料时支付的增值税额为39 000元。工程建设期间,发生工程人员职工薪酬200 000元,辅助生产部门为工程提供水电等劳务的劳务费为50 000元。用银行存款支付安装费,增值税专用发票注明安装费为50 000元,增值税额为4 500元。2020年1月13日,工程完工并达到预定可使用状态。甲公司应编制会计分录如下:

(1) 购入工程物资时:
借:工程物资——厂房　　　　　　　　　　　　　　　　600 000
　　应交税费——应交增值税(进项税额)　　　　　　　　78 000
　　贷:银行存款　　　　　　　　　　　　　　　　　　　　678 000

(2) 工程领用全部工程物资时:
借:在建工程——厂房　　　　　　　　　　　　　　　　600 000
　　贷:工程物资——厂房　　　　　　　　　　　　　　　　600 000

(3) 工程领用原先购入的原材料时:
借:在建工程——厂房　　　　　　　　　　　　　　　　300 000
　　贷:原材料——A材料　　　　　　　　　　　　　　　　300 000

(4) 分配工程人员薪酬时:
借:在建工程——厂房　　　　　　　　　　　　　　　　200 000
　　贷:应付职工薪酬　　　　　　　　　　　　　　　　　　200 000

(5) 辅助生产部门为工程提供水电等劳务时:
借:在建工程——厂房　　　　　　　　　　　　　　　　　50 000
　　贷:生产成本——辅助生产成本　　　　　　　　　　　　50 000

(6) 支付工程发生的安装费时:
借:在建工程——厂房　　　　　　　　　　　　　　　　　50 000
　　应交税费——应交增值税(进项税额)　　　　　　　　　4 500
　　贷:银行存款　　　　　　　　　　　　　　　　　　　　54 500

(7) 固定资产的完工成本 = 600 000 + 300 000 + 200 000 + 50 000 + 50 000 = 1 200 000(元)
借:固定资产——厂房　　　　　　　　　　　　　　　　1 200 000
　　贷:在建工程——厂房　　　　　　　　　　　　　　　1 200 000

> **小·贴士**
>
> 　　工程完工后剩余的工程物资如转作本企业库存材料,则按其实际成本或计划成本转作企业的库存材料;若材料存在可抵扣的增值税进项税额,则应按减去增值税进项税额后的实际成本或计划成本,转作企业的库存材料。
>
> 　　盘盈、盘亏、报废、毁损的工程物资,减去保险公司、过失赔偿部分后的差额,应分情况处理:如果工程项目尚未完工的,计入或冲减所建工程项目的成本;如果工程项目已经完工的,计入当期营业外支出或营业外收入。

(2) 出包方式建造固定资产。

出包工程是指企业通过招标方式将工程项目发包给建造承包商,由建造承包商组织施工的建筑工程和安装工程。企业采用出包方式进行的固定资产工程,其工程的具体支出主要由建造承包商核算,在这种方式下,"在建工程"科目主要是企业与建造承包商办理工程价款的结算科目,企业支付给建造承包商的工程价款作为工程成本,通过"在建工程"科目核算。企业按合理估计的发包工程进度和合同规定向建造承包商结算的进度款,借记"在建工程"科目,贷记"银行存款"等科目;工程完成时,按合同规定补付的工程款,借记"在建工程"科目,贷记"银行存款"等科目;工程达到可使用状态时,借记"固定资产"科目,贷记"在建工程"科目。

【例3-2-5】 甲公司为增值税一般纳税人。2019年7月1日,甲公司将一幢厂房的建造工程出包给丙公司承建,按合理估计的发包工程进度和合同规定向丙公司结算进度款600 000元,取得增值税专用发票,税率9%,增值税额54 000元。工程完工后,收到丙公司有关工程结算单据,补付工程款400 000元,取得增值税专用发票,税率9%,增值税额36 000元,工程完工并达到预定可使用状态。甲公司应编制会计分录如下:

(1) 按合理估计的发包工程进度和合同规定向丙公司结算进度款时:

借:在建工程　　　　　　　　　　　　　　　　　　　600 000
　　应交税费——应交增值税(进项税额)　　　　　　 54 000
　　贷:银行存款　　　　　　　　　　　　　　　　　　 654 000

(2) 补付工程款时:

借:在建工程　　　　　　　　　　　　　　　　　　　400 000
　　应交税费——应交增值税(进项税额)　　　　　　 36 000
　　贷:银行存款　　　　　　　　　　　　　　　　　　 436 000

(3) 工程完工并达到预定可使用状态时:

借:固定资产　　　　　　　　　　　　　　　　　　　1 000 000
　　贷:在建工程　　　　　　　　　　　　　　　　　　1 000 000

5. 投资者投入的固定资产

投资者投入的固定资产是指企业的投资者以实物形式向企业投资而转入企业的固定资产。投资者投入的固定资产,在办理了固定资产移交手续之后,应按投资合同或协议约定的价值加上应支付的相关费用,借记"固定资产"科目,贷记"实收资本"科目。

【例3-2-6】 甲公司2019年7月6日收到乙公司投入的设备一台,投资合同约定该固定资产按评估价值200 000元(不含税)确认,乙公司开具的增值税专用发票上注明价款为200 000元,增值税额为26 000元。甲公司应编制会计分录如下:
　　借:固定资产　　　　　　　　　　　　　　　　　　　　　200 000
　　　　应交税费——应交增值税(进项税额)　　　　　　　　　 26 000
　　　　贷:实收资本——乙公司　　　　　　　　　　　　　　　226 000
　　如果以上价税合计额超过乙公司在甲公司注册资本中所占份额,则超过部分应当计入资本公积。

○ 案例分析与讨论

黄河股份有限公司2019年4月26日从中国银行借入3年期利率为8%的借款(该借款的还款方式为到期一次还本付息),用于购买生产用设备一台。5月5日,收到该设备,并用银行存款支付价款840 000元(含增值税),设备安装调试期间共发生费用160 000元,6月1日达到预定使用状态。

分析思考:购买需要安装设备的安装工程应由谁组织?如何对整个安装过程进行账务处理?

二、固定资产折旧的核算

(一)固定资产折旧的概念

固定资产折旧是指固定资产由于损耗而减少的价值。按企业会计准则规定,企业应当在固定资产使用寿命内,按照确定的方法对应计折旧额进行系统分摊。应计折旧额是指应当计提折旧的固定资产的原值扣除其预计净残值后的余额。如果已对固定资产计提减值准备,还应当扣除已计提的固定资产减值准备的累计金额。

○ 小贴士

固定资产损耗包括有形损耗和无形损耗两种。有形损耗是指固定资产由于使用和自然力侵蚀而引起的使用价值和价值的损失;无形损耗是指由于科学技术进步等原因而引起固定资产的价值损失。在知识经济条件下,随着研究和创新的步伐日趋加快,固定资产无形损耗对固定资产折旧的影响将会越来越大。

(二)影响固定资产折旧的因素

影响固定资产折旧的因素主要有以下几个方面。

1. 固定资产原值

固定资产原值是指固定资产的成本。

2. 固定资产预计净残值

固定资产预计净残值是指假定固定资产预计使用寿命已满并处于使用寿命终了时的预期状态,企业从该项资产处置中获得的扣除预计处置费用后的金额。

3. 固定资产使用寿命

固定资产使用寿命是指企业使用固定资产的预计期间,或者该项固定资产所能生产产品或提供劳务的数量。

4. 固定资产减值准备

固定资产减值准备是指已计提的固定资产减值准备的累计金额。固定资产计提减值准备后,应当在剩余使用寿命内根据调整后的固定资产账面价值(固定资产原值扣减累计折旧和累计减值准备后的金额)和预计净残值重新计算确定折旧率和折旧额。

企业应根据固定资产的性质和使用情况,合理确定固定资产的使用寿命和预计净残值。固定资产的使用寿命、预计净残值一经确定,不得随意变更。

(三) 固定资产折旧的范围

根据企业会计准则规定,除以下情况外,企业应对所有的固定资产计提折旧:
(1) 已提足折旧仍继续使用的固定资产;
(2) 按规定单独估价作为固定资产入账的土地;
(3) 处于更新改造过程中的固定资产。

在确定计提折旧的范围时还应注意以下几点:
(1) 企业应当按月计提折旧,当月增加的固定资产,当月不计提折旧,从下月起计提折旧;当月减少的固定资产,当月仍计提折旧,从下月起停止计提折旧。
(2) 固定资产提足折旧后,不论能否继续使用,均不再计提折旧;提前报废的固定资产也不再补提折旧。提足折旧是指已经提足该项固定资产的应计折旧额。
(3) 已达到预定可使用状态的固定资产但尚未办理竣工结算的,应当按照估计价值确定其成本,并计提折旧;待办理竣工结算后,再按照实际成本调整原来的暂估价值,但不需要调整原已计提的折旧额。

(四) 固定资产折旧的方法

企业应当根据与固定资产有关的经济利益的预期实现方式,合理选择固定资产折旧方法。可选用的折旧方法包括年限平均法、工作量法、双倍余额递减法和年数总和法等。固定资产的折旧方法一经确定,不得随意变更。

1. 年限平均法

年限平均法又称直线法,是将固定资产的应计折旧额均衡地分摊到固定资产预计使用寿命内的一种方法。采用这种方法计算的每期折旧额均相等。计算公式如下:

$$年折旧率 = \frac{1 - 预计净残值率}{预计使用寿命(年)} \times 100\%$$

月折旧率 = 年折旧率 ÷ 12

月折旧额 = 固定资产原值 × 月折旧率

【例 3-2-7】 F 公司有厂房一幢,原值为 2 000 000 元,预计使用年限为 20 年,预计净残值率为 4%。该厂房的折旧率和折旧额计算如下:

年折旧率 = (1 - 4%) ÷ 20 × 100% = 4.8%

月折旧率 = 4.8% ÷ 12 = 0.4%

月折旧额 = 2 000 000 × 0.4% = 8 000(元)

使用年限平均法的优点是计算方法比较简便,缺点是当固定资产在各个使用期间的磨损程度不同时,将应计折旧总额平均地分摊到各个时期是不合理的。因此,这种方法适用于固定资产在各个使用期间的磨损较均衡的情况。

2. 工作量法

工作量法是根据实际工作量计算每期应提折旧额的一种方法。计算公式如下:

$$单位工作量折旧额 = \frac{固定资产原值 \times (1 - 预计净残值率)}{预计总工作量}$$

某项固定资产月折旧额 = 该项固定资产当月工作量 × 单位工作量折旧额

【例3-2-8】 G公司有货运卡车一辆,原值为240 000元,预计净残值率为5%,预计总行驶里程为100万公里。假定本月实际行驶里程为20 000公里,则本月折旧额计算如下:

单位里程折旧额 = 240 000 × (1 - 5%) ÷ 1 000 000 = 0.228(元/公里)

本月折旧额 = 20 000 × 0.228 = 4 560(元)

采用工作量法的优点是固定资产的折旧额与其磨损程度相符,因而分摊较为合理。缺点是只注重固定资产的使用程度,忽略了自然侵蚀的影响。这种方法适用于固定资产在各个使用期间的磨损程度不均衡的情况。

3. 双倍余额递减法

双倍余额递减法是在不考虑固定资产净残值的情况下,根据每期期初固定资产原值减去累计折旧后的余额(即固定资产净值)和双倍的直线法折旧率计算固定资产折旧的一种方法。计算公式如下:

$$年折旧率 = \frac{2}{预计使用寿命(年)} \times 100\%$$

月折旧率 = 年折旧率 ÷ 12

月折旧额 = 固定资产净值 × 月折旧率

由于每年年初固定资产净值没有扣除其预计净残值,因此,在采用这种方法计算折旧额时必须注意不能使固定资产净值降低到其预计净残值以下,即采用双倍余额递减法计算折旧的固定资产,应在其折旧年限到期前两年内,将固定资产净值扣除其预计净残值后的余额平均摊销。

【例3-2-9】 H公司一项设备原值为1 200 000元,预计使用寿命为5年,预计净残值率为4%。按双倍余额递减法计提折旧,每年折旧额计算如下:

年折旧率 = 2/5 × 100% = 40%

第一年应提折旧额 = 1 200 000 × 40% = 480 000(元)

第二年应提折旧额 = (1 200 000 - 480 000) × 40% = 288 000(元)

第三年应提折旧额 = (1 200 000 - 480 000 - 288 000) × 40% = 172 800(元)

第四、五年每年应提折旧额 = (1 200 000 - 480 000 - 288 000 - 172 800 - 1 200 000 × 4%) ÷ 2 = 105 600(元)

为了简化计算每年各月折旧额,可根据年折旧额除以12个月来计算。

4. 年数总和法

年数总和法又称年限合计法,是将固定资产原值减去预计净残值后的余额乘以一个以固定资产尚可使用寿命为分子,以预计使用寿命逐年数字之和为分母的逐年递减的分数计算每年折旧额的一种方法。计算公式如下:

$$年折旧率 = \frac{尚可使用年限}{预计使用寿命的年数总和} \times 100\%$$

年折旧额 = (固定资产原值 – 预计净残值) × 年折旧率

为了简化计算每年各月折旧额,可根据年折旧额除以 12 个月来计算。

【例 3-2-10】 承例 3-2-9,采用年数总和法计算的各年折旧额如表 3-4 所示。

表 3-4　　　　　　　　　　H 公司固定资产折旧计算表　　　　　　　　　单位:元

年份	尚可使用年限	原值 – 净残值	年折旧率	每年折旧额	累计折旧
第 1 年	5	1 152 000	5/15	384 000	384 000
第 2 年	4	1 152 000	4/15	307 200	691 200
第 3 年	3	1 152 000	3/15	230 400	921 600
第 4 年	2	1 152 000	2/15	153 600	1 075 200
第 5 年	1	1 152 000	1/15	76 800	1 152 000

双倍余额递减法和年数总和法都属于加速折旧法,其特点是在固定资产使用的早期多提折旧,后期少提折旧,其递减的速度逐年加快,从而相对加快折旧的速度,目的是使固定资产成本在估计使用寿命内加快得到补偿。

(五) 固定资产折旧的核算

每月计提的折旧额应根据固定资产的用途计入相关资产的成本或者当期损益。基本生产车间使用的固定资产,其折旧应计入制造费用;行政管理部门使用和未使用、不需用的固定资产,其折旧应计入管理费用;销售部门使用的固定资产,其折旧应计入销售费用;经营性租出的固定资产,其折旧应计入其他业务成本;在建工程使用的固定资产,其折旧应计入在建工程;内部研发项目使用的固定资产,其折旧应计入研发支出。

在实际工作中,企业每月计提折旧时,可以在上月计提的折旧额的基础上,根据上月固定资产的增减变动情况调整计算出当月应计提的折旧额,计算公式如下:

$$\begin{matrix}当月应计提\\的折旧额\end{matrix} = \begin{matrix}上月计提\\的折旧额\end{matrix} + \begin{matrix}上月增加固定资产\\应计提的折旧额\end{matrix} - \begin{matrix}上月减少固定资产\\应计提的折旧额\end{matrix}$$

【例 3-2-11】 I 公司 2019 年 5 月 31 日编制的"固定资产折旧计算表"如表 3-5 所示。

表 3-5　　　　　　　　　　I 公司固定资产折旧计算表　　　　　　　　　单位:元

使用部门	上月折旧额	上月增加固定资产 增加折旧额	上月减少固定资产 减少折旧额	本月折旧额
第一车间	25 000	4 000	1 000	28 000
第二车间	30 000		800	29 200

续表

使用部门	上月折旧额	上月增加固定资产增加折旧额	上月减少固定资产减少折旧额	本月折旧额
管理部门	7 000	2 100		9 100
销售机构	4 000			4 000
合计	66 000	6 100	1 800	70 300

借：制造费用——第一车间　　　　　　　　　　　　28 000
　　　　　　——第二车间　　　　　　　　　　　　29 200
　　管理费用　　　　　　　　　　　　　　　　　　9 100
　　销售费用　　　　　　　　　　　　　　　　　　4 000
　贷：累计折旧　　　　　　　　　　　　　　　　　70 300

小·贴士

固定资产计提折旧时点的选择，遵循"次月原则"，即从次月开始进行调整。具体来说就是，当月增加的固定资产，当月不需计提折旧；当月减少的固定资产，当月仍需计提折旧。

○ **案例分析与讨论**

大地制衣有限公司2018年8月5日引进一条生产流水线，价值3 000 000元，预计净残值率为3%，预计使用年限5年。该条生产流水线预计总产量为200 000件，2018年实际产量为10 000件，2019年实际产量为42 000件。

分析思考：分别采用四种不同的计提折旧方法，计算2018年和2019年应计提的折旧金额。

三、固定资产的后续计量

固定资产的后续支出是指固定资产在使用过程中发生的更新改造支出、修理费用等。后续支出的处理原则为：与固定资产有关的更新改造等后续支出，符合固定资产确认条件的，应当计入固定资产成本，如有被替换的部分，应同时将被替换部分的账面价值从该项固定资产原账面价值中扣除；不满足固定资产确认条件的固定资产修理费用等，应当在发生时计入当期损益。

（一）资本化的后续支出的核算

固定资产发生可资本化的后续支出时，企业一般应将该项固定资产的原值、已计提的累计折旧和减值准备转销，将固定资产的账面价值转入在建工程，并停止计提折旧。发生的后续支出，通过"在建工程"账户核算。在固定资产发生的后续支出完工并达到预定可使用状态时，再从"在建工程"转为"固定资产"，并按重新确定的使用寿命、预计净残值和折旧方法计提折旧。

【例3-2-12】甲航空公司2018年12月购入一架飞机，总计花费8 000万元(含发动机)，发动机当时的购价为500万元。公司未将发动机作为一项单独的固定资产进行核算。2019年年初，公司开辟新航线，航程增加。为延长飞机的空中飞行时间，公司决定更换一部性能更为先进的发动机。新发动机购价为 700 万元,增值税额为 91 万元,另需支付安装费用 10 万元,增值税额 0.9 万元。假定飞机的年折旧率为 3%,预计使用寿命为 8 年,不考虑预计净残值和相关税费的影响。甲公司应编制会计分录如下:

(1) 将固定资产转入在建工程:

2019 年年初飞机的累计折旧金额 = 80 000 000×3%×8 = 19 200 000(元)

借:在建工程　　　　　　　　　　　　　　　　　60 800 000
　　累计折旧　　　　　　　　　　　　　　　　　19 200 000
　　贷:固定资产　　　　　　　　　　　　　　　　　　80 000 000

(2) 支付新发动机费用:

借:工程物资　　　　　　　　　　　　　　　　　7 000 000
　　应交税费——应交增值税(进项税额)　　　　　　910 000
　　贷:银行存款　　　　　　　　　　　　　　　　　　7 910 000

(3) 领用工程物资:

借:在建工程　　　　　　　　　　　　　　　　　7 000 000
　　贷:工程物资　　　　　　　　　　　　　　　　　　7 000 000

(4) 支付安装费用:

借:在建工程　　　　　　　　　　　　　　　　　100 000
　　应交税费——应交增值税(进项税额)　　　　　　9 000
　　贷:银行存款　　　　　　　　　　　　　　　　　　109 000

(5) 终止确认老发动机的账面价值:

2019 年年初老发动机的账面价值 = 5 000 000 - 5 000 000×3%×8 = 3 800 000(元)

借:营业外支出　　　　　　　　　　　　　　　　3 800 000
　　贷:在建工程　　　　　　　　　　　　　　　　　　3 800 000

(6) 发动机安装完毕,投入使用:

固定资产的入账价值 = 60 800 000 + 7 000 000 - 3 800 000 + 100 000 = 64 100 000(元)

借:固定资产　　　　　　　　　　　　　　　　　64 100 000
　　贷:在建工程　　　　　　　　　　　　　　　　　　64 100 000

○ 案例分析与讨论

2019 年 3 月 15 日,安达有限责任公司对甲车间进行改扩建。该车间原值 2 000 000 万元,已提折旧 1 200 000 元,在改造过程中共发生改扩建支出 600 000 元,发生变价收入 100 000 元。所有款项均通过银行转账结算收讫和付清。为简化计算,整个过程不考虑其他相关因素。

分析思考:对于安达公司的改扩建工程,应当如何进行账务处理?

(二) 费用化的后续支出的核算

为了保持固定资产正常运转和使用,充分发挥其使用效能,必须对固定资产进行必要的维护。发生固定资产的日常维护支出应直接计入当期损益。其中,企业生产车间(部门)和行政管理部门等发生的固定资产修理费用等后续支出计入"管理费用"科目;企业专设销售机构的,其发生的与专设的销售机构相关的固定资产修理费用等后续支出,计入"销售费用"科目。

【例3-2-13】 甲公司为增值税一般纳税人。2019年6月1日,甲公司请乙公司技术人员对其生产车间使用的设备进行日常修理,发生维修费并取得增值税专用发票,发票上注明修理费为20 000元,税率为13%,增值税额为2 600元。甲公司应编制会计分录如下:
　　借:管理费用　　　　　　　　　　　　　　　　　　　　20 000
　　　　应交税费——应交增值税(进项税额)　　　　　　　　2 600
　　　贷:银行存款　　　　　　　　　　　　　　　　　　　　22 600

四、固定资产处置的核算

(一)固定资产处置的范围

企业在生产经营过程中,可能将不适用或不在用的固定资产对外出售转让,或因磨损、技术进步等原因对固定资产进行报废,或因遭受自然灾害而对毁损的固定资产进行处理。对于上述事项在进行会计核算时,应按规定程序办理有关手续,结转固定资产的账面价值,计算有关的清理收入、清理费用及残料价值等。

固定资产处置包括固定资产的出售、转让、报废、毁损、对外投资、非货币性资产交换、债务重组等。处置固定资产应通过"固定资产清理"账户核算。该账户借方登记转入处置固定资产的账面价值、处理过程中发生的费用和相关税金,贷方登记收回处置固定资产的价款、残料价值、变价收入和有关赔偿款。本账户期末贷方余额表示清理后的净收益,借方余额表示清理后的净损失,清理完毕后应将其贷方或借方余额转销。

(二)固定资产处置的账务处理

固定资产处置具体包括以下几个环节:

(1)固定资产转入清理的处理。应按清理固定资产的账面价值,借记"固定资产清理"科目;按已计提的累计折旧,借记"累计折旧"科目;按已计提的减值准备,借记"固定资产减值准备"科目;按固定资产账面原值,贷记"固定资产"科目。

(2)发生清理费用的处理。固定资产清理过程中,应按支付的清理费用及其可抵扣的进项税额,借记"固定资产清理""应交税费——应交增值税(进项税额)"科目,贷记"银行存款"科目。

(3)收回出售固定资产的价款、残料价值和变价收入的处理。收回出售固定资产的价款和税款,借记"银行存款"科目,按增值税专用发票上注明的价款和税额,贷记"固定资产清理""应交税费——应交增值税(销项税额)"科目;残料收入,借记"原材料"等科目,贷记"固定资产清理"科目。

(4)保险赔偿等的处理。应由保险公司或过失人赔偿的损失,借记"其他应收款"等科目,贷记"固定资产清理"科目。

(5)清理净损益的处理。固定资产清理完成后,计算得出的处置净损益应区分不同情况处理:

① 属于因正常出售、转让原因产生的利得或损失,应从"固定资产清理"科目转入"资产处置损益"科目。

② 属于因已丧失使用功能而报废产生的利得或损失,应从"固定资产清理"科目转入"营业外收入"或"营业外支出"科目。

③ 属于因自然灾害等非正常原因造成毁损而报废清理产生的利得或损失,也应从"固定资产清理"科目转入"营业外收入"或"营业外支出"科目。

【例 3-2-14】2019 年 10 月 19 日,甲公司出售自建的一座仓库,原值为 1 000 000 元,已提折旧 650 000 元,并未计提减值准备。甲公司开具的增值税专用发票上注明出售价格为 400 000 元,增值税额为 36 000 元,款项已通过银行收回。此外以银行存款支付场地清理费,取得增值税专用发票,注明清理费为 10 000 元,增值税额为 1 300 元。其他税费忽略不计。甲公司应编制会计分录如下:

(1) 核销固定资产的账面价值:

借:固定资产清理　　　　　　　　　　　　　　　　350 000
　　累计折旧　　　　　　　　　　　　　　　　　　650 000
　　贷:固定资产　　　　　　　　　　　　　　　　1 000 000

(2) 收到出售价款:

借:银行存款　　　　　　　　　　　　　　　　　　436 000
　　贷:固定资产清理　　　　　　　　　　　　　　400 000
　　　　应交税费——应交增值税(销项税额)　　　　36 000

(3) 支付清理费用:

借:固定资产清理　　　　　　　　　　　　　　　　10 000
　　应交税费——应交增值税(进项税额)　　　　　　1 300
　　贷:银行存款　　　　　　　　　　　　　　　　11 300

(4) 结转固定资产出售利得:

借:固定资产清理　　　　　　　　　　　　　　　　40 000
　　贷:资产处置损益　　　　　　　　　　　　　　40 000

【例 3-2-15】2019 年 10 月 30 日,甲公司一台设备使用期满经批准报废,设备原值 550 000 元,已提折旧 545 000 元,未计提减值准备。在清理过程中,以银行存款支付清理费用 15 000 元,未取得增值税专用发票。拆除的残料作价 8 000 元,由仓库收作维修材料。甲公司应编制会计分录如下:

(1) 核销固定资产的账面价值:

借:固定资产清理　　　　　　　　　　　　　　　　5 000
　　累计折旧　　　　　　　　　　　　　　　　　　545 000
　　贷:固定资产　　　　　　　　　　　　　　　　550 000

(2) 支付清理费用:

借:固定资产清理　　　　　　　　　　　　　　　　15 000
　　贷:银行存款　　　　　　　　　　　　　　　　15 000

(3) 残余材料入库：
借：原材料　　　　　　　　　　　　　　　　　　　8 000
　　贷：固定资产清理　　　　　　　　　　　　　　　　　8 000
(4) 结转固定资产报废净损失：
借：营业外支出——非流动资产处置损失　　　　　　12 000
　　贷：固定资产清理　　　　　　　　　　　　　　　　12 000

【例3-2-16】丙公司为增值税一般纳税人。因遭台风袭击，丙公司毁损一座仓库，该仓库原值4 000 000元，已计提折旧1 000 000元，未计提减值准备；其残料估计价值50 000元，残料已办理入库。发生清理费用并取得增值税专用发票，发票上注明的装卸费为20 000元，增值税额为1 800元，以银行存款支付。经保险公司核定应赔偿损失1 500 000元，增值税额为0元，款项已存入银行。丙公司应编制会计分录如下：

(1) 将毁损的仓库转入清理时：
借：固定资产清理　　　　　　　　　　　　　　　3 000 000
　　累计折旧　　　　　　　　　　　　　　　　　1 000 000
　　贷：固定资产　　　　　　　　　　　　　　　　　4 000 000
(2) 残料入库时：
借：原材料　　　　　　　　　　　　　　　　　　　50 000
　　贷：固定资产清理　　　　　　　　　　　　　　　　50 000
(3) 支付清理费用时：
借：固定资产清理　　　　　　　　　　　　　　　　20 000
　　应交税费——应交增值税（进项税额）　　　　　　1 800
　　贷：银行存款　　　　　　　　　　　　　　　　　　21 800
(4) 确定应由保险公司理赔的损失时：
借：其他应收款　　　　　　　　　　　　　　　　1 500 000
　　贷：固定资产清理　　　　　　　　　　　　　　　1 500 000
(5) 结转毁损固定资产发生的损失时：
借：营业外支出——非常损失　　　　　　　　　　1 470 000
　　贷：固定资产清理　　　　　　　　　　　　　　　1 470 000

○ 案例分析与讨论

2019年1月20日，甲公司购入一台不需安装的机器设备并投入使用。其取得增值税专用发票上注明的设备价款为200 000元，增值税额为26 000元，运杂费为1 000元，款项以银行存款支付。甲公司采用年限平均法计提折旧，该设备预计使用寿命10年，预计净残值6 000元。因产品更新换代，2020年1月20日将该机器设备出售，开具的增值税专用发票上注明价款为120 000元，增值税额为15 600元。以银行存款支付清理费用2 000元，增值税额120元。假定不考虑其他相关税费，该机器设备未提减值准备。

分析思考：该公司在出售机器设备时，应当如何进行账务处理？

五、固定资产清查和固定资产减值的核算

(一) 固定资产清查

企业应定期或者至少于每年年末对固定资产进行清查盘点,以保证固定资产核算的真实性,充分挖掘企业现有固定资产的潜力。在固定资产清查过程中,如果发现盘盈、盘亏的固定资产,应填制固定资产盘盈盘亏报告表。清查固定资产的损益,应及时查明原因,并按照规定程序报批处理。

1. 固定资产盘盈

企业在财产清查中盘盈的固定资产,在按管理权限报经批准处理前,应先通过"以前年度损益调整"账户核算。盘盈的固定资产,应按重置成本确定其入账价值,借记"固定资产"科目,贷记"以前年度损益调整"科目。

【例3-2-17】 N公司在财产清查中,发现未入账的设备一台,同类设备的市场价格为80 000元(假定其价值与其计税基础不存在差异)。该公司所得税税率为25%。N公司应编制会计分录如下:

(1) 盘盈固定资产,调整增加以前年度利润:

借:固定资产	80 000
贷:以前年度损益调整	80 000

(2) 因调整增加以前年度利润而增加的所得税费用:

借:以前年度损益调整	20 000
贷:应交税费——应交所得税	20 000

(3) 结转以前年度利润调整增加的净额:

借:以前年度损益调整	60 000
贷:盈余公积——法定盈余公积	6 000
利润分配——未分配利润	54 000

2. 固定资产盘亏

企业在财产清查中盘亏的固定资产,按盘亏固定资产的账面价值,借记"待处理财产损溢"科目;按已计提的累计折旧,借记"累计折旧"科目;按已计提的减值准备,借记"固定资产减值准备"科目;按固定资产的原值,贷记"固定资产"科目。按管理权限报经批准后处理时,按可收回的保险赔偿或过失人赔偿,借记"其他应收款"科目;按应计入营业外支出的金额,借记"营业外支出——盘亏损失"科目;贷记"待处理财产损溢"科目。

【例3-2-18】 P公司为增值税一般纳税人,适用的增值税税率为13%。该公司在财产清查中盘亏设备一台,该设备原值56 000元,已提折旧44 000元,取得时的增值税额为7 280元。经查明,盘亏原因系保管员看守不当造成,经批准由保管员赔偿价款5 000元,增值税额1 560元,赔偿价税款尚未收到。P公司应编制会计分录如下:

(1) 盘亏固定资产时:

借：待处理财产损溢　　　　　　　　　　　　　　　　　　12 000
　　累计折旧　　　　　　　　　　　　　　　　　　　　44 000
　　贷：固定资产　　　　　　　　　　　　　　　　　　　　56 000
（2）转出不可抵扣的进项税额：
借：待处理财产损溢　　　　　　　　　　　　　　　　　　 1 560
　　贷：应交税费——应交增值税（进项税转出）　　　　　　1 560
（3）报经批准后：
借：其他应收款　　　　　　　　　　　　　　　　　　　　 6 560
　　营业外支出——盘亏损失　　　　　　　　　　　　　　 7 000
　　贷：待处理财产损溢　　　　　　　　　　　　　　　　　13 560

（二）固定资产减值的核算

1. 固定资产减值的概念

固定资产减值是指由于损坏、技术陈旧或其他经济原因而引起的固定资产可收回金额低于其账面价值。这里的可收回金额，是指固定资产的公允价值减去处置费用后的净额与固定资产预计未来现金流量的现值两者之间的较高者。

企业在资产负债表日应当判断固定资产是否存在可能发生减值的迹象。如果固定资产存在减值迹象，应当进行减值测试，估计固定资产的可收回金额。可收回金额低于账面价值的，应当按照可收回金额低于账面价值的金额，计提减值准备。

○ **案例分析与讨论**

东方有限责任公司一条R型号平面直角彩色电视机生产线在2010年12月31日发生了永久性损害，不再具有使用价值和转让价值，该公司按其账面价值100万元全额计提了固定资产减值准备。至该公司2010年财务会计报告批准报出日，该固定资产永久性损害未经税务部门确认。东方有限责任公司认为，固定资产发生永久性损害这一事实在会计期末已经存在，因此按其账面价值全额确认了固定资产价值损失，并从当期应纳税所得额中扣除。

分析要求： 分析判断上述事项中，东方公司确认固定资产永久性损害并从当期应纳税所得额中扣除确认的固定资产永久性损害的会计处理是否正确，并说明理由。

2. 固定资产减值的账务处理

企业应设置"固定资产减值准备"账户对固定资产减值准备进行核算，该账户是"固定资产"账户的备抵调整账户。计提减值准备时，借记"资产减值损失"科目，贷记"固定资产减值准备"科目。固定资产减值损失一经确认，在以后会计期间不得转回。

【例3-2-19】 2019年12月31日，丁公司的某生产线存在可能发生减值的迹象。经计算，该生产线的可收回金额合计为1 230 000元，账面价值为1 400 000元，以前年度未对该生产线计提过减值准备。丁公司应编制如下分录会计：

分析：由于该生产线的可收回金额为 1 230 000 元，账面价值为 1 400 000 元。可收回金额低于账面价值，应按两者之间的差额 170 000（1 400 000 – 1 230 000）元计提固定资产减值准备。

借：资产减值损失　　　　　　　　　　　　　　　　　170 000
　　贷：固定资产减值准备　　　　　　　　　　　　　　　　170 000

任务三　无形资产和其他资产的核算

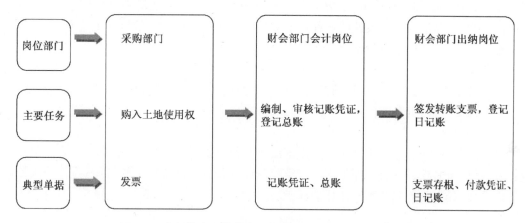

图3-4　无形资产和其他资产核算的工作过程与岗位对照

一、无形资产的核算

（一）无形资产的概念及特征

1. 无形资产的概念

无形资产是指企业拥有或者控制的没有实物形态的可辨认非货币性资产，主要包括专利权、非专利技术、商标权、著作权、特许权等。

2. 无形资产的特征

（1）无形资产不具有实物形态。不具有实物形态是无形资产区别于其他资产的特征之一。无形资产通常表现为某种权利、某项技术或者某种获取超额利润的综合能力。比如，土地使用权、非专利技术等，它们虽然没有物质实体，但能够增强企业获取经济利益的能力，为企业带来未来经济利益。

（2）无形资产具有可辨认性。要作为无形资产进行核算，该项资产必须是能够区别于其他资产可单独辨认的。无形资产是否具有可辨认性，可根据以下两条标准之一进行分析判断：一是能够从企业中分离或者划分出来，并能单独或者与相关合同、资产或负债一起，用于出售、转移、授予许可、租赁或者交换；二是源自合同性权利或其他法定权利，无论这些权利是否可以从企业或其他权利和义务中转移或者分离。

商誉的存在与企业自身不能分离，不具有可辨认性，不是无形资产。

（3）无形资产属于非货币性资产。非货币性资产是指企业持有的货币资金和将以固定或可确定的金额收取的资产以外的其他资产。无形资产由于没有活跃的交易市场,一般不容易转化成现金,在持有过程中为企业带来未来经济利益的情况不确定,不属于以固定或可确定的金额收取的资产,属于非货币性资产。

(二) 无形资产的内容

1. 专利权

专利权是指国家专利主管机关依法授予发明创造专利申请人对其发明创造在法定期限内所享有的专有权利,包括发明专利权、实用新型专利权和外观设计专利权。

2. 非专利技术

非专利技术又称专有技术,是指不为外界所知、在生产经营活动中已采用了的、不享有法律保护的、可以带来经济效益的各种技术和诀窍。非专利技术一般包括工业专有技术、商业贸易专有技术、管理专有技术等。

3. 商标权

商标权是指专门在某类指定的商品或产品上使用特定的名称或图案的权利。商标注册人享有商标专有权,受法律保护。

4. 著作权

著作权又称版权,是指作者对其著作依法享有的出版、发行等方面的专有权利。著作权包括发表权、署名权、修改权、保护作品完整权和以各种方式使用作品权,以及授权他人使用作品而获得报酬权等,它受国家法律的保护。

5. 土地使用权

土地使用权是指国家准许某一企业在一定期间对国有土地享有开发、利用、经营的权利。根据我国土地管理法的规定,我国土地实行公有制,任何单位和个人不得侵占、买卖或者以其他形式非法转让土地。土地使用权可以来自政府无偿划拨,也可以来自政府有偿出让或其他单位有偿转让。

6. 特许权

特许权又称经营特许权、专营权,指企业在某一地区经营或销售某种特定商品的权利或是一家企业接受另一家企业使用其商标、商号、技术秘密等的权利。前者一般是由政府机构授权,准许企业使用或在一定地区享有经营某种业务的特权,如水、电、邮电通信等专营权、烟草专卖权等;后者指企业间依照签订的合同,有限期或无限期使用另一家企业的某些权利,如连锁店分店使用总店的名称等。

(三) 账户设置

为了核算无形资产的取得、摊销和处置等情况,企业应当设置"无形资产""累计摊销"等账户。

1. 无形资产

该账户核算企业持有的无形资产成本,借方登记取得无形资产的成本,贷方登记出售无形资产转出的无形资产账面余额,期末借方余额,反映企业无形资产的成本。本账户应按无形资产项目设置明细账,进行明细核算。

2. 累计摊销

该账户属于"无形资产"的备抵调整账户,用来核算企业对使用寿命有限的无形资产计提的累计摊销,其贷方登记企业计提的无形资产摊销,借方登记处置无形资产转出的累计摊销,期末贷方余额反映企业无形资产的累计摊销额。

此外,企业无形资产发生减值的,还应当设置"无形资产减值准备"账户进行核算。

(四)无形资产取得的核算

无形资产通常是按实际成本计量,即以取得无形资产并使之达到预定用途所发生的全部支出,作为无形资产的成本。对于从不同来源取得的无形资产,其成本构成不尽相同。

1. 外购的无形资产

外购无形资产的成本,包括购买价款、相关税费及直接归属于使该项无形资产达到预定用途所发生的其他支出。这里的其他支出,主要包含使这项无形资产达到预定用途所发生的专业服务费及测试这项无形资产正常发挥作用所发生的费用,但不包括引入新产品、新技术发生的广告费用、管理费用及其他间接费用。按规定,一般纳税人取得增值税专用发票的,其进项税额可以抵扣。

【例3-3-1】A公司为增值税一般纳税人,购买一项产品的专利权,以银行存款支付买价和有关费用合计450 000元,取得增值税专用发票上注明的税额为27 000元。A公司应编制会计分录如下:

借:无形资产——专利权   450 000
  应交税费——应交增值税(进项税额) 27 000
 贷:银行存款   477 000

2. 自行研发的无形资产

企业内部研究开发项目所发生的支出应区分研究阶段支出和开发阶段支出,其研究阶段的支出,应当于发生时计入当期损益。企业自行开发无形资产发生的研究阶段的支出,应记入"研发支出——费用化支出"科目。开发阶段的支出,不满足资本化条件的,借记"研发支出——费用化支出"科目;满足资本化条件的,借记"研发支出——资本化支出"科目,贷记"原材料""银行存款""应付职工薪酬"等科目。研究开发项目达到预定用途形成无形资产的,应按"研发支出——资本化支出"科目的余额,借记"无形资产"科目,贷记"研发支出——资本化支出"科目。期末,应将"研发支出——费用化支出"科目归集的金额转入"管理费用"科目,借记"管理费用"科目,贷记"研发支出——费用化支出"科目。如果无法可靠区分研究阶段的支出和开发阶段的支出,应将其所发生的研发支出全部费用化,计入当期损益。

【例3-3-2】甲公司为增值税一般纳税人,自行研究开发一项技术,截至2018年12月31日,发生研发支出合计2 000 000元,取得增值税专用发票上注明的税额为120 000元。经测试,该项研发活动完成了研究阶段,从2019年1月1日开始进入开发阶段。2019年发生开发支出300 000元,取得增值税专用发票注明的税额为18 000元,款项全部通过银行存款支付。假定该项研发活动符合《企业会计准则第6号——无形资产》规定的

开发支出资本化的条件。2019年6月30日,该项研发活动结束,最终开发出一项非专利技术。甲公司应编制会计分录如下:

(1) 2018年发生的研发支出:

借:研发支出——费用化支出　　　　　　　　　　　　2 000 000
　　应交税费——应交增值税(进项税额)　　　　　　　　120 000
　　贷:银行存款　　　　　　　　　　　　　　　　　　2 120 000

(2) 2018年12月31日,发生的研发支出全部属于研究阶段的支出:

借:管理费用　　　　　　　　　　　　　　　　　　　2 000 000
　　贷:研发支出——费用化支出　　　　　　　　　　　2 000 000

(3) 2019年,发生开发支出并满足资本化确认条件:

借:研发支出——资本化支出　　　　　　　　　　　　　300 000
　　应交税费——应交增值税(进项税额)　　　　　　　　 18 000
　　贷:银行存款　　　　　　　　　　　　　　　　　　 318 000

(4) 2019年6月30日,该技术研发完成并形成无形资产:

借:无形资产　　　　　　　　　　　　　　　　　　　　300 000
　　贷:研发支出——资本化支出　　　　　　　　　　　 300 000

3. 投资者投入的无形资产

投资者投入无形资产的成本,应当按照投资合同或协议约定的价值确定,在投资合同或协议约定价值不公允的情况下,应按无形资产的公允价值入账。投资者投入的无形资产,按其确认的公允价值,借记"无形资产"科目,按合同或协议约定的价值贷记"实收资本"或"股本"等科目,两者的差额计入"资本公积"科目。

【例3-3-3】 C股份有限公司为增值税一般纳税人,接受甲公司以其所拥有的专利权作为出资,双方协议约定的价值为5 000 000元,按照市场情况估计其公允价值为6 000 000元。投资方支付税款,并提供增值税专用发票,增值税额为360 000元。已办妥相关手续。C公司应编制会计分录如下:

借:无形资产　　　　　　　　　　　　　　　　　　　6 000 000
　　应交税费——应交增值税(进项税额)　　　　　　　　360 000
　　贷:股本　　　　　　　　　　　　　　　　　　　　5 000 000
　　　　资本公积——股本溢价　　　　　　　　　　　　1 360 000

○ 案例分析与讨论

长城公司为培训企业管理部门员工,2019年2月12日从软件公司购入一款财务软件,价值24万元,会计王芳将其列为固定资产入账,并从3月份开始计提折旧。

分析思考: 请指出长城公司在软件入账中是否有问题?应如何对该软件进行会计处理?

（五）无形资产摊销的核算

企业应当于取得无资产时分析判断其使用寿命，使用寿命有限的无形资产，其成本应当在使用寿命内系统合理摊销。使用寿命不确定的无形资产，其成本不需要摊销。无形资产在使用寿命内，应摊销金额以无形资产的成本扣除预计残值后的金额确定，已计提减值准备的无形资产，还应扣除已计提的减值准备金额。

使用寿命有限的无形资产，通常其残值视为零。除非有第三方承诺在无形资产使用寿命结束时愿意以一定的价格购买该项无形资产，或者存在活跃的市场，通过市场可以得到无形资产使用寿命结束时的残值信息，并且从目前情况来看，在无形资产使用寿命结束时，该市场还可能存在的情况下可以预计无形资产的残值。对于使用寿命有限的无形资产，应当自可供使用（即其达到预定用途）当月起开始摊销，处置当月不再摊销。

无形资产摊销方法包括直线法、生产总量法等。企业选择无形资产的摊销方法，应当反映与该项无形资产有关的经济利益的预期实现方式。无法可靠确定预期实现方式的，应当采用直线法摊销。

小贴士

固定资产折旧的计提遵循"次月原则"，而无形资产摊销的计提遵循"当月原则"，这是两类资产价值摊销的最大区别之处。

企业按月对无形资产进行摊销时，无形资产的摊销额，一般计入当期损益。企业自用的无形资产的摊销额，借记"管理费用"科目，出租的无形资产的摊销额，借记"其他业务成本"科目，同时，贷记"累计摊销"科目。如果某项无形资产包含的经济利益是通过所生产的产品或其他资产得以实现的，其摊销额应当计入相关资产的成本。

【例3-3-4】 D公司从外单位购得一项非专利技术用于产品生产，支付价款5 000 000元，估计该项非专利技术的使用寿命为10年，同时购入一项商标权，支付价款3 000 000元，估计该项商标权的使用寿命为15年。价款均通过银行支付。假定这两项无形资产的残值均为零，并按直线法摊销。当年摊销时，D公司应编制会计分录如下：

借：制造费用——非专利技术　　　　　　　　　　500 000
　　管理费用——商标权　　　　　　　　　　　　200 000
　贷：累计摊销　　　　　　　　　　　　　　　　　　　700 000

（六）无形资产减值的核算

由于无形资产所带来的收益具有很大的不确定性，为了体现谨慎原则的要求，企业应当在资产负债表日对无形资产逐项进行检查分析，对其带来未来经济利益的能力进行估计，若发现存在减值迹象，应当进行减值测试，计算可收回金额，以判断无形资产是否已经发生减值。对于使用寿命不确定的无形资产，无论是否存在减值迹象，每年都应当进行减值测试。

> **小贴士**
>
> 无形资产发生减值的迹象主要有:
> (1) 该项无形资产已被其他新技术等所代替,使其为企业创造经济利益的能力受到重大不利影响。
> (2) 该项无形资产的市价在当期大幅下跌。
> (3) 该项无形资产已超过法律保护期限,但仍具有部分使用价值。
> (4) 其他足以表明该项无形资产实质上已经发生了减值的情形。

当某项无形资产的可收回金额低于其账面价值,表明发生了减值时,应当将其账面价值减记至可收回金额,减记的金额确认为减值损失,计入当期损益,同时计提相应的资产减值准备,即借记"资产减值损失"科目,贷记"无形资产减值准备"科目。无形资产减值损失一经确认,在以后会计期间不得转回。在处置已计提减值准备的无形资产时,应当同时结转与该项无形资产相对应的减值准备。

对于已计提减值准备的无形资产,应当按照其账面价值以及尚可摊销年限重新计算确定后续期间的摊销额。

【例3-3-5】 E公司为增值税一般纳税人,于2018年1月购入一项非专利技术,实际支付价款2 000 000元,增值税额120 000元,预计使用年限为10年。2019年12月31日,该项非专利技术发生减值,该项无形资产经减值测试,计算其可收回金额为1 300 000元,此前未计提减值准备。E公司应编制会计分录如下:

(1) 2018年摊销时:
借:管理费用　　　　　　　　　　　　　　　　　　　　　200 000
　　贷:累计摊销　　　　　　　　　　　　　　　　　　　　　　200 000
2019年摊销时,会计分录同上。
(2) 2019年计提减值准备时:
该项无形资产账面价值为1 600 000元,可收回金额为1 300 000元。
应计提减值准备 = 1 600 000 - 1 300 000 = 300 000(元)
借:资产减值损失　　　　　　　　　　　　　　　　　　　300 000
　　贷:无形资产减值准备　　　　　　　　　　　　　　　　　　300 000
(3) 计算剩余使用年限内的年摊销额:
剩余使用年限内每年摊销额 = 1 300 000 ÷ 8 = 162 500(元)

(七) 无形资产处置和报废的核算

1. 无形资产出售的核算

企业出售某项无形资产,表明企业放弃无形资产的所有权,应将取得的价款与该项无形资产账面价值的差额计入当期损益。

企业出售无形资产时,应按实际收到的金额,借记"银行存款"等科目;按已计提的累计摊销,借记"累计摊销"科目;原已计提减值准备的,借记"无形资产减值准备"科目;按应支付的相关税费,贷记"应交税费"等科目;按其账面余额,贷记"无形资产"科目;按其差额,借记或贷记"资产处置损益"科目。

【例3-3-6】 G公司为增值税一般纳税人,拥有某项专利技术的成本为1 000 000元,已摊销金额为500 000元,已计提的减值准备为20 000元。现将该专利技术对外出售取得价款600 000元,应缴纳的增值税额为36 000元。G公司应编制会计分录如下:

借:银行存款　　　　　　　　　　　　　　　　　　600 000
　　累计摊销　　　　　　　　　　　　　　　　　　500 000
　　无形资产减值准备　　　　　　　　　　　　　　 20 000
　贷:无形资产——专利权　　　　　　　　　　　　1 000 000
　　　应交税费——应交增值税(销项税额)　　　　　 36 000
　　　资产处置损益　　　　　　　　　　　　　　　 84 000

2. 无形资产报废的核算

如果无形资产预期不能为企业带来未来经济利益,则不再符合无形资产的定义,应将其报废并予以转销。转销时,应按已计提的累计摊销,借记"累计摊销"科目;按其账面余额,贷记"无形资产"科目;按其差额,借记"营业外支出"科目。已计提减值准备的,还应同时结转减值准备。

【例3-3-7】 H公司所拥有的一项专利技术的账面余额为650 000元,累计摊销额为350 000元,已计提减值准备200 000元。根据市场调查,用其生产的产品已没有市场,决定将其做报废处理。H公司应编制会计分录如下:

借:累计摊销　　　　　　　　　　　　　　　　　　350 000
　　无形资产减值准备　　　　　　　　　　　　　　200 000
　　营业外支出　　　　　　　　　　　　　　　　　100 000
　贷:无形资产——专利权　　　　　　　　　　　　650 000

○ 案例分析与讨论

2019年12月,注册会计师在对新兴文化有限公司进行审计时发现,该公司有一项专利权A,其账面余额为100万元,未计提减值准备,专利权A已超过法律规定的保护期限,但还能够给公司带来经济效益。新兴公司对该专利权全额计提了减值准备。

分析思考:新兴公司对专利A所做的账务处理是否符合法规?若不符合,应当如何进行调整?

二、其他资产的核算

(一) 长期待摊费用

长期待摊费用是指企业已经发生,但应由本期和以后各期负担的摊销期限在一年以上的各项费用,包括租入固定资产改良支出以及摊销期限在一年以上的其他待摊费用。租入固定资产改良支出是指以经营租赁方式租入的固定资产发生的改良支出,如对租入的房屋进行装修,以及为改进其使用功能等发生的支出。租入固定资产发生的改良支出应在剩余租赁期限与租赁资产尚可使用期限两者中较短的期间内进行合理的摊销。

企业应设置"长期待摊费用"账户,用于核算各种长期待摊费用。发生长期待摊费用时,借记"长期待摊费用"科目,贷记"银行存款""原材料""应付职工薪酬"等科目;摊销长期待摊费用时,应根据费用支出的用途,按计算的分期摊销额,借记有关成本费用科目,贷记"长期待摊费用"科目。"长期待摊费用"科目期末余额反映各项长期待摊费用的尚未摊销数。

> **小贴士**
>
> 长期待摊费用的特征:
> (1) 长期待摊费用属于长期资产,实质为费用;
> (2) 长期待摊费用是企业已经支出的各项费用;
> (3) 长期待摊费用应能使以后会计期间受益。

【例3-3-8】 H公司为增值税一般纳税人,2019年8月对其以经营租赁方式租入的办公楼进行装修,领用生产用原材料50 000元,购进该批原材料时支付的增值税额为6 500元;应负担工资支出6 500元;用银行存款支付其他费用7 000元,增值税额为420元。假设租赁期3年后终止,租赁资产尚可使用10年。H公司应编制会计分录如下:

(1) 发生费用时:

借:长期待摊费用——租入固定资产改良支出　　　69 580
　　应交税费——应交增值税(进项税额)　　　　　　420
　　贷:原材料　　　　　　　　　　　　　　　　　50 000
　　　　应交税费——应交增值税(进项税额转出)　　6 500
　　　　应付职工薪酬　　　　　　　　　　　　　　6 500
　　　　银行存款　　　　　　　　　　　　　　　　7 000

(2) 投入使用时开始摊销,每月摊销时:

借:管理费用　　　　　　　　　　　　　　　　　1 933
　　贷:长期待摊费用——租入固定资产改良支出　　1 933

(二)其他长期资产

其他长期资产一般不参加企业的正常生产经营活动,也不需要进行摊销,而且并不是所有企业都拥有这类资产。企业的其他长期资产一般包括国家批准储备的特种储备物资、银行冻结物资和涉及诉讼中的财产等。如果企业发生有关其他长期资产的业务,可根据资产的性质及特点单独设置相关的会计账户进行核算。

○ 案例分析与讨论

银河证券公司为丰富员工的文化生活、增加员工的知识储备,每年都订阅《新华日报》《人民日报》《经济时代》《商业时代》等十余种期刊、杂志。2018年1月1日,该公司向各期刊、杂志社支付2018年和2019年的订购费用,共8 600元。

分析思考：对于银河证券公司在 2018 年 1 月 1 日支付的 8 600 元期刊、杂志订购费用，应通过哪个账户进行核算？如何进行核算？

存货是指企业在日常活动中持有以备出售的产品或商品、处在生产过程中的在产品、在生产过程或提供劳务过程中耗用的材料或物料等，通常包括各类原材料、在产品、自制半成品、产成品、商品、周转材料、委托加工物资等。

存货成本包括采购成本、加工成本和其他成本。外购存货的成本即存货的采购成本，包括购买价款、相关税费、运输费、装卸费、保险费及其他可归属于存货采购成本的费用。

企业对存货的日常核算，可以按实际成本法核算，也可以按计划成本法核算。原材料按实际成本计价进行日常收发核算的特点是：从原材料的收发凭证到原材料的总分类账和明细分类账的登记，全部按实际成本计价反映。原材料按计划成本计价进行日常收发核算的特点是：从原材料的收发凭证到原材料的总分类账和明细分类账的登记，全部按计划成本计价反映。

企业的周转材料的摊销方法可以采用一次转销法和五五摊销法。

资产负债表日，存货应当按照成本与可变现净值孰低计量。当存货成本低于其可变现净值时，存货按成本计价；当存货成本高于其可变现净值时，存货按可变现净值入账。存货成本高于其可变现净值的，应当计提存货跌价准备，计入当期损益，存货账面成本抵减存货跌价准备即为存货可变现净值。企业通常应当按照单个存货项目计提存货跌价准备。

企业可以通过外购、自行建造、接受投资等多种方式取得固定资产。

固定资产的折旧方法有年限平均法、双倍余额递减法、年数总和法和工作量法。固定资产的折旧方法一经确定，不得随意变更。

每年年末，企业应对固定资产的账面价值进行检查。如果固定资产已出现减值迹象，应对固定资产的可收回金额进行估计，如果固定资产的可收回金额低于其账面价值，应按二者的差额计提固定资产减值准备。

固定资产的处置包括出售、转让、报废、毁损、对外投资、非货币性资产交换、债务重组等形式。企业处置固定资产，应将固定资产处置收入扣除固定资产账面价值和相关税费后的金额计入当期损益。

无形资产是指企业拥有或者控制的没有实物形态的可辨认非货币性资产，主要包括专利权、非专利技术、商标权、著作权、特许权、土地使用权等。

无形资产的取得方式有多种，包括外购、自行研发、接受投资等方式。

寿命有限的无形资产需要摊销，寿命不确定的无形资产在持有期间内不需要摊销。无形资产如经减值测试表明已经发生减值，就需要计提相应的减值准备。无形资产的处置主要包括无形资产出售、出租、报废等。

知识巩固

一、思考题

1. 存货和周转材料的区别有哪些?
2. 存货的采购成本包括哪些?如何对其进行核算?
3. 试比较分析存货各发出方法的优势和不足。
4. 试分析原材料按计划成本法核算的账务处理程序。
5. 什么是固定资产?如何分类?
6. 固定资产折旧的计算方法有哪些?如何对其进行账务处理?
7. 影响固定资产折旧的因素有哪些?如何确定一项固定资产的应计折旧额?
8. 什么是无形资产?有何特征?
9. 如何区分无形资产研发过程中的资本化支出和费用化支出?

二、实务题

（一）存货的核算

1. 甲公司对存货采用永续盘存制并按实际成本计价,2019年6月份其A商品的收发变动资料如表3-6所示。

表3-6　　　　　　　　2019年6月份A商品收发变动情况

项目	数量(千克)	实际单位成本(元)
月初结存	100	10
6月3日购货	300	12
6月10日销货	200	
6月12日购货	500	10.5
6月15日销货	400	
6月22日购货	150	11
6月28日销货	200	

要求:根据表3-6资料分别采用先进先出法、月末一次加权平均法、移动加权平均法计算甲公司该月发出A商品成本和月末库存A商品成本。

2. 乙公司为增值税一般纳税人,原材料按实际成本计价,2019年12月份发生的经济业务如下:

（1）购买甲种原材料一批,取得增值税专用发票上注明价款20 000元,增值税额2 600元,以银行存款支付,材料尚未运到。

（2）购买乙种原材料一批,取得增值税专用发票上注明价款30 000元,增值税额3 900元,材料已验收入库,款项尚未支付。

（3）购买的甲种材料运到并验收入库。

（4）购买丙种材料一批,合同价40 000元,材料已验收入库。月末结算凭证尚未到达,按暂估价40 000元入账。

（5）2020年1月1日，购进丙种材料的结算凭证到达，增值税专用发票上注明价款40 000元，增值税额5 200元，以银行存款支付。

（6）根据乙种材料发料凭证汇总表，生产车间为生产产品领用15 000元，管理部门领用4 000元。

要求：根据上述经济业务，为乙公司编制会计分录。

3. 甲公司为增值税一般纳税人，适用的增值税税率为13%，采用计划成本法进行材料的日常核算。2019年12月，月初结存A材料的计划成本为201 100元，月初"材料成本差异"科目贷方余额为4 600元。A材料的单位计划成本为305元/千克。12月份甲公司发生的经济业务如下：

（1）12月4日，购入A材料1 000千克，取得增值税专用发票，价款300 000元，增值税额39 000元，另发生运杂费等2 000元（不考虑与运费有关的税金问题）。各种款项已经支付，材料尚未运达。

（2）12月8日，所购A材料到达且验收入库的实际数量为980千克，短缺20千克，经查属于合理损耗。

（3）12月18日，发出A材料600千克用于产品生产。

要求：编制甲公司A材料采购、入库、领用的会计分录。

4. 甲企业2019年12月份发生的经济业务如下：

（1）出租全新包装物一批，实际成本为1 000元，租金每月300元，租期2个月，收取押金800元。该批包装物价值采用一次摊销法。（相关税费略）

（2）低值易耗品采用一次摊销法进行摊销，企业管理部门本月初领用新的低值易耗品200件，单位实际成本10元；月末报废时有残值20元收回入库。

要求：

（1）编制出租包装物时、收取包装物押金时、每月收取包装物租金的会计分录。

（2）编制低值易耗品领用时、报废时的会计分录。

5. 甲企业2019年5月委托乙企业加工一批原材料（属应税消费品），原材料成本50 000元，支付加工费4 000元（不含增值税），消费税税率为10%，甲、乙企业均为一般纳税人，增值税税率为13%。材料加工完成已验收入库，加工费等已支付。甲企业按实际成本对原材料进行日常核算。

要求：分别进行甲企业加工收回材料后继续生产应税消费品和直接用于销售两种情况下相关的账务处理。

6. 某批发企业2019年7月1日A库存商品结存300 000元，本月购进该商品成本为600 000元，本月该商品销售收入800 000元，发生销售退回50 000元，上月该商品毛利率为15%。

要求：采用毛利率法计算A商品7月份已销商品成本和库存商品成本。

7. 丙公司2017年年末C商品的实际成本为80 000元，可变现净值为78 000元。假定该商品的实际成本不变，2018年6月30日，该商品的预计可变现净值为74 000元；2019年12月31日，该商品的预计可变现净值为77 500元；2020年6月30日，该商品的预计可变现净值为80 500元。

要求：计算该商品各期末应计提或转回的存货跌价准备并进行相应的账务处理。

（二）固定资产的核算

1. 甲公司为增值税一般纳税人，2019年开始自制设备一台，当年发生的经济业务如下：
   （1）购入为工程准备的各种物资，取得增值税专用发票上注明价款为 4 000 000 元，增值税额为 520 000 元，该款项系用向银行借入的长期借款支付的。
   （2）领用工程物资 3 500 000 元。
   （3）发生应付工程人员职工薪酬 136 800 元。
   （4）企业辅助生产车间为工程提供有关劳务支出 23 110 元。
   （5）支付与工程有关的其他费用 95 000 元，未取得增值税专用发票。
   （6）剩余工程物资按实际成本转入企业原材料。
   （7）工程期间应付长期借款利息 370 000 元，该利息满足资本化条件。
   （8）工程完工交付使用。
   要求：根据上述业务，为甲公司编制有关会计分录。

2. 乙公司 2019 年 1 月 1 日从天空公司购入一台大型机器作为固定资产使用，该机器已收到并开始安装。购货合同约定，大型机器的总价款为 10 000 000 元，分 3 年支付，2019 年 12 月 31 日支付 4 500 000 元，2020 年 12 月 31 日支付 3 500 000 元，2021 年 12 月 31 日支付 2 000 000 元。该机器于 2019 年年末安装完毕并投入使用。假定该公司 3 年期银行借款年利率为 6%，不考虑相关税费。
   要求：根据上述业务，为乙公司编制有关会计分录。

3. 丙公司 2019 年 6 月 10 日购入一项固定资产，原值为 600 000 元，预计净残值为 25 000 元，预计使用年限 5 年。
   要求：分别采用年限平均法、双倍余额递减法和年数总和法计算该项固定资产每年的折旧额。

4. 2019 年 6 月 30 日，甲公司一台生产用升降机械出现故障，经检修发现其中的电动机磨损严重，需要更换。该升降机械购买于 2015 年 6 月 30 日，甲公司已将其整体作为一项固定资产进行了确认，原价 400 000 元（其中的电动机在 2015 年 6 月 30 日的市场价格为 85 000 元），预计净残值为 0，预计使用年限为 10 年，采用年限平均法计提折旧。为继续使用该升降机械并提高工作效率，甲公司决定对其进行改造，为此购买了一台更大功率的电动机替代原电动机。新购置电动机的增值税专用发票列明价款为 82 000 元，增值税额为 10 660 元，款项已通过银行转账支付；改造过程中，辅助生产车间发生了劳务支出 15 000 元。假定原电动机磨损严重，没有任何价值，不考虑其他相关税费。
   要求：为甲公司编制相应的会计分录。

5. 丁公司有一台设备，因使用期满经批准报废。该设备原值为 220 000 元，累计已提折旧 140 000 元，已计提减值准备 2 200 元。在清理过程中，以银行存款支付清理费用 2 000 元，未取得增值税专用发票；残料变卖，开具增值税专用发票列明价款 8 000 元，增值税额 1 040 元，已收存银行。不考虑其他税费。
   要求：为丁公司编制相应的会计分录。

（三）无形资产的核算

1. 甲企业2019年发生的经济业务如下：

（1）2019年4月4日，该企业以银行存款15 000 000元购入一项土地使用权（不考虑相关税费），该土地使用年限为30年。

（2）2019年5月8日，该企业利用上述外购的土地使用权自行开发建造仓库。仓库于2020年10月达到预定可使用状态，累计发生的必要支出2 000 000元（不包含土地使用权）。该仓库预计使用寿命为20年，预计净残值为100 000元，并采用年限平均法计提折旧。

要求：

（1）编制该企业2019年购入该项土地使用权的会计分录。

（2）计算该企业2019年12月31日该项土地使用权的账面价值。

（3）分析上述土地使用权是否应转入该仓库的建造成本，并计算2020年该企业自行开发建造的仓库应计提的折旧额。

2. 乙企业发生的经济业务如下：

（1）2019年3月，该企业研发部门准备研究开发一项专有技术。在研究阶段，企业为了研究成果的应用研究、评价等，以银行存款支付了相关费用7 000 000元，不考虑相关税费。

（2）2019年8月，上述专有技术研究成功，转入开发阶段。当年8到10月间企业将研究成果应用于该项专有技术的设计，直接发生的研发人员工资、材料费，以及相关设备折旧费等分别为12 000 000元、8 000 000元和3 000 000元，同时以银行存款支付了其他相关费用1 100 000元。以上开发支出均满足开发支出资本化的确认条件，不考虑相关税费。

（3）2019年10月，上述专有技术的研究开发项目达到预定用途，形成无形资产。该企业预计该项专有技术的使用年限为10年。

（4）2022年6月，该项专有技术预期不能为该企业带来经济利益，经批准予以转销。

要求：

（1）编制该企业2019年研究开发专有技术的有关会计分录。

（2）计算该企业研究开发的专有技术2019年年末累计摊销的金额。

（3）编制该企业该项专有技术2022年6月予以转销的会计分录。

3. 乙公司为增值税一般纳税人，2018年1月4日购入一项专利权，取得增值税专用发票，用银行存款支付不含税价200 000元和增值税额12 000元，该专利权的有效期限为10年，无残值。买入3年后，将其使用权转让给丁公司，转让期2年，按年收费50 000元（不含税）。买入5年后，又将其所有权转让给丙公司，收取价款120 000元（不含税）。无形资产适用增值税税率为6%，对该项无形资产未计提减值准备。

要求：根据上述经济业务，分别编制购入专利权、持有期间按月计提摊销、转让使用权、转让所有权的会计分录。

筹资与投资的核算

 本项目说明

筹资即筹集资金,企业筹集资金的渠道主要有两个方面:一是向债权人借入,即负债筹资;二是投资人投入资金或发行股票筹集资金,即权益筹资。投资是企业为了特定目的而投放资金的行为,本项目主要学习交易性金融资产投资、长期股权投资。筹资与投资的核算是企业资金会计岗位必须掌握的工作内容。本项目内容的学习有一定难度,要注意与资产、资产负债表等知识的相互关联。

 知识目标

1. 掌握短期借款、长期借款、应付债券及利息费用的计算与核算。
2. 了解长期应付款的核算。
3. 掌握交易性金融资产的核算。
4. 熟悉长期股权投资的内容,掌握长期股权投资的核算。

 能力目标

1. 能熟练进行短期借款、长期借款、应付债券等经济业务的账务处理。
2. 能熟练进行交易性金融资产的账务处理。
3. 能够对长期股权投资类型进行正确判断,并对长期股权投资业务进行账务处理。

 知识准备

在市场经济条件下,资金是企业生存和发展的生命源泉,筹集资金是企业财务活动的重要内容,它是企业根据其生产经营、对外投资及调整资金结构等活动对资金的需要,通过一定的渠道,采取适当的方式,获取所需资金的一种行为。

投资是企业为获得收益或实现资本增值而向被投资单位投放资金的经济行为。企业在其正常的生产经营之外,经常出于某种目的用自己的资金投向外单位,如购买证券、票据、基金、房地产等或直接投资其他企业实物、无形资产等。

任务一　负债筹资的核算

负债筹资的核算包括短期借款的核算、长期借款的核算、应付债券的核算、长期应付款的核算。

一、短期借款的核算

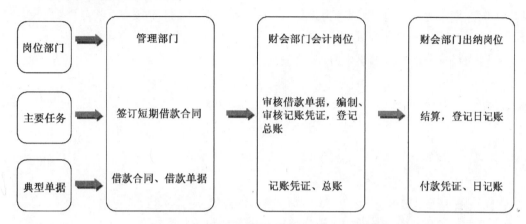

图 4-1　负债筹资核算的工作过程与岗位对照

(一) 短期借款的概述

短期借款是指企业从银行或其他金融机构等借入的偿还期在 1 年以内(含 1 年)的各种借款。短期借款一般是企业为了满足正常生产经营所需的资金或者是为了抵偿某项债务而借入的。短期借款的债权人不仅包括银行,还包括其他非银行金融机构或其他单位和个人。

企业应设置"短期借款"账户核算短期借款的取得、偿还等情况。该账户的贷方登记取得短期借款本金的金额,借方登记偿还短期借款本金的金额,期末余额在贷方,反映企业尚未偿还的短期借款。本账户可按借款种类、贷款人和币种设置明细账进行明细核算。

(二) 短期借款的核算

短期借款的核算涉及取得短期借款、短期借款利息和归还短期借款三个方面的内容。

1. 取得短期借款的账务处理

企业从银行或其他金融机构取得短期借款时,借记"银行存款"科目,贷记"短期借款"科目。

2. 短期借款利息的账务处理

在实际工作中,银行一般于每季度末收取短期借款利息,为此,企业的短期借款利息一般采用月末预提的方式进行核算。短期借款利息属于筹资费用,应记入"财务费用"科目。企业应当在资产负债表日按照计算确定的短期借款利息费用,借记"财务费用"科目,贷记"应付利息"科目;实际支付利息时,根据已预提的利息,借记"应付利息"科目,根据应计利息,借记"财务费用"科目,根据应付利息总额,贷记"银行存款"科目。

如果企业借入短期借款的利息是按月支付，或利息数额不大且在借款到期时与本金一起偿还的，可以简化核算手续，不采用预提的方式，而在实际支付或收到银行计息通知时，直接将利息计入"财务费用"科目。

3. 归还短期借款的账务处理

企业短期借款到期偿还本金时，借记"短期借款"科目，贷记"银行存款"科目。

【例4-1-1】甲企业于2019年1月1日向银行借入一笔生产经营用短期借款，共计120 000元，期限为9个月，年利率为8%。根据与银行签署的贷款协议，该项借款的本金到期后一次归还；利息分月预提，按季支付。甲企业的有关会计处理如下：

(1) 1月1日借入短期借款时：

借：银行存款　　　　　　　　　　　　　　　　　　　120 000
　　贷：短期借款　　　　　　　　　　　　　　　　　　120 000

(2) 1月末，计提1月份应计利息时：

借：财务费用　　　　　　　　　　　　　　　　　　　　800
　　贷：应付利息　　　　　　　　　　　　　　　　　　　800

本月应计提的利息金额 = 120 000 × 8% ÷ 12 = 800(元)

本例中，短期借款利息800元属于企业的筹资费用，应计入"财务费用"科目。

2月末计提2月份利息费用的会计处理与1月份相同。

(3) 3月末支付第一季度银行借款利息时：

借：应付利息　　　　　　　　　　　　　　　　　　　1 600
　　财务费用　　　　　　　　　　　　　　　　　　　　800
　　贷：银行存款　　　　　　　　　　　　　　　　　　2 400

(4) 10月1日偿还银行借款本金时：

借：短期借款　　　　　　　　　　　　　　　　　　　120 000
　　贷：银行存款　　　　　　　　　　　　　　　　　　120 000

小贴士

在例4-1-1中，1至2月已计提的利息为1 600元，应贷记"应付利息"科目；3月份的利息为800元，应直接记入"财务费用"科目；第一季度末实际支付利息2 400元，贷记"银行存款"科目。第二季度和第三季度的借款利息的会计处理与第一季度相同。

案例分析与讨论

长城电脑公司会计王芳与亨达外贸公司业务员柳岩是好朋友，柳岩的叔叔是证券公司的负责人，因此柳岩一直想借此关系买卖股票获利。一日在与王芳的交谈中谈及此事，王芳记在心里。因为王芳所在的电脑公司刚从银行借入一笔20万元的短期借款，王芳想趁此机会把这笔款项借给柳岩炒股票，赚到的钱由柳岩与王芳及其他会计等有关人员私分。二人一拍即合。于是，王芳把单位的20万元短期借款借给柳岩炒股，并记入其他应收款，结果全部被套牢。这时，刚好赶上审计人员前来查账，长城电脑公司因此受到了处罚。

分析思考： 你能指出长城电脑公司在使用短期借款中存在的主要问题吗？应该如何对企业短期借款的借入及使用进行管理？

二、长期借款的核算

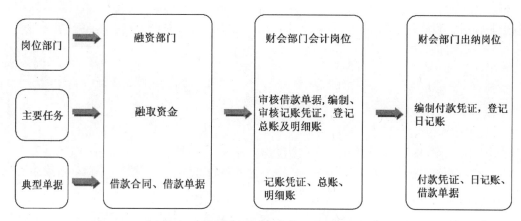

图 4-2　长期借款核算的工作过程与岗位对照

（一）长期借款的概述

长期借款是指企业从银行或其他金融机构借入的偿还期在 1 年以上（不含 1 年）的各种借款，一般用于固定资产的购建、改扩建、大修理工程，以及对外投资或为了保持长期经营能力等。它是企业长期负债的重要组成部分，必须加强管理与核算。

由于长期借款的使用关系到企业的生产经营规模和效益，企业除了要遵守有关的贷款规定、编制借款计划并要有不同形式的担保外，还应监督借款的使用、按期支付长期借款的利息及按规定的期限归还借款本金等。因此，长期借款会计处理的基本要求是反映和监督企业长期借款的借入、借款利息的结算和借款本息的归还情况，促使企业遵守信贷纪律、提高信用等级，同时也要确保长期借款发挥效益。

（二）长期借款的核算

企业应通过"长期借款"账户，核算长期借款的借入、归还等情况。该账户可按照贷款单位和贷款种类设置明细账，分别通过"本金""利息调整"等账户进行明细核算。该账户的贷方登记长期借款本息的增加额，借方登记长期借款本息的减少额，贷方余额表示企业尚未偿还的长期借款本息额。

长期借款的账务处理包括取得长期借款、长期借款利息、归还长期借款等环节。

1. 取得长期借款的账务处理

企业借入长期借款，应按实际收到的金额，借记"银行存款"科目，贷记"长期借款——本金"科目，如存在差额，还应借记"长期借款——利息调整"科目。

【例4-1-2】 A企业为增值税一般纳税人,于2019年11月30日从银行借入资金4 000 000元,借款期限为3年,年利率为8.4%(到期一次还本付息,不计复利)。所借款项已存入银行。A企业用该借款于当日购买不需安装的设备一台,价款3 000 000元,增值税额390 000元,另支付保险费100 000元,增值税额6 000元,设备已于当日投入使用。A企业应编制会计分录如下:

(1) 取得借款时:

借:银行存款　　　　　　　　　　　　　　　　　　　　　　　4 000 000
　　贷:长期借款——本金　　　　　　　　　　　　　　　　　　　4 000 000

(2) 支付设备款和保险费时:

借:固定资产　　　　　　　　　　　　　　　　　　　　　　　3 100 000
　　应交税费——应交增值税(进项税额)　　　　　　　　　　　　396 000
　　贷:银行存款　　　　　　　　　　　　　　　　　　　　　　　3 496 000

2. 长期借款利息的账务处理

长期借款利息应当在资产负债表日按照实际利率法计算确定,实际利率与合同利率差异较小的,也可以采用合同利率计算确定利息。长期借款计算确定的利息,应当按以下原则计入有关资产成本或当期损益:属于筹建期间的,计入管理费用;属于生产经营期间的,计入财务费用。如果长期借款用于购建固定资产的,在固定资产尚未达到预定可使用状态前,所发生的应当资本化的利息支出,计入在建工程;固定资产达到预定可使用状态后发生的利息支出,以及按规定不予资本化的利息支出,计入财务费用。长期借款按合同利率计算确定的应付未付利息,记入"应付利息"科目,借记"在建工程""制造费用""财务费用""研发支出"等科目,贷记"应付利息"科目。

【例4-1-3】 承例4-1-2,A企业于2019年12月31日计提长期借款利息。A企业应编制会计分录如下:

借:财务费用　　　　　　　　　　　　　　　　　　　　　　　28 000
　　贷:长期借款——应计利息　　　　　　　　　　　　　　　　　28 000

2019年12月31日计提的长期借款利息=4 000 000×8.4%÷12=28 000(元)

2020年1月至2022年11月月末预提利息会计分录同上。

3. 归还长期借款的账务处理

企业归还长期借款的本息时,应按归还的本金,借记"长期借款——本金"科目,贷记"银行存款"科目;应按归还的利息,借记"应付利息"或"长期借款——应计利息"科目,贷记"银行存款"科目。

【例4-1-4】 承例4-1-2,A企业于2022年11月30日,偿还该笔银行借款本息。A企业应编制会计分录如下:

借:财务费用　　　　　　　　　　　　　　　　　　　　　　　28 000
　　长期借款——本金　　　　　　　　　　　　　　　　　　　4 000 000
　　　　　　——应计利息　　　　　　　　　　　　　　　　　　980 000
　　贷:银行存款　　　　　　　　　　　　　　　　　　　　　　　5 008 000

○ **案例分析与讨论**

东鹏公司准备新建一大型项目，该项目需投资 8 000 万元，而公司目前仅有 3 000 万元货币资金。公司上年年末总资产为 37 500 万元，资产负债率为 35%，在公司股权结构中，新飞公司、亚美公司的持股比例分别为 51% 和 49%。

分析思考：请你站在控股股东的立场考虑一下，可以从哪些渠道去筹得其余资金。

三、应付债券的核算

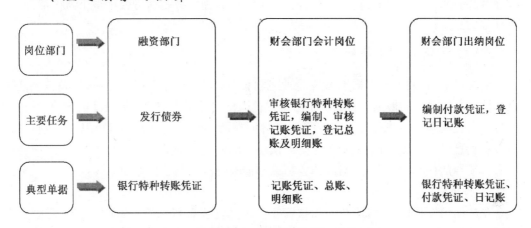

图 4-3　应付债券核算的工作过程与岗位对照

（一）应付债券的概念

应付债券是指企业为筹集长期资金而发行的债券。债券是企业为筹集长期资金，按照法定程序，向债权人发行的约定在一定日期偿还本金，并按期支付利息的一种书面凭证。债券筹资是企业一种重要的筹资方式，其筹资范围很广。政府发行的债券称为公债（或国库券），企业发行的债券称为企业债券。由于有资格发行债券的企业大多为公司（包括股份有限公司与有限责任公司），因此，企业债券一般是指公司债券。若发行的债券符合国家有关规定，债券可以在市场上自由转让、流通。

（二）债券的发行价格

企业债券发行价格的高低一般取决于债券票面金额、债券票面利率、发行当时的市场利率及债券期限的长短等因素。债券发行有平价发行、溢价发行和折价发行三种情况。平价发行是指债券按其面值的价格发行；折价发行是指债券按低于其面值的价格发行；溢价发行是指债券按高于其面值的价格发行。

> **小贴士**
>
> 企业发行债券时,债券上标明的利率一般称为票面利率或名义利率,通常用年利率表示。债券发行企业实际负担的利率(也是债券持有人实际获得收益的利率)称为实际利率或市场利率。假设其他条件不变,债券的票面利率高于同期市场利率时按溢价发行债券,债券的票面利率低于同期市场利率时按折价发行债券,债券的票面利率等于同期市场利率时按面值发行债券。溢价和折价实质上是对利息的调整,溢价是企业以后各期多付利息而预先得到的补偿,折价是企业以后各期少付利息而预先付出的代价。

(三) 应付债券的账务处理

企业应设置"应付债券"账户,核算企业应付债券的发行、计提利息、溢折价摊销及还本付息的情况。该账户一般需要设置"面值""利息调整""应计利息"等明细分类账户,并按债券的种类设置明细账。该科目的贷方登记应付债券的本金和利息,借方登记归还应付债券的本金和利息,期末贷方余额表示企业尚未偿还的应付债券本息额。

应付债券的核算涉及发行债券、债券利息和债券还本付息三个方面的内容。

1. 发行债券的账务处理

企业按面值发行债券时,应按实际收到的金额,借记"银行存款"等科目;按债券票面金额,贷记"应付债券——面值"科目;存在差额的,还应借记或贷记"应付债券——利息调整"科目。

2. 债券利息的账务处理

发行长期债券的企业,应按期计提利息。对于按面值发行的债券,在每期采用票面利率计提利息时,应当按照与长期借款相一致的原则计入有关资产成本或当期损益,借记"在建工程""制造费用""财务费用""研发支出"等科目。其中,对于分期付息、到期一次还本的债券,其按票面利率计算确定的应付未付利息通过"应付利息"科目核算;对于一次还本付息的债券,其按票面利率计算确定的应付未付利息通过"应付债券——应计利息"科目核算。

3. 债券还本付息的账务处理

长期债券到期,企业支付债券本息时,借记"应付债券——面值"和"应付债券——应计利息""应付利息"等科目,贷记"银行存款"等科目。

【例4-1-5】 甲企业于2015年7月1日按面值发行3年期、到期时一次还本付息、年利率为8%(不计复利)、发行面值总额为40 000 000元的债券。甲企业发行债券所筹资金用于建造固定资产,工程至2016年12月31日达到预计可使用状态,企业按照《企业会计准则第17号——借款费用》的规定计算处理债券利息。企业每半年计提债券利息一次。2018年7月1日,甲企业偿还债券本金和利息。甲企业应编制会计分录如下:

(1) 2015年7月1日,按面值发行债券时:

借:银行存款   40 000 000
    贷:应付债券——面值   40 000 000

(2) 2015年12月31日,计提利息时:
借:在建工程　　　　　　　　　　　　　　　　　　　　1 600 000
　　贷:应付债券——应计利息　　　　　　　　　　　　　　　1 600 000

本例中,至2015年12月31日,企业债券发行在外的时间为6个月,该年应计的利息为:40 000 000×8%÷12×6=1 600 000(元)。由于该长期债券为到期时一次还本付息,因此利息1 600 000元应记入"应付债券——应计利息"科目。

(3) 2016年12月31日,计提利息时:
借:在建工程　　　　　　　　　　　　　　　　　　　　3 200 000
　　贷:应付债券——应计利息　　　　　　　　　　　　　　　3 200 000

(4) 2017年12月31日,计提利息时:
借:财务费用　　　　　　　　　　　　　　　　　　　　3 200 000
　　贷:应付债券——应计利息　　　　　　　　　　　　　　　3 200 000

(5) 2018年7月1日,计提利息时:
借:财务费用　　　　　　　　　　　　　　　　　　　　1 600 000
　　贷:应付债券——应计利息　　　　　　　　　　　　　　　1 600 000

(6) 债券到期,偿还本金和利息时:
借:应付债券——面值　　　　　　　　　　　　　　　　40 000 000
　　应付债券——应计利息　　　　　　　　　　　　　　　9 600 000
　　贷:银行存款　　　　　　　　　　　　　　　　　　　49 600 000

本例中,2015年7月1日至2018年7月1日,甲企业长期债券的应计利息=40 000 000×8%×3=9 600 000(元)。

○ **案例分析与讨论**

普锐斯公司有一个很好的投资机会,但是公司没有足够的现金进行投资。董事会拟折价发行5 000万元面值的债券,该债券的票面利率为4%,期限5年,估计发行日的市场利率为5%。但是,公司大股东刘大力认为,折价发行债券会给公司造成损失,是要亏本的。

分析思考: 你认为刘大力的这种说法对吗?为什么?

四、长期应付款的核算

(一) 长期应付款的概念及内容

长期应付款是指企业除长期借款和应付债券以外的其他各种长期应付款项,包括应付融资租入固定资产的租赁费、以分期付款方式购入固定资产发生的应付款项等。

企业应设置"长期应付款"账户,用以核算企业融资租入固定资产和以分期付款方式购入固定资产时应付的款项及偿还情况。该账户可按长期应付款的种类和债权人进行明细核算。

> 小贴士
>
> 长期应付款涉及的业务：
> (1) 应付融资租入固定资产的租赁费；
> (2) 以分期付款方式购入固定资产发生的应付款项；
> (3) 应付补偿贸易引进设备款；
> (4) 专项应付款等（专项应付款是指企业接受国家拨入的指定为资本性投入的具有专门用途的拨款，如专项用于技术改造、技术研究等，以及从其他来源取得的款项）。

企业购买资产有可能分期支付有关价款。如果分期支付的购买价款超过正常信用条件，实质上具有融资性质，则所购资产的成本应当以分期支付购买价款的现值为基础确定。实际支付的价款与购买价款的现值之间的差额，应当在信用期间内采用实际利率法进行摊销，计入相关资产成本或当期损益。具体来说，企业购入资产超过正常信用条件延期付款实质上具有融资性质时，应按购买价款的现值，借记"固定资产""在建工程"等科目，按应支付的价款总额，贷记"长期应付款"科目，按其差额，借记"未确认融资费用"科目。

（二）长期应付款的账务处理

【例4-1-6】 某公司2017年1月1日以分期付款方式购入一台设备，总价款为1 500 000元，购货合同约定购买之日首付600 000元，以后每年年末支付300 000元，分3年于2019年12月31日全部付清，假设银行同期贷款利率为10%。根据上述经济业务，公司应做会计处理如下：

(1) 2017年1月1日购入时：

分期应付款的应付本金 = 每期分期付款300 000元的年金现值
$$= 300\ 000 \times PVA(3, 10\%) = 300\ 000 \times 2.486\ 9$$
$$= 746\ 070（元）$$

注：年金现值系数可查表，得知 $PVA(3, 10\%) = 2.486\ 9$

总价款的现值 = 600 000 + 746 070 = 1 346 070（元）

未确认融资费用 = 1 500 000 - 1 346 070 = 153 930（元）

借：固定资产　　　　　　　　　　　　　　　　　1 346 070
　　未确认融资费用　　　　　　　　　　　　　　　153 930
　　贷：长期应付款　　　　　　　　　　　　　　　　　900 000
　　　　银行存款　　　　　　　　　　　　　　　　　　600 000

(2) 按期支付价款、分摊未确认融资费用：

合同付款期内采用实际利率法分摊融资费用，如下所示。

日期 ①	每期付款金额 ②	确认的融资费用 ③ = 期初⑤×10%	应付本金额 ④ = ② - ③	应付本金余额 期末⑤ = ⑤ - ④
				746 070
2017.12.31	300 000	74 607	225 393	520 677
2018.12.31	300 000	52 067.70	247 932.30	272 744.70
2019.12.31	300 000	27 255.30	272 744.70	0
合计	900 000	153 930	746 070	

2017年12月31日,支付第一期应付款:
借:长期应付款   300 000
　贷:银行存款   300 000
借:财务费用   74 607
　贷:未确认融资费用   74 607
2018年12月31日,支付第二期应付款:
借:长期应付款   300 000
　贷:银行存款   300 000
借:财务费用   52 067.70
　贷:未确认融资费用   52 067.70
2019年12月31日,支付第三期应付款:
借:长期应付款   300 000
　贷:银行存款   300 000
借:财务费用   27 255.30
　贷:未确认融资费用   27 255.30

任务二　权益筹资的核算

所有者权益按其来源可分为所有者投入的资本、其他综合收益、留存收益等,通常由实收资本(或股本)、资本公积、其他综合收益、盈余公积和未分配利润等构成。本任务重点介绍实收资本、资本公积和留存收益三种权益性资本的有关内容。

一、实收资本的核算

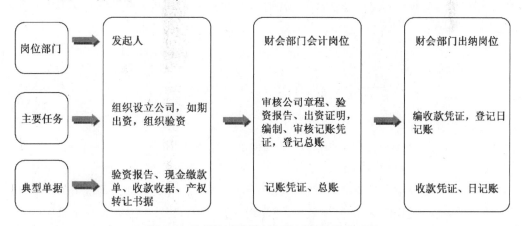

图4-4　实收资本核算的工作过程与岗位对照

(一)实收资本的概念及有关规定

实收资本是指企业按照章程规定或合同、协议约定,接受投资者投入企业的资本。实收资本的构成比例或股东的股份比例,是确定所有者在企业所有者权益中份额的基础,也是企业进行利润或股利分配的主要依据。

我国《公司法》规定，股东可以用货币出资，也可以用实物、知识产权、土地使用权等可以用货币估价并可以依法转让的非货币财产作价出资。但是，法律、行政法规规定不得作为出资的财产除外。企业应当对作为出资的非货币财产评估作价，核实财产，不得高估或者低估作价。法律、行政法规对评估作价有规定的，从其规定。股东以货币出资的，应当将货币出资足额存入有限责任公司在银行开设的账户；以非货币财产出资的，应当依法办理其财产权的转移手续。不论以何种方式出资，投资者如在投资过程中违反投资合约或协议约定，不按规定如期缴足出资额，企业可以依法追究投资者的违约责任。

（二）实收资本的账务处理

1. 有限责任公司实收资本的账务处理

企业收到投资者投入的资本，借记"银行存款""固定资产""无形资产"等科目，按其在注册资本或股本中所占份额，贷记"实收资本"科目，按其差额，贷记"资本公积——资本溢价"科目。其中，涉及增值税进项税额的，还应进行相应的处理。

【例4-2-1】 2019年，甲有限责任公司设立时收到投资情况如下：

（1）收到A公司投入的不需要安装的机器设备一台，投资合同约定该机器设备的价值为2 000 000元，增值税进项税额为260 000元。假定合同约定的价值与公允价值相符。（投资方支付税款，并提供增值税专用发票）

（2）收到B公司投入的原材料一批，投资合同约定该批原材料价值不含税为100 000元，增值税进项税额为13 000元。假定合同约定的价值与公允价值相符。（投资方支付税款，并提供增值税专用发票）

（3）收到C公司投入非专利技术意向，投资合同约定该非专利技术价值为100 000元，增值税进项税额为6 000元。假定合同约定的价值与公允价值相符。（投资方支付税款，并提供增值税专用发票）

甲公司根据上述业务，编制会计分录如下：

（1）借：固定资产——机器设备　　　　　　　　　　　　2 000 000
　　　　　应交税费——应交增值税（进项税额）　　　　　260 000
　　　　　　贷：实收资本——A公司　　　　　　　　　　　　　　2 260 000

（2）借：原材料　　　　　　　　　　　　　　　　　　　100 000
　　　　　应交税费——应交增值税（进项税额）　　　　　13 000
　　　　　　贷：实收资本——B公司　　　　　　　　　　　　　　113 000

（3）借：无形资产——非专利技术　　　　　　　　　　　100 000
　　　　　应交税费——应交增值税（进项税额）　　　　　6 000
　　　　　　贷：实收资本——C公司　　　　　　　　　　　　　　106 000

---

2. 股份有限公司股本的账务处理

股份有限公司的实收资本称为股本。企业的股本总额应根据股票面值和股份总数的乘积计算，并通过设置"股本"账户进行核算。

股份有限公司发行股票时,既可以按面值发行股票,也可以溢价发行(我国目前不允许折价发行)。股份有限公司在核定的股本总额及核定的股份总额的范围内发行股票时,应在实际收到现金资产时进行会计处理。

公司按面值发行股票,按实际收到的股款,借记"银行存款"科目,按发行股票的面值,贷记"股本"科目。公司按溢价发行股票,按实际收到的股款,借记"银行存款"科目,按发行股票的面值,贷记"股本"科目,按实际股款与股票面值的差额,贷记"资本公积"科目。

【例 4-2-2】 甲股份有限公司 2018 年 12 月 9 日委托南方证券公司发行普通股 50 000 000 股,每股面值 1 元,每股发行价格 5 元。假定股票发行成功,股款 250 000 000 元已全部收到(不考虑其他因素)。南方证券公司按发行收入的 3% 收取手续费。根据上述资料,甲股份有限公司应编制会计分录如下:

借:银行存款　　　　　　　　　　　　　　　　242 500 000
　　贷:股本　　　　　　　　　　　　　　　　　50 000 000
　　　　资本公积——股本溢价　　　　　　　　192 500 000

小贴士

股票发行费用的处理:发行股票相关的手续费、佣金等交易费用,如果是溢价发行股票的,应从溢价中抵扣,冲减资本公积——股本溢价;无溢价或溢价金额不足以抵扣的,应将不足抵扣的部分冲减盈余公积和未分配利润。

3. 实收资本(股本)增减变动的账务处理

一般情况下,企业的实收资本可供企业长期周转使用,其数额也应保持相对稳定,不得随意增减。但随着企业经营状况变化和发展要求,可能需要增加或减少注册资本。

(1) 实收资本(股本)的增加。

非股份有限公司增加资本的途径主要有投资者追加投入、将资本公积转增实收资本、将盈余公积转增实收资本三个方面。

投资者追加投资包括原股东追加投资和吸收新投资者加入。如果为原股东追加投资,可按其实际投入额增加银行存款和实收资本;如果为增加新投资者加入,新投资者缴入的出资额大于按约定比例计算的其在注册资本中所占的份额部分,不计入实收资本,而作为资本溢价计入资本公积。

【例 4-2-3】 甲、乙、丙三人共同投资设立 A 有限责任公司,原注册资本为 4 000 000 元,甲、乙、丙分别出资 500 000 元、2 000 000 元和 1 500 000 元。为扩大经营规模,经批准,A 公司注册资本扩大为 5 000 000 元,甲、乙、丙按照原出资比例分别追加投资 125 000 元、500 000 元和 375 000 元。A 公司如期收到甲、乙、丙追加的现金投资。A 公司账务处理如下:

借:银行存款　　　　　　　　　　　　　　　　1 000 000
　　贷:实收资本——甲　　　　　　　　　　　　125 000
　　　　　　　　——乙　　　　　　　　　　　　500 000
　　　　　　　　——丙　　　　　　　　　　　　375 000

需要注意的是,由于资本公积和盈余公积均属于所有者权益,用其转增资本时,如果是独资企业比较简单,直接结转即可;如果是股份有限公司或有限责任公司,应该按照原投资者各自出资比例相应增加各投资者的出资额。对于用任意公积金转增资本时,法律没有限制;但用法定公积金转增资本时,《公司法》规定,所留存的该项公积金不得少于转增前公司注册资本的25%。

【例4-2-4】 承例4-2-3,因扩大经营规模需要,经批准,A公司按原出资比例将资本公积1 000 000元转增资本。A公司账务处理如下:

借:资本公积　　　　　　　　　　　　　　　　　　　　　　1 000 000
　　贷:实收资本——甲　　　　　　　　　　　　　　　　　　　125 000
　　　　　　　　——乙　　　　　　　　　　　　　　　　　　　500 000
　　　　　　　　——丙　　　　　　　　　　　　　　　　　　　375 000

(2) 实收资本(股本)的减少。

企业减少实收资本应按法定程序报经批准,股份有限公司采用收购本公司股票方式减资的,按股票面值和注销股数计算的股票面值总额冲减股本,如果购回股票支付的价款高于面值总额的,按注销库存股的账面余额与所冲减股本的差额冲减股本溢价,股本溢价不足冲减的,应依次冲减"盈余公积""利润分配——未分配利润"等科目。如果购回股票支付的价款低于面值总额的,所注销库存股的账面余额与所冲减股本的差额作为增加资本或股本溢价处理。

【例4-2-5】 A公司2019年12月31日的股本为100 000 000股,面值为1元,资本公积(股本溢价)30 000 000元,盈余公积40 000 000元。经股东大会批准,A公司以现金回购本公司股票20 000 000股并注销。假定A公司按每股2元回购股票,不考虑其他因素。A公司应编制会计分录如下:

(1) 回购本公司股票时:

借:库存股　　　　　　　　　　　　　　　　　　　　　　　40 000 000
　　贷:银行存款　　　　　　　　　　　　　　　　　　　　　40 000 000

(2) 注销本公司股票时:

借:股本　　　　　　　　　　　　　　　　　　　　　　　　20 000 000
　　资本公积——股本溢价　　　　　　　　　　　　　　　　　20 000 000
　　贷:库存股　　　　　　　　　　　　　　　　　　　　　　40 000 000

【例4-2-6】 承例4-2-5,假定A公司按每股3元回购股票,其他条件不变,A公司应编制会计分录如下:

(1) 回购本公司股票时:

借:库存股　　　　　　　　　　　　　　　　　　　　　　　60 000 000
　　贷:银行存款　　　　　　　　　　　　　　　　　　　　　60 000 000

（2）注销本公司股票时：
借：股本　　　　　　　　　　　　　　　　　　　20 000 000
　　资本公积——股本溢价　　　　　　　　　　　30 000 000
　　盈余公积　　　　　　　　　　　　　　　　　10 000 000
　　贷：库存股　　　　　　　　　　　　　　　　　　　　60 000 000

【例 4-2-7】 承例 4-2-5，假定 A 公司按每股 0.9 元回购股票，其他条件不变，A 公司应编制会计分录如下：

（1）回购本公司股票时：
借：库存股　　　　　　　　　　　　　　　　　　18 000 000
　　贷：银行存款　　　　　　　　　　　　　　　　　　18 000 000

（2）注销本公司股票时：
借：股本　　　　　　　　　　　　　　　　　　　20 000 000
　　贷：库存股　　　　　　　　　　　　　　　　　　　　18 000 000
　　　　资本公积——股本溢价　　　　　　　　　　　　　2 000 000

○ 案例分析与讨论

恒润公司于 2006 年 11 月 4 日取得企业法人营业执照，原注册资金为人民币 13 300 000 元，其中，乌鲁木齐市华春商贸有限公司出资 2 061 500 元，李成功出资 5 918 500 元，王春容出资 3 724 000 元，李华成出资 1 596 000 元。2014 年 4 月 30 日，恒润公司增加注册资金至人民币 27 646 722.63 元，其中，乌鲁木齐市华春商贸有限公司与李华成的出资未变更，李成功的出资增加了 13 470 245.76 元（其中 6 000 000 元为货币资金，7 470 245.76 元为实物出资），王春容的出资增加了 876 476.87 元（均为实物出资）。在注册资金中实物出资部分，有四套房产（价值为 369 582 元）及八辆车（价值为 2 505 843.81 元）均未登记在恒润公司的名下，但资产占有人在验资时承诺于 2004 年 7 月前办理有关过户手续。上述财产至今未登记在恒润公司名下。

2014 年 12 月 20 日，李成功、王春容在未将其对恒润公司出资补足的情况下，将其对恒润公司的股权转让给新疆华春投资集团有限公司。此后，恒润公司因经营管理不善，经营效益日益下滑，欠下巨额债务。2018 年 10 月，恒润公司最大的债权人四川煤建公司向法院提请恒润公司破产清偿债务，但恒润公司已无足够财产可清偿。因此，申请执行人四川煤建公司向法院申请追加恒润公司原股东李成功、王春容为本案被执行人。

分析思考：在本例中，恒润公司股东李成功、王春容违反了《公司法》中关于股东出资的哪些规定？债权人四川煤建公司向法院申请追加恒润公司原股东李成功、王春容为本案被执行人能否得到支持？

二、资本公积的核算

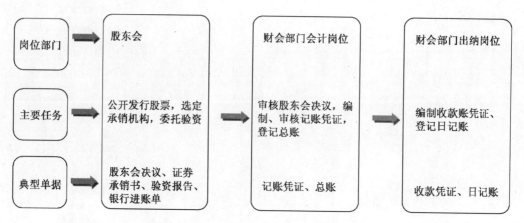

图4-5 资本公积核算的工作过程与岗位对照

(一)资本公积的概念及内容

资本公积是企业收到投资者出资额超出其在注册资本(或股本)中所占份额的部分,以及直接计入所有者权益的利得和损失等。资本公积包括资本溢价(或股本溢价)和其他资本公积。

1. 资本(股本)溢价

资本溢价是指投资者缴付企业的出资额大于其在企业注册资本中所拥有份额的数额。股本溢价是指股份有限公司溢价发行股票时实际收到的款项超过股票面值总额的数额。

2. 其他资本公积

其他资本公积是指除资本溢价(或股本溢价)、净损益、其他综合收益和利润分配以外所有者权益的其他变动。

小贴士

其他资本公积的来源:

(1) 以权益结算的股份支付。以权益结算的股份支付换取职工或其他方提供服务的,应按照确定的金额,记入"管理费用"等账户,同时增加"资本公积——其他资本公积"账户。在行权日,应按实际行权的权益工具数量计算确定的金额,借记"资本公积——其他资本公积"账户,按计入实收资本或股本的金额,贷记"实收资本"或"股本"账户,并将其差额记入"资本公积——资本溢价"或"资本公积——股本溢价"账户。

(2) 采用权益法核算的长期股权投资。长期股权投资采用权益法核算的,被投资单位除净损益、其他综合收益和利润分配以外的所有者权益的其他变动,投资企业按持股比例计算应享有的份额,应当增加或减少长期股权投资的账面价值,同时增加或减少"资本公积——其他资本公积"账户。当处置采用权益法核算的长期股权投资时,应当将原记入"资本公积——其他资本公积"账户的相关金额转入投资收益(除不能转入损益的项目外)。

(二) 资本公积的账务处理

新会计准则规定,企业形成的资本公积在"资本公积"账户核算。该账户按"资本溢价"和"其他资本公积"两个明细分类账户进行会计核算,其贷方登记企业资本公积的增加数,借方登记企业资本公积的减少数,期末余额在贷方,反映企业资本公积的实有数。

1. 资本溢价

除股份有限公司外的其他类型的企业,在企业创立时,投资者认缴的出资额与注册资本一致,一般不会产生资本溢价。但在企业重组或有新投资者加入时,常常会出现资本溢价。因为在企业进行正常生产经营后,其资本利润率通常要高于企业初创阶段。另外,企业有内部积累,新投资者加入企业后,也要对这些积累进行分享,所以新加入的投资者往往要付出大于原投资者的出资额,才能取得与原投资者相同的出资比例,新投资者多缴的部分就形成了资本溢价。

【例4-2-8】 A有限责任公司由甲、乙、丙三位股东各出资1 500 000元设立,经过四年的经营,公司留存收益2 250 000元。现有丁投资者欲出资2 700 000元投资该企业,准备占有该企业注册资本的25%,该笔款项已收到,并存入A公司银行账户。A公司应编制会计分录如下:

借:银行存款 2 700 000
　　贷:实收资本——丁投资者 1 500 000
　　　　资本公积——资本溢价 1 200 000

2. 股本溢价

股份有限公司是以发行股票的方式筹集股本的,股票可按面值发行,也可溢价发行,我国目前不准折价发行。与其他类型的企业不同,股份有限公司在成立时可能会溢价发行股票,因而在成立之初,就可能会产生股本溢价。股本溢价的数额等于股份有限公司发行股票时实际收到的款项超过股票面值总额的部分。

在按面值发行股票的情况下,企业发行股票取得的收入,应全部作为股本处理;在溢价发行股票的情况下,企业发行股票取得的收入,等于股票面值总额部分作为股本处理,超出股票面值总额的溢价收入应作为股本溢价处理。

发行股票相关的手续费、佣金等交易费用,如果是溢价发行股票的,应从溢价中抵扣,冲减资本公积;无溢价发行股票或溢价金额不足以抵扣的,应将不足抵扣的部分冲减盈余公积和未分配利润。

【例4-2-9】 2020年1月1日,B股份有限公司委托证券公司代理发行30 000 000股股票,每股面值1元,每股发行价5元。另与证券公司约定,证券公司按发行收入的4%收取手续费,从发行收入中直接扣除。B公司收到证券公司交来股票款时,应编制会计分录如下:

借:银行存款 144 000 000
　　贷:股本 30 000 000
　　　　资本公积——股本溢价 114 000 000

3. 其他资本公积

其他资本公积是指除资本溢价(或股本溢价)、净损益、其他综合收益和利润分配以外所有者权益的其他变动,其中主要是直接计入所有者权益的利得和损失。

企业长期股权投资采用权益法核算时,在持股比例不变的情况下,被投资单位发生除净利润或净亏损以外的所有者权益的变动,投资企业按持股比例计算应享有的份额,应借记或贷记"长期股权投资——其他权益变动"科目,贷记或借记"资本公积——其他资本公积"。

【例4-2-10】 甲公司于2019年2月1日向A公司投资6 000 000元,拥有该公司25%的股份,并对该公司有重大影响。甲公司对A公司长期股权投资采用权益法核算。2019年12月31日,A公司除净损益、其他综合收益和利润分配之外的所有者权益增加了1 000 000元。假定除此以外,A公司的所有者权益没有变化,甲公司的持股比例没有变化,A公司资产的账面价值与公允价值一致,不考虑其他因素。

分析:本例中,甲公司对A公司的长期股权投资采用权益法核算,持股比例未发生变化,A公司发生了除净损益、其他综合收益和利润分配之外的所有者权益的其他变动。甲公司按其持股比例计算应享有的A公司权益的金额为250 000元,该金额应作为增加的其他资本公积处理。甲公司应编制会计分录如下:

甲公司对A公司投资增加的资本公积=1 000 000×25%=250 000(元)

借:长期股权投资——A公司　　　　　　　　　　　　250 000
　　贷:资本公积——其他资本公积　　　　　　　　　　　　250 000

企业的资本公积由企业投资者享有,但不属于法定资本。当企业需要扩大经营规模而增加注册资本时,在符合有关法规的前提下,资本公积可以转增资本。转增后,资本公积减少,实收资本增加,所有者权益内部结构发生变化,但不改变所有者权益总额,一般也不会改变每个投资者的持股份额。值得注意的是,资本公积不得用于弥补公司的亏损。

小贴士

资本公积与实收资本(或股本)的区别:

(1)从来源和性质看,实收资本(或股本)是指投资者按照企业章程或合同、协议的约定,实际投入企业并依法进行注册的资本,它体现了企业所有者对企业的基本产权关系;资本公积则是投资者的出资中超出其在注册资本中所占份额的部分,以及直接计入所有者权益的利得和损失,它不直接表明所有者对企业的基本产权关系。

(2)从用途看,实收资本(或股本)的构成比例是确定所有者参与企业财务经营决策的基础,也是企业进行利润分配或股利分配的依据,同时还是企业清算时确定所有者对净资产的要求权的依据;资本公积的用途主要是用来转增资本(或股本),它不体现各所有者的占有比例,也不能作为所有者参与企业财务经营决策或进行利润分配(或股利分配)的依据。

○ 案例分析与讨论

华鹏公司原注册资本为3 000万元，由三位自然人股东A、B、C出资设立，每人出资1 000万元。三年后，另一股东D愿投入2 000万元参股，与前三位股东平均分享华鹏公司股权，则华鹏公司注册资本变更为4 000万元，新增实收资本1 000万元(D股东出资)，D股东超额投入的1 000万元作为资本公积核算。不久，华鹏公司股东会决议，将新增的资本公积1 000万元转增资本，A、B、C、D四位股东各增资250万元，注册资本变更为5 000万元。

分析思考：如何理解D股东出资2 000万元，却只享受1 000万元出资额的权利？由D股东超额投入的1 000万元资本公积用于转增资本，每位股东增资250万元，这对原三位股东而言，实质上意味着什么？

三、留存收益的核算

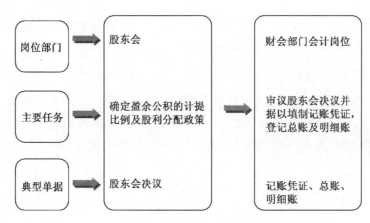

图4-6　留存收益核算的工作过程与岗位对照

（一）留存收益的概念及构成

留存收益是指企业从历年实现的净利润中提取或形成的留存于企业的内部积累，它是企业生产经营中实现的、尚未分配给投资者的那部分净利润。

○ 小·贴士

资本公积与留存收益的区别：

留存收益是企业从历年实现的净利润中提取或形成的留存于企业的内部积累，来源于企业生产经营活动实现的净利润。资本公积的来源不是企业实现的净利润，而主要来自资本溢价(或股本溢价)等。

留存收益由盈余公积和未分配利润两部分构成。

1. 盈余公积

盈余公积是指企业按照规定从净利润中提取的积累资金，包括法定盈余公积和任意盈余公积。根据我国《公司法》的规定，公司制企业应当按照净利润的10%提取法定公积金。如果企业的法定公积金不足以弥补以前年度亏损的，当年的净利润应先用于弥补以前年度的亏损,然后再提取法定公积金。非公司制企业法定公积金的提取比例可超过净利润的10%。用法定公积金增加实收资本时,必须保证留存的法定公积金不少于注册资本的25%。当法定公积金累计已达注册资本的50%以上时,可以不再提取。

盈余公积的主要用途:

(1) 弥补亏损。企业发生亏损时,应由企业自行弥补。企业弥补亏损的渠道主要有:一是用以后年度税前利润弥补(期间为五年);二是用以后年度税后利润弥补;三是用盈余公积弥补亏损。

(2) 转增资本。企业将盈余公积转增资本时,必须经股东大会决议批准。转增后留存的盈余公积的数额不得少于注册资本的25%。

(3) 发放现金股利或利润。在特殊情况下,当企业积累的盈余公积较多,可分配利润较少时,为维护企业形象,给投资者以合理的回报,也可以用盈余公积分配现金股利或利润。

(4) 扩大企业生产经营。企业盈余公积的结存数,可作为企业生产经营资金的一个来源,随同企业的其他来源所形成的资金进行循环周转,用于企业的生产经营。

> **小·贴士**
>
> 公司制企业可以根据股东大会的决议提取任意盈余公积。非公司制企业经类似权力机构批准,也可提取任意盈余公积。法定盈余公积和任意盈余公积的区别在于其各自计提的依据不同,前者以国家的法律法规为依据,后者由企业的权力机构自行决定。

2. 未分配利润

未分配利润是指企业实现的净利润经过弥补亏损、提取盈余公积和向投资者分配利润后留存在企业的、历年结存的利润,它是企业所有者权益的组成部分,是企业扩充生产经营规模、准备应付意外事项所需资金的来源。

未分配利润的主要用途:

(1) 留待以后年度分配利润;

(2) 未指定用途,企业可以随时支配使用。

(二) 留存收益的账务处理

为了反映企业历年累计的未分配利润的情况,企业在"利润分配"账户中,应专门设置"提取法定盈余公积""提取任意盈余公积""应付现金股利或利润""盈余公积补亏""未分配利润"等明细分类账户,进行明细核算。年度终了,企业应将全年实现的净利润或发生的净亏损,自"本年利润"科目转入"利润分配——未分配利润"科目,并将"利润分配"科目所属其他明细科目的余额,转入"未分配利润"明细科目。结转后,"利润分配——未分配利润"账户如为贷方余额,表示累积未分配的利润数额;如为借方余额,则表示累积未弥补的亏损数额。

1. 盈余公积提取

企业应设置"盈余公积"账户核算盈余公积的提取和使用情况。企业按规定提取盈余公积时,应通过"利润分配"和"盈余公积"等账户核算。

【例4-2-11】 淮海股份有限公司2018年年初未分配利润为500 000元,2018年实现净利润30 000 000元,经股东大会批准,淮海股份有限公司按当年净利润的10%提取法定盈余公积,5%提取任意盈余公积,同时向股东派发现金股利15 000 000元。2019年2月25日,公司以银行存款支付全部的现金股利。淮海股份有限公司应编制会计分录如下:

借:利润分配——提取法定盈余公积　　　　　　　　　　　3 000 000
　　　　　　——提取任意盈余公积　　　　　　　　　　　1 500 000
　　　　　　——应付现金股利　　　　　　　　　　　　　15 000 000
　贷:盈余公积——法定盈余公积　　　　　　　　　　　　3 000 000
　　　　　　——任意盈余公积　　　　　　　　　　　　　1 500 000
　　　应付股利　　　　　　　　　　　　　　　　　　　　15 000 000

> **小贴士**
>
> 可供分配的利润=当年实现的净利润(或净亏损)+年初未分配利润(或年初未弥补亏损)+其他转入;
>
> 在计算提取法定盈余公积的基数时,不应包括企业年初未分配利润。

2. 盈余公积补亏

用盈余公积弥补亏损时,借记"盈余公积"科目,贷记"利润分配——盈余公积补亏"科目。

【例4-2-12】 淮海股份有限公司2018年经营亏损600 000元,经股东大会批准,用以前年度提取的盈余公积弥补当年的亏损。淮海股份有限公司应编制会计分录如下:

借:盈余公积　　　　　　　　　　　　　　　　　　　　　600 000
　贷:利润分配——盈余公积补亏　　　　　　　　　　　　600 000

3. 盈余公积转增资本(或股本)

【例4-2-13】 2019年,淮海股份有限公司因扩大经营规模需要,经股东大会批准,将盈余公积200 000元转增股本。假定不考虑其他因素,淮海股份有限公司应编制会计分录如下:

借:盈余公积　　　　　　　　　　　　　　　　　　　　　200 000
　贷:股本　　　　　　　　　　　　　　　　　　　　　　200 000

【例4-2-14】 甲股份有限公司2019年年初未分配利润为0,本年实现净利润2 000 000元,提取法定盈余公积200 000万元,向投资者分派现金股利800 000元。根据上述业务,甲公司应编制会计分录如下:

(1)结转2019年实现的净利润:

借:本年利润　　　　　　　　　　　　　　　　　　　　　2 000 000
　贷:利润分配——未分配利润　　　　　　　　　　　　　2 000 000

(2) 提取法定盈余公积：
借：利润分配——提取法定盈余公积   200 000
　　贷：盈余公积——法定盈余公积   200 000
(3) 分派现金股利：
借：利润分配——应付现金股利   800 000
　　贷：应付股利   800 000
(4) 结转除"未分配利润"以外的其他"利润分配"明细分类账户
借：利润分配——未分配利润   1 000 000
　　贷：利润分配——提取法定盈余公积   200 000
　　　　——应付现金股利   800 000

○ 案例分析与讨论

昌盛公司由甲、乙、丙三个自然人股东于2010年投资设立，三位股东出资比例为5：3：2，经过几年的运营，昌盛公司已累积下数额巨大的未分配利润。为扩大生产规模，增加注册资本，2018年昌盛公司经股东会议决议并经验资和工商登记，用未分配利润为股东发放股票股利，每10股派送2股红股，共派送股票股利600万元。

分析思考：如何理解股票股利？发放股票股利实质上对企业所有者权益各组成部分有何影响？

任务三　投资的核算

本项目投资的核算仅包括交易性金融资产投资核算、长期股权投资核算。

一、交易性金融资产的核算

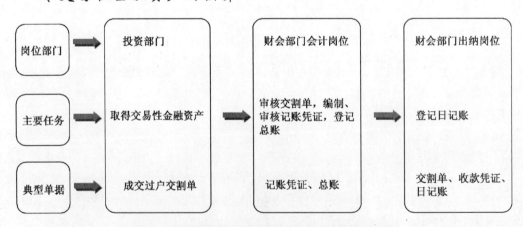

图 4-7　交易性金融资产核算的工作过程与岗位对照

（一）交易性金融资产的概念

在企业全部资产中，库存现金、银行存款、应收账款、应收票据、贷款、其他应收款、应收利息、债权投资、股票投资、基金投资及衍生金融资产等统称为金融资产。根据企业管理金融资产的业务模式和金融资产的合同现金流量特征,《企业会计准则第22号——金融工具确认和计量》(财会〔2017〕7号)将金融资产划分为:(1)以摊余成本计量的金融资产;(2)以公允价值计量且其变动计入其他综合收益的金融资产;(3)以公允价值计量且其变动计入当期损益的金融资产。

以公允价值计量且其变动计入当期损益的金融资产称为"交易性金融资产"。它是企业为了近期内出售而持有的金融资产,如企业以赚取差价为目的从二级市场购入的股票、债券、基金等;或者是在初始确认时属于集中管理的可辨认金融工具组合的一部分,且有客观证据表明近期实际存在短期获利模式的金融资产等,如企业管理的以公允价值进行业绩考核的某项投资组合。

从企业管理金融资产的业务模式(即企业如何管理其金融资产以产生现金流量)来看,企业关键管理人员对交易性金融资产进行管理的业务目标是以"交易"为目的,而非为收取合同现金流量(即与基本借贷安排相一致,如本金加利息)而持有,也不是既以收取合同现金流量为目标又以出售该金融资产为目标而持有,仅仅是通过"交易性"活动,即频繁地购买和出售,从市场价格的短期波动中,赚取买卖差价,使企业闲置的资金能获得较高的投资回报。

交易性金融资产预期能在短期内变现以满足企业日常经营的需要,因此,在资产负债表中作为流动资产列示。

需要说明的是,从金融资产的合同现金流量特征来看,尽管交易性金融资产仍将收取合同现金流量,但只是偶尔为之,并非为了实现业务模式目标(收取合同现金流量)而不可或缺。

> **小贴士**
>
> 满足下列三个条件之一,即为交易性金融资产:
> (1)取得金融资产的目的是为了近期内出售或回购。
> (2)属于进行集中管理的可辨认金融工具组合的一部分,具有客观证据表明企业近期采用短期获利方式对该组合进行管理。
> (3)属于衍生工具,但是,如果衍生工具被企业指定为有效套期工具,则不应确认为交易性金融资产。

(二)账户设置

企业应当设置"交易性金融资产""公允价值变动损益""投资收益"等账户,核算交易性金融资产的取得、收取现金股利或利息、处置等交易或事项。

(1)"交易性金融资产"账户核算企业为交易目的所持有的债券投资、股票投资、基金投资等交易性金融资产的公允价值,其明细账分别按"成本"和"公允价值变动"设置。

(2)"公允价值变动损益"账户核算企业交易性金融资产等的公允价值变动而形成的应计入当期损益的利得或损失。

(3)"投资收益"账户核算企业持有交易性金融资产等期间取得的投资收益以及处置交易性金融资产等实现的投资收益或投资损失。

（三）交易性金融资产的账务处理

1. 交易性金融资产的取得

企业取得交易性金融资产时，按交易性金融资产的公允价值，借记"交易性金融资产——成本"科目，按发生的交易费用，借记"投资收益"科目，发生交易费用取得增值税专用发票的，按注明的增值税进项税额，借记"应交税费——应交增值税（进项税额）"科目；按实际支付的金额，贷记"其他货币资金——存出投资款"等科目。

交易费用是指可直接归属于购买、发行或处置金融工具的增量费用。增量费用是指企业没有发生购买、发行或处置相关金融工具的情形就不会发生的费用，包括支付给代理机构、咨询公司、券商、证券交易所、政府有关部门等的手续费、佣金、相关税费以及其他必要支出，不包括债券溢价、折价、融资费用、内部管理成本和持有成本等与交易不直接相关的费用。

企业取得交易性金融资产支付价款中包含了已宣告但未发放的现金股利或已到付息期但未领取的债券利息，应单独确认为应收项目。

【例4-3-1】 2018年5月5日，淮海公司从二级市场购入A公司发行的股票1 000 000股，并将其划分为交易性金融资产，该笔股票在购买时公允价值为10 000 000元（其中包含已宣告但未发放的现金股利60万元），淮海公司在购买股票时另支付相关交易费用25 000元。取得增值税专用发票上注明的增值税进项税额为1 500元。淮海公司应编制会计分录如下：

借：交易性金融资产——成本　　　　　　　　　　　　9 400 000
　　投资收益　　　　　　　　　　　　　　　　　　　　　25 000
　　应收股利　　　　　　　　　　　　　　　　　　　　　600 000
　　应交税费——应交增值税（进项税额）　　　　　　　　1 500
　贷：其他货币资金——存出投资款　　　　　　　　　10 026 500

2. 持有期间获得现金股利或利息

在持有交易性金融资产期间，被投资企业宣告发放的现金股利或已到付息期而未领取的债券利息，应确认为应收项目，并计入投资收益。在账务处理上，借记"应收股利"或"应收利息"科目，贷记"投资收益"科目。实际收到时，借记"其他货币资金"科目，贷记"应收股利"或"应收利息"科目。

企业只有在同时满足三个条件时，才能确认交易性金融资产所取得的股利收入并计入当期损益：一是企业收取股利的权利已经确立；二是与股利相关的经济利益很可能流入企业；三是股利的金额能够可靠计量。

【例4-3-2】 承例4-3-1，2019年3月5日，A公司宣告上年度股利分配方案：每股支付现金股利0.10元，股利将于5月25日支付。淮海公司应编制会计分录如下：

（1）3月5日，A公司宣告发放现金股利时：

借：应收股利　　　　　　　　　　　　　　　　　　　　100 000
　贷：投资收益　　　　　　　　　　　　　　　　　　　　100 000

(2) 5月25日,收到已宣告发放的现金股利:
借:其他货币资金——存出投资款　　　　　　　　　　　　100 000
　　贷:应收股利　　　　　　　　　　　　　　　　　　　　　　100 000

3. 交易性金融资产的期末计量

资产负债表日,交易性金融资产的公允价值高于其账面余额的差额,借记"交易性金融资产——公允价值变动"科目,贷记"公允价值变动损益"科目;公允价值低于其账面余额的差额,做相反的会计分录。

【例4-3-3】 2018年6月30日,淮海公司持有A公司股票的公允价值为9 200 000元;2018年12月31日,淮海公司持有A公司股票的公允价值为9 600 000元。淮海公司应编制会计分录如下:

(1) 2018年6月30日,确认股票的公允价值变动:
借:公允价值变动损益　　　　　　　　　　　　　　　　　　200 000
　　贷:交易性金融资产——公允价值变动　　　　　　　　　　　200 000
(2) 2018年12月31日,确认股票的公允价值变动:
借:交易性金融资产——公允价值变动　　　　　　　　　　　400 000
　　贷:公允价值变动损益　　　　　　　　　　　　　　　　　400 000

4. 交易性金融资产的处置

企业出售交易性金融资产时,应当将该金融资产出售时的公允价值与账面余额之间的差额作为投资收益进行会计处理。

企业出售交易性金融资产时,按照实际收到的金额,借记"其他货币资金——存出投资款"等科目,按照该金融资产的账面余额的成本部分,贷记"交易性金融资产——成本"科目,按照该金融资产的账面余额的公允价值变动部分,贷记或借记"交易性金融资产——公允价值变动"科目,按照其差额,贷记或借记"投资收益"科目。

【例4-3-4】 承例4-3-1和例4-3-3,2019年4月30日淮海公司将其持有的A公司股票全部出售,取得价款9 850 000元,不考虑相关税费和其他因素,淮海公司应编制会计分录如下:

借:其他货币资金——存出投资款　　　　　　　　　　　　9 850 000
　　贷:交易性金融资产——成本　　　　　　　　　　　　　9 400 000
　　　　　　　　　　　——公允价值变动　　　　　　　　　　200 000
　　　　投资收益　　　　　　　　　　　　　　　　　　　　　250 000

5. 转让金融商品应交增值税

金融商品转让,按照卖出价扣除买入价(不需要扣除已宣告而未发放的现金股利和已到付息期但未领取的债券利息)后的余额作为销售额计算增值税。转让金融商品按盈亏相抵后的余额作为销售额,若相抵后出现负差,可结转下一纳税期与下期转让金融商品销售额互抵,但年末时仍出现负差的,不得转入下一会计年度。

转让金融商品当月月末,如产生转让收益,则按应纳税额,借记"投资收益"等科目,贷记"应交税费——转让金融商品应交增值税"科目;如产生转让损失,则按可结转下月抵扣税额,借记"应交税费——转让金融商品应交增值税"科目,贷记"投资收益"等科目。

年末,如果"应交税费——转让金融商品应交增值税"科目有借方余额,说明本年度的金融商品转让损失无法弥补,且本年度的金融商品转让损失不可转入下年度继续抵减转让金融商品的收益,因此,应借记"投资收益"等科目,贷记"应交税费——转让金融商品应交增值税"科目,将"应交税费——转让金融商品应交增值税"科目的借方余额转出。

【例4-3-5】 甲公司出售了所持有的全部 B 公司债券,售价为 26 400 000 元。已知甲公司购入 B 公司债券支付价款为 26 000 000 元(其中包含已到付息期但尚未领取的债券利息 500 000 元)。计算该项业务转让金融商品应交增值税,甲公司应编制会计分录如下:

转让金融商品应交增值税 = (26 400 000 - 26 000 000) ÷ (1 + 6%) × 6% ≈ 22 641.51(元)

借:投资收益　　　　　　　　　　　　　　　　　　　　22 641.51
　　贷:应交税费——转让金融商品应交增值税　　　　　　22 641.51

【例4-3-6】 乙企业 2018 年 3 月转让金融商品,取得买卖负差价 159 万元,不考虑其他情况,则乙企业转让金融商品涉及的账务处理如下:

(1) 2018 年 3 月产生转让损失 159 万元,则按可结转下月抵扣税额 9[159/(1+6%) × 6%]万元:

借:应交税费——转让金融商品应交增值税　　　　　　90 000
　　贷:投资收益　　　　　　　　　　　　　　　　　　　90 000

(2) 如果截止到 2018 年年末,企业没有转让金融商品业务,则"应交税费——转让金融商品应交增值税"科目出现借方余额:

借:投资收益　　　　　　　　　　　　　　　　　　　　90 000
　　贷:应交税费——转让金融商品应交增值税　　　　　　90 000

○ 案例分析与讨论

2018 年 1 月 1 日,甲公司购入 B 公司发行的公司债券,支付价款 26 000 000 元(其中包含已到付息期但尚未领取的债券利息 500 000 元),另支付交易费用 300 000 元,取得增值税专用发票上注明的增值税额为 18 000 元。B 公司该债券于 2017 年 7 月 1 日发行,面值为 25 000 000 元,票面利率为 4%,上年债券利息于下年初支付。甲公司将其划分为交易性金融资产进行管理和核算。2018 年 1 月 31 日,甲公司收到该笔债券利息 500 000 元。2019 年年初,甲公司收到债券利息 1 000 000 元。假定债券利息不考虑相关税费。

分析思考:你如何理解该项业务的会计处理?

二、长期股权投资的核算

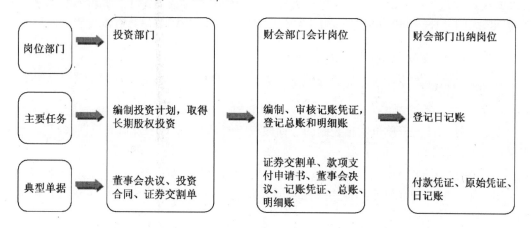

图 4-8　长期股权投资核算的工作过程与岗位对照

（一）长期股权投资的概念

股权投资又称权益性投资,是指通过付出现金或非现金资产等取得被投资单位的股份或股权,享有一定比例的权益份额代表的资产。投资企业取得被投资单位的股权后,就相应地享有被投资单位净资产的有关份额,通过自被投资单位分得现金股利或利润及待被投资单位增值后出售等获利。

股权投资基于投资合同、协议等约定,会形成投资方的金融资产,而对被投资单位而言,其所接受的来自投资方的出资会形成所有者权益。因此,按照《企业会计准则第 22 号——金融工具确认和计量》的界定,股权投资一方面形成投资方的金融资产,另一方面形成被投资单位的权益工具,原则上属于金融工具。根据投资方在投资后对被投资单位能够施加影响的程度,企业会计准则将股权投资区分为应当按照金融工具确认和计量准则进行核算和应当按照长期股权投资准则进行核算两种情况。其中,属于长期股权投资准则规范的股权投资,主要包括三个方面:

(1) 对子公司投资。对子公司投资是指投资方能够对被投资单位实施控制的权益性投资。其中,控制是指投资方拥有对被投资单位的权力,通过参与被投资单位的相关活动而享有可变回报,并且有能力运用对被投资单位的权力影响其回报金额。

(2) 对合营企业投资。对合营企业投资是指投资方与其他合营方一同对被投资单位实施共同控制且对被投资单位的净资产享有权利的权益性投资。其中,共同控制是指按照相关约定对某项安排所共有的控制,并且该安排的相关活动必须经过分享控制权的参与方一致同意后才能决策。

在判断是否存在共同控制时,应当首先判断所有参与方或参与方组合是否集体控制该安排,其次再判断该安排相关活动的决策是否必须经过这些集体控制该安排的参与方一致同意。

(3) 对联营企业投资。对联营企业投资是指投资方对被投资单位具有重大影响的权益性投资。其中,重大影响是指投资方对被投资单位的财务和经营政策有参与决策的权力,但并不能够控制或者与其他方一起共同控制这些政策的制定。在实务操作中,较为常见的重大影响体现为在被投资单位的董事会或类似权力机构中派有代表,通过在被投资单位财务和经营决策制定过程中的发言权实施重大影响。投资方直接或通过子公司间接持有被投资单位20%以上但低于50%的表决权股份时,一般认为对被投资单位具有重大影响。

(二) 长期股权投资的核算方法

长期股权投资的核算方法有两种:一是成本法;二是权益法。

1. 成本法适用的范围

企业能够对被投资单位实施控制的长期股权投资,即企业对子公司的长期股权投资,应当采用成本法核算。

2. 权益法适用的范围

(1) 企业对被投资单位具有共同控制的长期股权投资,即企业对合营企业的长期股权投资,应当采用权益法核算。

(2) 企业对被投资单位具有重大影响的长期股权投资,即企业对联营企业的长期股权投资,应当采用权益法核算。

为了反映和监督企业长期股权投资的取得、持有和处置情况,企业应当设置"长期股权投资""投资收益""其他综合收益"等账户。

"长期股权投资"账户核算企业持有的长期股权投资,借方登记长期股权投资取得时的初始投资成本及采用权益法核算时按被投资单位实现的净利润、其他综合收益和其他权益变动等计算的应分享的份额;贷方登记处置长期股权投资的账面余额或采用权益法核算时被投资单位宣告发放现金股利或利润时企业按持股比例计算应享有的份额,以及按被投资单位发生的净亏损、其他综合收益和其他权益变动等计算的应分担的份额;期末借方余额,反映企业持有的长期股权投资的价值。

本账户应当按照被投资单位进行明细核算。长期股权投资核算采用权益法的,应当分别设置"投资成本""损益调整""其他综合收益""其他权益变动"明细分类账户,进行明细核算。

(三) 成本法下长期股权投资的核算

1. 成本法的概念及内容

成本法就是长期股权投资以取得股权时的成本计价,除投资企业追加投资、收回投资等以外,长期股权投资的账面价值一般保持不变。成本法的基本核算内容如下:

(1) 初始投资或追加投资时,以初始投资或追加投资时的投资成本作为长期股权投资的账面价值;

(2) 长期股权投资持有期间被投资单位宣告发放现金股利或利润时,企业按应享有的部分确认为投资收益;

(3) 收到被投资单位发放的现金股利或利润时,冲减应收股利。

2. 成本法下长期股权投资的账务处理

(1) 取得长期股权投资。

取得长期股权投资时,应按照初始投资成本计价。除企业合并形成的长期股权投资以外,以支付现金、非现金资产等其他方式取得的长期股权投资,应按照上述规定确定的长期股权投资初始投资成本,借记"长期股权投资"科目,贷记"银行存款"等科目。如果实际支付的价款中包含有已宣告但尚未发放的现金股利或利润,应借记"应收股利"科目,贷记"长期股权投资"科目。

【例4-3-7】 甲公司于2017年4月10日自非关联方处取得乙公司60%的股权,成本为12 000 000元,相关手续于当日完成,并能够对乙公司实施控制。2018年2月6日,乙公司宣告分派现金股利,甲公司按照持股比例可取得100 000元。乙公司于2018年2月12日实际分派现金股利。不考虑相关税费等其他因素的影响。甲公司应进行的账务处理如下:

(1) 2017年4月10日,自非关联方处取得乙公司60%的股权时:

借:长期股权投资——乙公司　　　　　　　　　　　　12 000 000
　贷:银行存款　　　　　　　　　　　　　　　　　　　　　12 000 000

(2) 2018年2月6日,乙公司宣告分派现金股利时:

借:应收股利　　　　　　　　　　　　　　　　　　　　　100 000
　贷:投资收益　　　　　　　　　　　　　　　　　　　　　　100 000

(3) 2018年2月12日,收到乙公司实际分派现金股利时:

借:银行存款　　　　　　　　　　　　　　　　　　　　　100 000
　贷:应收股利　　　　　　　　　　　　　　　　　　　　　　100 000

(2) 长期股权投资持有期间被投资单位宣告发放现金股利或利润。

长期股权投资持有期间被投资单位宣告发放现金股利或利润时,企业按应享有的部分确认为投资收益,借记"应收股利"科目,贷记"投资收益"科目。

【例4-3-8】 甲公司于2018年5月10日以银行存款15 000 000元购入乙公司80%的股权,甲、乙两公司不属于同一控制下的企业合并。甲公司取得该部分股权后,能够有权力主导乙公司的相关活动并获得可变回报。购买时,乙公司每股股价10元,其中包括已宣告发放但尚未发放的现金股利每股0.2元,另支付相关税费80 000元。2018年6月20日,甲公司收到乙公司实际发放的现金股利。甲公司会计处理如下:

(1) 2018年5月10日,取得投资时:

初始投资成本 = 股票购买价款 + 相关税费 − 购买价款中包含的已宣告发放但尚未发放的现金股利 = 15 000 000 + 80 000 − 0.2 × 1 500 000 = 14 780 000(元)

借:长期股权投资　　　　　　　　　　　　　　　　　　14 780 000
　应收股利　　　　　　　　　　　　　　　　　　　　　　300 000
　贷:银行存款　　　　　　　　　　　　　　　　　　　　　15 080 000

(2) 2018年6月2日,收到乙公司实际分派现金股利时:

借:银行存款　　　　　　　　　　　　　　　　　　　　　300 000
　贷:应收股利　　　　　　　　　　　　　　　　　　　　　　300 000

【例4-3-9】 承例4-3-8,2019年2月20日,乙公司宣告分派现金股利,甲公司按照其持股比例确定可分回200 000元。甲公司应做会计处理如下:

借:应收股利　　　　　　　　　　　　　　　　　　　　　200 000
　贷:投资收益　　　　　　　　　　　　　　　　　　　　　　200 000

(3) 长期股权投资的处置。

处置长期股权投资时,按实际取得的价款与长期股权投资的账面价值的差额确认为投资损益,并应同时结转已计提的长期股权投资减值准备。其会计处理是:企业处置长期股权投资时,应按实际收到的金额,借记"银行存款"等科目,按原已计提的减值准备,借记"长期股权投资减值准备"科目,按该项长期股权投资的账面余额,贷记"长期股权投资"科目,按尚未领取的现金股利或利润,贷记"应收股利"科目,按其差额,借记或贷记"投资收益"科目。

【例 4-3-10】 甲公司将其作为长期投资持有的神州股份有限公司 15 000 股股票,以每股 10 元卖出,支付相关税费 1 000 元,取得价款 149 000 元,该长期股权投资账面价值为 140 000 元,假定没有计提减值准备,款项已由银行收妥。甲公司应做会计处理:

借:银行存款　　　　　　　　　　　　　　　　　149 000
　　贷:长期股权投资　　　　　　　　　　　　　　140 000
　　　　投资收益　　　　　　　　　　　　　　　　　9 000

(四) 权益法下长期股权投资的核算

1. 权益法的概念

权益法是指投资以初始投资成本计量后,在投资持有期间根据投资企业享有被投资单位所有者权益份额的变动对投资的账面价值进行调整的方法。

投资企业对被投资单位具有共同控制或重大影响的长期股权投资,即对合营企业投资及对联营企业投资,应当采用权益法核算。长期股权投资核算采用权益法的,应当分别设置"投资成本""损益调整""其他综合收益""其他权益变动"明细分类账户,进行明细核算。

在权益法下,"长期股权投资"账户的账面价值已不是长期股权投资的原始投资成本,而是投资企业在被投资单位中应享有的相应份额。权益法的基本核算内容如下:

(1) 初始投资或追加投资时,首先按照初始投资或追加投资时的成本增加长期股权投资的账面价值。然后比较长期股权投资的初始投资成本或追回投资成本与投资时应享有被投资单位可辨认净资产公允价值的份额,前者大于后者的,不调整长期股权投资的账面价值;前者小于后者的,应当按照二者的差额调增长期股权投资的账面价值,同时计入取得投资当期损益(营业外收入)。

(2) 持有投资期间,随着被投资单位所有者权益的变动相应调增或调减长期股权投资的账面价值,并分以下情况进行处理:对于因被投资单位实现净损益和其他综合收益而产生的所有者权益变动,投资方应当按照应享有的份额,增加或减少长期股权投资的账面价值,同时确认投资损益和其他综合收益;对于被投资单位宣告分派的现金股利或利润计算应分得的部分,相应减少长期股权投资的账面价值;对于被投资单位除净损益、其他综合收益及利润分配以外的因素导致的其他所有者权益变动,相应调整长期股权投资的账面价值,同时确认资本公积(其他资本公积)。

2. 权益法下长期股权投资的账务处理

(1) 初始投资成本的调整。

取得长期股权投资时,长期股权投资的初始投资成本大于投资时应享有被投资单位可辨认净资产公允价值份额的,不调整已确认的初始投资成本,借记"长期股权投资——投资成本"科目,贷记"银行存款"等科目。长期股权投资的初始投资成本小于投资时应享有被投资单位可辨认净资产公允价值份额的,借记"长期股权投资——投资成本"科目,贷记"银行存款"等科目,按其差额,贷记"营业外收入"科目。

【例4-3-11】 2018年1月1日,A公司以银行存款17 000 000元取得联营企业B公司25%的股权,并准备长期持有,该项投资能够对B公司的财务和经营政策施加重大影响。购买日,B公司所有者权益均为可辨认净资产,其公允价值为80 000 000元。根据上述资料,A公司应做会计处理如下:

初始投资成本 = 实际支付的价款 + 支付的相关税费 = 17 000 000 + 0 = 17 000 000(元)

应享有被投资单位可辨认净资产公允价值份额 = 80 000 000 × 25% = 20 000 000(元)

借:长期股权投资——投资成本　　　　　　　　　　　　20 000 000
　　贷:银行存款　　　　　　　　　　　　　　　　　　17 000 000
　　　　营业外收入　　　　　　　　　　　　　　　　　　3 000 000

【例4-3-12】 承例4-3-11,若上题中B公司可辨认净资产的公允价值为60 000 000元,其他条件不变,则A公司应做会计处理如下:

初始投资成本 = 实际支付的价款 + 支付的相关税费 = 17 000 000 + 0 = 17 000 000(元)

应享有被投资单位可辨认净资产公允价值份额 = 60 000 000 × 25% = 15 000 000(元)

借:长期股权投资——投资成本　　　　　　　　　　　　17 000 000
　　贷:银行存款　　　　　　　　　　　　　　　　　　17 000 000

(2)持有长期股权投资期间,被投资单位实现净利润或发生净亏损和其他综合收益。

在权益法下,被投资单位当年实现的净利润或发生的净亏损均影响所有者权益变动,因此,长期股权投资的账面价值也需要做相应的调整。

属于被投资单位当年实现的净利润而影响的所有者权益变动,应根据被投资单位实现的净利润或经调整的净利润计算应享有的份额,借记"长期股权投资——损益调整"科目,贷记"投资收益"科目。

属于被投资单位当年发生的净亏损而影响的所有者权益变动,投资企业应当按照应分担的被投资单位发生的净亏损的份额,借记"投资收益"科目,贷记"长期股权投资——损益调整"科目,但以"长期股权投资"科目的账面价值减记至零为限,若有还需承担的投资损失,应将其他实质上构成对被投资单位净投资的"长期应收款"等的账面价值减记至零为限。除按照上述步骤已确认的损失外,按照投资合同和协议约定将承担的损失,确认为预计负债。除上述情况仍未确认的应分担被投资单位的损失,应在备查簿中登记。发生亏损的被投资单位以后实现净利润的,应按与上述相反的顺序进行处理。

发生亏损的被投资单位以后实现净利润,投资企业计算应享有的份额,如有未确认投资损失的,应先弥补未确认的投资损失,弥补损失后仍有余额的,依次借记"长期应收款"科目和"长期股权投资——损益调整"科目,贷记"投资收益"科目。

【例 4-3-13】 2018年，B公司实现净利润1 000 000元。A公司按持股比例确认投资收益250 000元。A公司应做会计处理如下：

借：长期股权投资——损益调整　　　　　　　　　　250 000
　　贷：投资收益　　　　　　　　　　　　　　　　　　250 000

在持股比例不变的情况下，投资企业在持有长期股权投资期间，应当按应享有或应分担被投资单位实现的其他综合收益的份额，借记或贷记"长期股权投资——其他综合收益"科目，贷记或借记"其他综合收益"科目。这里的其他综合收益，是指企业根据其他会计准则规定未在当期损益中确认的各项利得和损失。

（3）被投资单位宣告分派现金股利或利润。

在权益法下，投资企业长期股权投资的账面价值会随着被投资单位净资产的变动而变动。当被投资单位宣告分派现金股利或利润时，投资企业计算应分得的部分，借记"应收股利"科目，贷记"长期股权投资——损益调整"科目。收到被投资单位发放的股票股利，不进行账务处理，但应在备查簿中登记。

【例 4-3-14】 2019年2月14日，B公司宣告发放现金股利600 000元，A公司可分派到150 000元。2019年3月20日，A公司收到B公司分派的现金股利。A公司应编制会计分录如下：

（1）2019年2月14日：
借：应收股利　　　　　　　　　　　　　　　　　　150 000
　　贷：长期股权投资——损益调整　　　　　　　　　　150 000

（2）2019年3月20日：
借：银行存款　　　　　　　　　　　　　　　　　　150 000
　　贷：应收股利　　　　　　　　　　　　　　　　　　150 000

（4）被投资单位其他综合收益变动。

被投资单位其他综合收益发生变动的，投资方应当按照归属于本企业的部分，相应调整长期股权投资的账面价值，同时增加或减少其他综合收益。

【例 4-3-15】 甲公司持有乙公司30%的股份，能够对乙公司施加重大影响。当期乙公司因持有其他债权投资公允价值变动计入其他综合收益的金额为20 000 000元，除该事项外，乙企业当期实现的净利润为80 000 000元。假定甲公司与乙公司适用的会计政策、会计期间相同，两者在当期及以前各期未发生任何内部交易，投资时乙公司各项可辨认资产、负债的公允价值与其账面价值相同。不考虑相关税费等其他因素影响。甲公司应编制会计分录如下：

借：长期股权投资——损益调整　　　　　　　　　24 000 000
　　　　　　　　　——其他综合收益　　　　　　　　6 000 000
　　贷：投资收益　　　　　　　　　　　　　　　　24 000 000
　　　　其他综合收益　　　　　　　　　　　　　　6 000 000

(5) 被投资单位除净损益、其他综合收益及利润分配以外的所有者权益的其他变动。

采用权益法核算时,投资企业对于被投资单位除净损益、其他综合收益及利润分配以外的所有者权益的其他变动,应按照持股比例与被投资单位所有者权益的其他变动计算的归属于本企业的部分,相应调整长期股权投资的账面价值,同时增加或减少资本公积(其他资本公积)。被投资单位除净损益、其他综合收益及利润分配以外的所有者权的其他变动,主要包括被投资单位接受其他股东的资本性投入、被投资单位发行可分离交易的可转换公司债券中包含的权益成分、以权益结算的股份支付等。

【例 4-3-16】 A 公司持有 B 公司 30% 的股份,能够对 B 公司施加重大影响。B 公司为上市公司,当期 B 公司的母公司给予 B 公司捐赠 2 000 万元,该捐赠实质上属于资本性投入,B 公司将其计入资本公积(股本溢价)。不考虑其他因素,A 公司应编制会计分录如下:

A 公司确认应享有被投资单位所有者权益的其他变动 = 2 000 × 30% = 600(万元)

借:长期股权投资——其他权益变动	6 000 000
贷:资本公积——其他资本公积	6 000 000

企业处置长期股权投资时,应相应结转与所售股权相对应的长期股权投资的账面价值,出售所得价款与处置长期股权投资的账面价值之间的差额,应确认为处置损益。

采用权益法核算的长期股权投资,原计入其他综合收益(不能结转损益的除外)或资本公积(其他资本公积)中的金额,在处置时也应进行结转,将与所出售股权相对应的部分在处置时自其他综合收益或资本公积转入当期损益。

【例 4-3-17】 A 企业原持有 B 企业 40% 的股权,2018 年 12 月 20 日,A 企业将持有 B 企业股权的 50% 出售给非关联的第三方,出售时 A 企业账面上对 B 企业长期股权投资的构成为:投资成本 1 800 万元,损益调整 480 万元,可转入损益的其他综合收益 100 万元,其他权益变动 200 万元。出售取得价款 1 400 万元。A 企业应编制会计分录如下:

(1) A 企业确认处置损益:

借:银行存款	14 000 000
贷:长期股权投资——成本	9 000 000
——损溢调整	2 400 000
——其他综合收益	500 000
——其他权益变动	1 000 000
投资收益	1 100 000

(2) 将原计入其他综合收益或资本公积的部分按比例转入当期损益:

借:资本公积——其他资本公积	1 000 000
其他综合收益	500 000
贷:投资收益	1 500 000

（五）长期股权投资减值的核算

长期股权投资在按照规定进行核算确定其账面价值的基础上，如果存在减值迹象的，应当按照相关会计准则的规定计提减值准备。其中，对子公司、联营企业及合营企业的投资，应当按照《企业会计准则第 8 号——资产减值》的规定确定其可收回金额及应予计提的减值准备，企业在资产负债表日，根据长期股权投资减值的金额，借记"资产减值损失"科目，贷记"长期股权投资减值准备"科目。处置长期股权投资时，应同时结转已计提的长期股权投资减值准备。长期股权投资的减值准备在提取以后，不允许转回。

【例 4-3-18】 甲公司对长江股份有限公司进行长期股权投资，采用成本法核算。假如 2018 年长江公司发生巨额亏损，2018 年年末甲公司对长江公司的投资可收回金额为 150 万元，长期股权投资的账面价值为 250 万元，那么，甲公司需计提 100 万元减值准备。甲公司应做会计处理如下：

借：资产减值损失——计提的长期股权投资减值准备　　　　1 000 000
　　贷：长期股权投资减值准备　　　　　　　　　　　　　　　　　　1 000 000

案例分析与讨论

江淮公司 2018 年 3 月 1 日购入某上市公司普通股 520 万股，每股市价 19.83 元，作为交易性金融资产核算。2018 年 5 月 12 日，该上市公司股票每股市价上升至 21.02 元；2018 年 11 月 8 日，该上市公司遭受重大火灾，损失惨重，导致其股票价格狂跌至 5.21 元；2018 年 12 月 22 日，该上市公司股票价格恢复至 6.38 元。

分析思考：

（1）江淮公司在编制 2018 年 5 月 31 日、11 月 30 日和 12 月 31 日资产负债表时，是否需要将所购股票的账面价值分别调整为 21.02 元/股、5.21 元/股和 6.38 元/股？为什么？

（2）对于有市价的长期股权投资，如何判断其减值迹象？

（3）长期股权投资减值损失一经确认，在以后会计期间不得转回，体现了哪些会计思想？

小 结

筹集资金是企业成立和开展生产经营的第一活动。根据资金的来源渠道，企业资金可分为债务资金和权益资金。其中，债务资金根据筹资时间的长短又分为流动负债和长期负债，具体包括短期借款、长期借款、企业债券、融资租赁等。权益资金具体包括实收资本、资本公积和留存收益。

投资是企业为获得收益或实现资本增值而向被投资单位投放资金的经济行为。按投资的性质划分，投资可分为权益性投资和债权性投资。按对外投资投出资金的回收期限划分，投资可分为短期投资和长期投资。按持有意图划分，投资又可会为交易投资、可供出售投资、持有至到期投资、长期股权投资。

知识巩固

一、思考题

1. 企业常见的筹资形式有哪些?
2. 短期借款、长期借款的利息如何核算?
3. 债券折溢价摊销的实质是什么?
4. 盈余公积包括哪些内容?有哪些用途?
5. 什么是留存收益,包括哪些内容?
6. 什么是资本公积,包括哪些内容?什么是资本(股本)溢价?
7. 如何确定交易性金融资产的成本?
8. 简述长期股权投资的内容。
9. 长期股权投资的核算方法有哪几种?它们各自适用的范围是什么?
10. 如何确定长期股权投资的成本?

二、实务题

(一) 短期借款的核算

2020年4月1日,A公司从银行借入短期借款2 000 000元,年利率为7%,借款期限为3个月,到期一次还清本息。该公司短期借款利息费用采用按月预提、按季支付的方法核算。

要求:编制从借款开始到偿还本息的会计分录。

(二) 长期借款的核算

2018年1月1日,甲公司为了改建厂房,向银行借入一笔借款1 000 000元,期限为3年,年利率为10%,每年年末付息,到期偿还本金。该厂房将在2020年年底达到预定可使用状态。

要求:编制从借款开始到偿还本息的会计分录。

(三) 实收资本的核算

2020年,甲公司由A、B、C三个公司组建而成,总股本300 000元。A公司投入100 000元货币资金,B公司投入60 000元生产线和40 000元一栋厂房,C公司投入100 000元一项专利。

要求:根据上述资料,编制相关会计分录。

(四) 盈余公积的核算

(1) 甲公司现有股东情况如下:A公司占25%,B公司占30%,C公司占10%,D公司占5%,其他占30%。经公司股东大会决议,以盈余公积500 000元转增资本,并已办妥转增手续。

(2) 2020年,甲公司亏损200 000元,决定以盈余公积补亏。

要求：根据上述资料，编制相关会计分录。

（五）交易性金融资产的核算

（1）A 企业于 2020 年 4 月 21 日购入某上市公司的股票 20 000 股，每股面值 1 元，购入单价为 15 元，交易时另付相关费用 1 500 元。该上市公司已于 2020 年 4 月 25 日公布年报时宣布分派现金股利，每股 0.5 元，于 6 月 1 日支付。

（2）A 企业于 2020 年 5 月 20 日将持有的股票全部售出，价格为每股 15.5 元，同时支付相关费用 1 600 元。

要求：根据上述资料，编制相关会计分录。

（六）长期股权投资的核算

甲公司于 2019 年 1 月 1 日从证券市场上购入丙公司发行在外的 30% 的股份，准备长期持有，从而对丙公司能够施加重大影响，实际支付款项 2 000 万元，另支付相关税费 10 万元。

（1）2019 年 1 月 1 日，丙公司可辨认净资产公允价值为 6 600 万元，资产的公允价值与账面价值相等。

（2）2019 年 12 月 31 日，丙公司其他债权投资的公允价值上升 200 万元。

（3）2019 年，丙公司实现净利润 510 万元。

（4）2020 年 3 月 10 日，丙公司宣告分派现金股利 100 万元。

（5）2020 年 3 月 25 日，甲公司收到丙公司分派的现金股利。

（6）2020 年，丙公司实现净利润 612 万元，除此之外，所有者权益未发生其他变动。

要求：假设不考虑所得税等其他因素。根据上述资料，编制相关会计分录。

项目五 财务成果的核算

本项目说明

财务成果是企业一定会计期间收入大于费用后的差额,表现为盈利或亏损,它是反映企业一定时期经营好坏的一项综合指标。财务成果的核算是总账会计(主办会计)等相关岗位应掌握的工作内容。对本项目内容的学习,不仅要掌握好相关单一的知识点,还要注意与资产、负债、所有者权益、会计报表的相互结合,以及与收入、费用、利润之间的相互关联等。

知识目标

1. 掌握收入确认的原则和前提条件。
2. 掌握收入确认和计量的步骤及收入核算应设置的会计科目。
3. 掌握在某一时点和某一时段内履行履约义务并确认收入的账务处理。
4. 掌握合同取得成本和合同履约成本的内容及账务处理。
5. 掌握营业成本的账务处理。
6. 掌握税金及附加的账务处理。
7. 掌握期间费用的内容及账务处理。
8. 掌握营业外收入、营业外支出的核算内容及账务处理。
9. 掌握应交所得税、所得税费用的计算及账务处理。
10. 掌握利润的构成、本年利润的结转方法及账务处理。
11. 熟悉营业成本的组成、税金及附加的内容。

能力目标

1. 能正确判断经济业务是否满足收入确认的条件,并区别在某一时点履行履约义务和在某一时段内履行履约义务确认收入的适用情形。
2. 能正确核算一般交易和特定交易。
3. 能区别期间费用和成本费用,并熟练进行利润形成过程和利润分配业务的账务处理。

知识准备

收入、费用、利润是反映企业财务成果的三个重要的会计要素。财务成果的计算和处理,涉及所有者、国家等方面的利益,企业必须按照国家统一的会计制度和相关法规的规定,正确计算和核算财务成果。

任务一　收入的核算

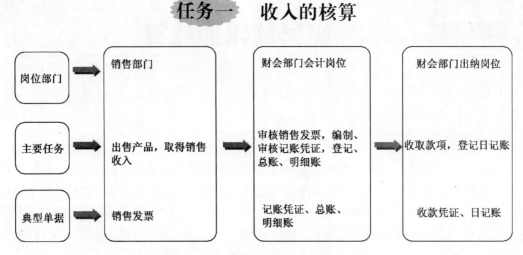

图 5-1　收入核算的工作过程与岗位对照

一、收入的概念及分类

(一)收入的概念

收入是指企业在日常活动中形成的、会导致所有者权益增加的、与所有者投入资本无关的经济利益的总流入。其中,日常活动是指企业为完成其经营目标所从事的经常性活动及与之相关的其他活动。工业企业制造并销售产品、商品流通企业销售商品、咨询公司提供咨询服务、软件公司为客户开发软件、安装公司提供安装服务、建筑企业提供建造服务等,均属于企业的日常活动。企业应当按照本任务确认收入的方式反映其向客户转让商品(或提供劳务)的模式,收入的金额应当反映企业因转让这些商品(或提供相关劳务)而预期有权收取的对价金额。

本任务不涉及企业对外出租资产收取的租金(适用租赁准则)、进行债权投资收取的利息(适用金融工具确认与计量准则)、进行股权投资取得的现金股利(适用长期股权投资准则)、保险合同取得的保费收入(适用保险合同准则)等。企业以存货换取客户的存货、固定资产、无形资产及长期股权投资等,按照本任务进行会计处理;其他非货币性资产交换,按照非货币性资产交换的规定进行会计处理。

(二)收入的分类

按照企业经营业务的主次分类,可以将收入分为主营业务收入和其他业务收入。

1. 主营业务收入

不同行业其主营业务收入所包括的内容也不同。工业企业的主营业务收入包括销售产品、自制半成品、代制品、代修品,提供工业性劳务等所取得的收入;商品流通企业的主营业务收入主要包括销售商品所取得的收入;旅游企业的主营业务收入主要包括客房收入、餐饮收入等。主营业务收入一般占企业营业收入的比重较大,对企业的经济效益产生较大的影响。

2. 其他业务收入

其他业务收入主要包括转让技术取得的收入、销售材料取得的收入、包装物出租收入等。其他业务收入一般占企业营业收入的比重较小。

二、收入的确认和计量

(一) 收入确认的原则

企业确认收入的方式应当反映其向客户转让商品的模式,收入的金额应当反映企业因转让这些商品而预期有权收取的对价金额。

企业应当在履行了合同中的履约义务,即在客户取得相关商品控制权时确认收入。取得相关商品控制权是指能够主导该商品的使用并从中获得几乎全部的经济利益,也包括有能力阻止其他方主导该商品的使用并从中获得经济利益。

取得商品控制权同时包括下列三项要素:

一是能力。即客户必须拥有现时权利,能够主导该商品的使用并从中获得几乎全部的经济利益。

二是主导该商品的使用。客户有能力主导该商品的使用是指客户有权使用该商品,或者能够允许或阻止其他方使用该商品。

三是能够获得几乎全部的经济利益。商品的经济利益是指该商品的潜在现金流量,既包括现金流入的增加,也包括现金流出的减少。

(二) 收入确认的前提条件

当企业与客户之间的合同同时满足下列条件时,企业应当在客户取得相关商品控制权时确认收入:

(1) 合同各方已批准该合同并承诺将履行各自义务;

(2) 该合同明确了合同各方与所转让商品(或提供劳务)相关的权利和义务;

(3) 该合同有明确的与所转让商品(或提供劳务)相关的支付条款;

(4) 该合同具有商业实质,即履行该合同将改变企业未来现金流量的风险、时间分布或金额;

(5) 企业因向客户转让商品(或提供劳务)而有权取得的对价很可能收回。

在进行上述判断时,需要注意以下三点:

第一,合同约定的权利和义务是否具有法律约束力,需要根据企业所处的法律环境和实务操作进行判断,包括合同订立的方式和流程、具有法律约束力的权利和义务的时间等。对于合同各方均有权单方面终止完全未执行的合同,且无需对合同其他方做出补偿的,企业应当视为该合同不存在。其中,完全未执行的合同是指企业尚未向客户转让任何合同中承诺的商品(或劳务),也尚未收取且尚未有权收取已承诺商品(或劳务)的任何对价的合同。

第二,合同具有商业实质是指履行该合同将改变企业未来现金流量的风险、时间分布或金额。关于商业实质,应按照非货币性资产交换中有关商业实质说明进行判断。

第三,企业在评估其因向客户转让商品(或提供劳务)而有权取得的对价是否很可能收回时,仅应考虑客户到期时支付对价的能力和意图(即客户的信用风险)。企业在进行判断时,应当考虑是否存在价格折让。存在价格折让的,应当在估计交易价格时加以考虑。企业预期很可能无法收回全部合同对价时,应当判断其原因是客户的信用风险还是企业向客户提供了价格折让。

(三)收入确认和计量的步骤

根据《企业会计准则第 14 号——收入》(财会〔2017〕22 号),收入确认和计量大致分为五个步骤:

1. 识别与客户订立的合同

合同是指双方或多方之间订立有法律约束力的权利义务的协议。合同有书面形式、口头形式及其他形式。合同的存在是企业确认客户合同收入的前提,企业与客户之间的合同一经签订,企业即享有从客户取得与转移商品或劳务对价的权利,同时负有向客户转移商品或劳务的履约义务。

【例 5-1-1】 甲房地产开发公司与乙公司签订合同,向其销售一栋建筑物,合同价款为 100 万元。乙公司在合同开始日即取得了该建筑物的控制权。根据合同约定,乙公司在合同开始日支付了 5% 的保证金 5 万元,并就剩余 95% 的价款与甲公司签订了不附追索权的长期融资协议,如果乙公司违约,甲公司可重新拥有该建筑物,即使收回的建筑物不能涵盖所欠款项的总额,甲公司也不能向乙公司索取进一步的赔偿。

乙公司计划在该建筑物内开设一家餐馆。但是,在该建筑物所在的地区,餐饮行业面临激烈的竞争,且乙公司缺乏餐饮行业的经营经验。

分析:本例中,乙公司计划以该餐馆产生的收益偿还甲公司的欠款,除此之外并无其他的经济来源,乙公司也未对该笔欠款设定任何担保。如果乙公司违约,甲公司虽然可重新拥有该建筑物,但即使收回的建筑物不能涵盖所欠款项的总额,甲公司也不能向乙公司索取进一步的赔偿。因此,甲公司应当将收到的 5 万元确认为一项负债。

2. 识别合同中的单项履约义务

履约义务是指合同中企业向客户转让可明确区分商品的承诺。

在下列情况下,企业应当将向客户转让商品的承诺作为单项履约义务:一是企业向客户转让可明确区分商品的承诺;二是企业向客户转让一系列实质相同且转让模式相同的、可明确区分商品的承诺。例如,某企业为客户建造写字楼的合同中,该企业向客户提供的单项商品可能包括砖头、水泥和人工等,虽然这些单项商品本身都能够使客户获益(如客户可将这些建筑材料以高于残值的价格出售,也可以将其与其他建筑商提供的材料或人工等资源一起使用),但是,在该合同下,该企业向客户承诺的是为其建造一栋写字楼,而并非提供这些砖头、水泥和人工等,该企业需提供重大的服务将这些单项商品进行整合,以形成合同约定的一项组合产出(即写字楼)转让给客户。因此,在该合同中,砖头、水泥和人工等商品彼此之间不能单独区分。企业应将合同中承诺的所有商品和服务,作为单一履约义务进行会计处理。再比如,企业承诺为客户设计一种实验性的新产品并负责生产10个样品,企业在生产和测试样品的过程中需要对产品的设计进行不断修正,导致已生产的样品均可能需要进行不同程度的返工。当企业预计由于设计的不断修正,大部分或全部拟生产的样品均可能需要进行一些返工时,在不对生产造成重大影响的情况下,由于提供设计服务与提供样品生产服务产生的风险不可分割,客户没有办法选择仅购买设计服务或者仅购买样品生产服务。因此,企业提供的设计服务和样品生产服务是不断交替反复进行的,两者高度关联,在合同层面是不可明确区分的。

当企业向客户连续转让某项承诺的商品时,如每天提供类似劳务的长期劳务合同等,如果这些商品属于实质相同且转让模式相同的一系列商品,企业应当将这一系列商品作为单项履约义务。其中,转让模式相同是指每一项可明确区分的商品均满足在某一时段内履行履约义务的条件,且采用相同方法确定其履约进度。例如,企业向客户提供2年的酒店管理服务,具体包括保洁、维修、安保等,但没有具体的服务次数或时间的要求,尽管企业每天提供的具体服务不一定相同,但是企业每天对于客户的承诺都是相同的,即按照约定的酒店管理标准,随时准备根据需要为其提供相关服务,因此,企业每天提供的该酒店管理服务符合"实质相同"的条件。

3. 确定交易价格

交易价格是指企业因向客户转让商品(或提供劳务)而预期有权收取的对价金额。企业代第三方收取的款项(如增值税)及企业预期将退还给客户的款项,应当作为负债进行会计处理,不计入交易价格。合同标价并不一定代表交易价格,企业应当根据合同条款,并结合以往的习惯做法等确定交易价格。例如,甲公司与客户签订合同为其建造一栋厂房,约定的价款为100万元,4个月完工,那么,交易价格就是固定金额100万元;假如合同中约定若提前1个月完工,客户将额外奖励甲公司10万元,甲公司估计工程提前1个月完工的概率为95%,则甲公司预计有权收取的对价为110万元,因此,交易价格包括固定金额100万元和可变金额10万元,总计为110万元。

4. 将交易价格分摊至各单项履约义务

合同中包含两项或多项履约义务的,企业应当在合同开始日,按照各单项履约义务所承诺商品(或劳务)的单独售价的相对比例,将交易价格分摊至各单项履约义务。单独售价是指企业向客户单独销售商品(或提供劳务)的价格。企业在类似环境下向类似客户单独销售商品的价格,应作为确认该商品单独售价的最佳证据。单独售价无法直接观察的,企业应当综合考虑其能够合理取得的全部相关信息,采用市场调整法、成本加成法、余值法等方法合理估计单独售价。

(1) 市场调整法是指企业根据某商品或类似商品的市场售价,考虑本企业的成本和毛利等进行适当调整后的金额,确定其单独售价的方法。

(2) 成本加成法是指企业根据某商品的预计成本加上其合理毛利后的金额,确定其单独售价的方法。

(3) 余值法是指企业根据合同交易价格减去合同中其他商品可观察的单独售价后的余额,确定某商品单独售价的方法。企业在商品近期售价波动幅度巨大,或者因未定价且未曾单独销售而使售价无法可靠确定时,可采用余值法估计其单独售价。

企业在估计单独售价时,应当最大限度地采用可观察的输入值,并对类似情况采用一致的估计方法。

> **【例 5-1-2】** 甲公司与客户签订合同,向其销售 A、B、C 三件产品,合同价款为 10 000 元。A、B、C 产品的单独售价分别为 5 000 元、2 500 元和 7 500 元,合计 15 000 元。上述价格均不包含增值税。
>
> 分析:本例中,根据上述交易价格分摊原则,A 产品应当分摊的交易价格为 3 333(5 000÷15 000×10 000)元,B 产品应当分摊的交易价格为 1 667(2 500÷15 000×10 000)元,C 产品应当分摊的交易价格为 5 000(7 500÷15 000×10 000)元。

5. 履行各单项履约义务时确认收入

当企业将商品转移给客户,客户取得了相关商品的控制权,就意味着企业履行了合同履约义务,此时,企业应确认收入。企业将商品控制权转移给客户,可能是在某一时段内(即履行履约义务的过程中)发生,也可能是在某一时点(即履约义务完成时)发生。企业应当根据实际情况,首先判断履约义务是否满足在某一时段内履行的条件,如不满足,则该履约义务属于在某一时点履行的履约义务。

以上收入确认和计量的五个步骤中,第一步、第二步和第五步主要与收入的确认有关,第三步和第四步主要与收入的计量有关。

需要说明的是,一般而言,确认和计量任何一项合同收入都应考虑全部的五个步骤,但履行某些合同义务确认和计量收入不一定都经过五个步骤,如企业按照第二步确定某项合同仅为单项履约义务时,可以从第三步直接进入第五步确认收入,无须进行第四步(即分摊交易价格)。

三、收入核算应设置的会计科目

为了核算企业与客户之间的合同产生的收入及相关的成本费用,一般需要设置"主营业务收入""其他业务收入""主营业务成本""其他业务成本""合同取得成本""合同履约成本""合同资产""合同负债"等科目。

(1)"主营业务收入"科目核算企业确认的销售商品、提供劳务等主营业务的收入。该科目贷方登记企业主营业务活动实现的收入,借方登记期末转入"本年利润"科目的主营业务收入,结转后该科目应无余额。该科目可按主营业务的种类进行明细核算。

(2)"其他业务收入"科目核算企业确认的除主营业务活动以外的其他经营活动实现的收入,包括出租固定资产、出租无形资产、出租包装物和商品、销售材料、用材料进行非货币性交换(非货币性交换具有商业实质且公允价值能够可靠计量)或债务重组等实现的收入。该科目贷方登记企业其他业务活动实现的收入,借方登记期末转入"本年利润"科目的其他业务收入,结转后该科目应无余额。该科目可按其他业务的种类进行明细核算。

(3)"主营业务成本"科目核算企业确认销售商品、提供劳务等主营业务收入时应结转的成本。该科目借方登记企业应结转的主营业务成本,贷方登记期末转入"本年利润"科目的主营业务成本,结转后该科目应无余额。该科目可按主营业务的种类进行明细核算。

(4)"其他业务成本"科目核算企业确认的除主营业务活动以外的其他经营活动所形成的成本,包括出租固定资产的折旧额、出租无形资产的摊销额、出租包装物的成本或摊销额、销售材料的成本等。该科目借方登记企业应结转的其他业务成本,贷方登记期末转入"本年利润"科目的其他业务成本,结转后该科目应无余额。该科目可按其他业务的种类进行明细核算。

(5)"合同取得成本"科目核算企业取得合同发生的、预计能够收回的增量成本。该科目借方登记发生的合同取得成本,贷方登记摊销的合同取得成本,期末借方余额反映企业尚未结转的合同取得成本。该科目可按合同进行明细核算。

【例5-1-3】 甲公司是一家咨询公司,通过竞标赢得一个新客户,为取得和该客户的合同,甲公司发生下列支出:(1)聘请外部律师进行尽职调查的支出为15 000元;(2)因投标发生的差旅费为10 000元;(3)销售人员佣金为5 000元。甲公司预期这些支出未来能够收回。此外,甲公司根据其年度销售目标、整体盈利情况及个人业绩等,向销售部门经理支付年度奖金10 000元。

分析:本例中,甲公司向销售人员支付的佣金属于为取得合同发生的增量成本,应当将其作为合同取得成本确认为一项资产。甲公司聘请外部律师进行尽职调查发生的支出、为投标发生的差旅费,无论是否取得合同都会发生,不属于增量成本,因此应当于发生时直接计入当期损益。甲公司向销售部门经理支付的年度奖金也不是为取得合同发生的增量成本,该奖金发放与否及发放金额还取决于其他因素(包括公司的盈利情况和个人业绩),因此并不能直接归属于可识别的合同。

(6)"合同履约成本"科目核算企业为履行当前或预期取得的合同所发生的、不属于其他企业会计准则规范范围且按照收入准则应当确认为一项资产的成本。该科目借方登记发生的合同履约成本,贷方登记摊销的合同履约成本,期末借方余额反映企业尚未结转的合同履约成本。该科目可按合同分别设置"服务成本""工程施工"等进行明细核算。

【例5-1-4】 甲公司与乙公司签订合同,为乙公司信息中心提供管理服务,合同期限为5年。在向乙公司提供服务之前,甲公司设计并搭建了一个信息技术平台供其内部使用,该信息技术平台由相关的硬件和软件组成。甲公司需要提供设计方案,将该信息技术平台与乙公司现有的信息系统对接,并进行相关测试。该平台并不会转让给乙公司,但是,将用于向乙公司提供服务。甲公司为该平台的设计、购买硬件和软件及信息中心的测试发生了成本。除此之外,甲公司专门指派2名员工负责向乙公司提供服务。

分析:本例中,甲公司为履行合同发生的上述成本中,购买硬件和软件的成本应当分别按照固定资产、无形资产的规定进行会计处理;设计服务成本和信息中心的测试成本不属于其他准则的规范范围,但是这些成本与履行该合同直接相关,并且增加了甲公司未来用于履行履约义务(即提供管理服务)的资源,如果甲公司预期该成本可通过未来提供服务收取的对价收回,则甲公司应当将这些成本确认为一项资产。甲公司向2名负责该项目的员工支付的工资费用虽然与向乙公司提供服务有关,但是,由于其并未增加企业未来用于履行履约义务的资源,因此应当于发生时计入当期损益。

(7)"合同资产"科目核算企业已向客户转让商品而有权收取对价的权利,且该权利取决于时间流逝之外的其他因素(如履行合同中其他履约义务)。该科目借方登记因已转让商品而有权收取的对价金额,贷方登记取得无条件收款权的金额,期末借方余额反映企业已向客户转让商品而有权收取的对价金额。该科目按合同进行明细核算。应收款项是企业无条件收取合同对价的权利,该权利应当作为应收款项单独列示。应收款项与合同资产的区别在于,应收款项代表的是无条件收取合同对价的权利,即企业仅仅随着时间的流逝即可收款,而合同资产并不是一项无条件收款权,该权利除了时间流逝之外,还取决于其他条件(如履行合同中的其他履约义务)才能收取相应的合同对价。因此,与合同资产和应收款项相关的风险是不同的,应收款项仅承担信用风险,而合同资产除承担信用风险之外,还可能承担其他风险,如履约风险等。合同资产减值的计量、列报和披露应当按照相关金融工具准则的要求进行会计处理。

【例5-1-5】 2020年3月1日,甲公司与客户签订合同,向其销售A、B两项商品,A商品的单独售价为6 000元,B商品的单独售价为24 000元,合同价款为25 000元。合同约定,A商品于合同开始日交付,B商品在一个月之后交付,只有当两项商品全部交付之后,甲公司才有权收取25 000元的合同对价。假定A商品和B商品分别构成单项履约义务,其控制权在交付时转移给客户。上述价格均不包含增值税,且假定不考虑相关税费影响。甲公司应编制会计分录:

本例中,分摊至A商品的合同价款为5 000[6 000÷(6 000+24 000)×25 000]元,分摊至B商品的合同价款为20 000[24 000÷(6 000+24 000)×25 000]元。

(1) 交付A商品时:

借:合同资产　　　　　　　　　　　　　　　　　　　　　5 000
　　贷:主营业务收入　　　　　　　　　　　　　　　　　　　　　5 000

(2) 交付B商品时:

借:应收账款　　　　　　　　　　　　　　　　　　　　　25 000
　　贷:合同资产　　　　　　　　　　　　　　　　　　　　　　5 000
　　　　主营业务收入　　　　　　　　　　　　　　　　　　　20 000

(8)"合同负债"科目核算企业已收或应收客户对价而应向客户转让商品的义务。该科目贷方登记企业在向客户转让商品之前,已经收到或已经取得无条件收入合同对价权利的金额;借方登记企业向客户转让商品时冲销的金额;期末贷方余额反映企业在向客户转让商品之前,已经收到的合同对价或已经取得的无条件收取合同对价权利的金额。该科目按合同进行明细核算。

四、履行履约义务确认收入的账务处理

(一) 在某一时点履行履约义务确认收入

对于在某一时点履行的履约义务,企业应当在客户取得相关商品控制权时点确认收入。在判断控制权是否转移时,企业应当综合考虑下列迹象:

(1) 企业就该商品享有现时收款权利,即客户就该商品负有现时付款义务。例如,甲企业与客户签订销售商品合同,约定客户有权定价且在收到商品无误后10日内付款。在客户

收到甲企业开具的发票、商品验收入库后,客户能够自主确定商品的销售价格或商品的使用情况,此时甲企业享有收款权利,客户负有现时付款义务。

(2) 企业已将该商品的法定所有权转移给客户,即客户已拥有该商品的法定所有权。客户如果取得了商品的法定所有权,则可能表明其已经有能力主导该商品的使用并从中获得几乎全部的经济利益,或者能够阻止其他企业获得这些经济利益。如果企业仅仅是为了确保到期收回货款而保留商品的法定所有权,那么,企业拥有的该权利通常不会对客户取得对该商品的控制权构成障碍。

(3) 企业已将该商品实物转移给客户,即客户已占有该商品实物。客户占有了某项商品实物并不意味着其就一定取得了该商品的控制权,反之亦然。

如,委托代销安排。委托代销安排是指委托方和受托方签订代销合同或协议,委托受托方向终端客户销售商品。受托方没有获得对该商品控制权的,企业通常应当在受托方售出商品后,按合同或协议约定的方法计算确定的手续费确认收入。

再比如,售后代管安排。售后代管安排是指根据企业与客户签订的合同,企业已经就销售的商品向客户收款或取得了收款权利,但是直到在未来某一时点将该商品交付给客户之前,企业仍然继续持有该商品实物的安排。在售后代管安排下,除了应当考虑客户是否取得商品控制权的迹象之外,还应当同时满足下列四项条件,才表明客户取得了该商品的控制权:一是该安排必须具有商业实质,如该安排是应客户的要求而订立的;二是属于客户的商品必须能够单独识别,如将属于客户的商品单独存放在指定地点;三是该商品可以随时应客户要求交付给客户;四是企业不能自行使用该商品或将该商品提供给其他客户。

(4) 企业已将该商品所有权上的主要风险和报酬转移给客户,即客户已取得该商品所有权上的主要风险和报酬。比如,在企业将产品销售给客户,并承诺提供后续维护服务的安排中,销售产品和提供后续维护服务均构成单项履约义务,企业将产品销售给客户之后,虽然仍然保留了与后续维护服务相关的风险,但是由于后续维护服务构成单项履约义务,所以该保留的风险并不影响企业已将产品所有权上的主要风险和报酬转移给客户的判断。再比如,甲房地产公司向客户销售商品房,办理产权转移手续后,该商品房价格上涨或下跌带来的利益或损失全部属于客户,表明客户已取得该商品房所有权上的主要风险和报酬。

(5) 客户已接受该商品。当商品通过了客户的验收,通常表明客户已接受该商品。客户验收通常有两种情况:一是企业向客户转让商品时,能够客观地确定该商品符合合同约定的标准和条件,客户验收只是一项例行程序,不会影响企业判断客户取得该商品控制权的时点;二是企业向客户转让商品时,无法客观地确定该商品是否符合合同约定的标准和条件,在客户验收之前,企业不能认为已经将该商品的控制权转移给了客户,企业只有在客户完成验收并接受该商品时才能确认收入。在实务中,定制化程度越高的商品,越难以证明客户验收仅仅是一项例行程序。

需要强调的是,在上述五个迹象中,并没有哪一个或哪几个迹象是决定性的,企业应当根据合同条款和交易实质进行分析,综合判断其是否将商品的控制权转移给了客户及何时转移的,从而确定收入确认的时点。此外,企业应当从客户的角度进行评估,而不应当仅考虑企业自身的看法。

1. 一般销售商品业务收入的账务处理

【例 5-1-6】 甲公司向乙公司销售商品一批,开具的增值税专用发票上注明售价为 400 000 元,增值税额为 52 000 元;甲公司收到乙公司开出的不带息银行承兑汇票一张,票面金额为 452 000 元,期限为 2 个月;甲公司以银行存款支付代垫运费,增值税专用发票上注明运输费为 2 000 元,增值税额为 180 元,所垫运费尚未收到;该批商品成本为 320 000 元;乙公司收到商品并验收入库。甲公司应编制会计分录如下:

本例中,甲公司已经收到乙公司开出的不带息银行承兑汇票,乙公司收到商品并验收入库,因此,销售商品为单项履约义务且属于在某一时点履行的履约义务。

(1) 确认收入时:

借:应收票据 452 000
　　贷:主营业务收入 400 000
　　　　应交税费——应交增值税(销项税额) 52 000
借:主营业务成本 320 000
　　贷:库存商品 320 000

(2) 代垫运费时:

借:应收账款 2 180
　　贷:银行存款 2 180

2. 已经发出商品但不能确认收入的账务处理

如果企业售出商品不符合销售商品收入确认的五个迹象中的任何一项,则在发出商品时企业不应确认收入,而是应将发出商品的成本记入"发出商品"科目,借记"发出商品"科目,贷记"库存商品"科目。如已发出的商品被客户退回,应编制相反的会计分录。"发出商品"科目核算企业商品已发出但客户没有取得商品的控制权的商品成本。当收到货款或取得收取货款权利时,确认收入,借记"银行存款""应收账款"等科目,贷记"主营业务收入""应交税费——应交增值税(销项税额)"科目,同时结转已销售商品成本,借记"主营业务成本"科目,贷记"发出商品"科目。

【例 5-1-7】 甲公司委托丙公司销售 W 商品 200 件,W 商品已经发出,每件成本为 60 元。合同约定丙公司应按每件 100 元对外销售,甲公司按不含增值税的销售价格的 10% 向丙公司支付手续费。丙公司对外实际销售 100 件,开出的增值税专用发票上注明的售价为 10 000 元,增值税额为 1 300 元,款项已经收到。甲公司收到丙公司开具的代销清单时,向丙公司开具一张相同金额的增值税专用发票。假定除上述情况外,不考虑其他因素。

分析:本例中,甲公司将 W 商品发送至丙公司后,丙公司虽然已经实物占有 W 商品,但仅是接受甲公司的委托销售 W 商品,并根据实际销售的数量赚取一定比例的手续费。甲公司有权要求收回 W 商品或将其销售给其他的客户,丙公司并不能主导这些商品的销售,这些商品对外销售与否、是否获利及获利多少等均不由丙公司控制,丙公司没有取得这些商品的控制权。因此,甲公司将 W 商品发送至丙公司时,不应确认收入,而应当在丙公司将W商品销售给最终客户时,根据代销清单确认收入。

根据上述资料,甲公司应编制会计分录如下:

(1) 发出商品:

借:发出商品——丙公司	12 000
贷:库存商品——W商品	12 000

(2) 收到代销清单,同时发生增值税纳税义务:

借:应收账款——丙公司	11 300
贷:主营业务收入——W商品	10 000
应交税费——应交增值税(销项税额)	1 300
借:主营业务成本——W商品	6 000
贷:发出商品——丙公司	6 000
借:销售费用——代销手续费	1 000
贷:应收账款——丙公司	1 000

(3) 收到丙公司支付的货款:

借:银行存款	10 300
贷:应收账款——丙公司	10 300

丙公司应编制会计分录如下:

(1) 收到商品:

借:受托代销商品——甲公司	20 000
贷:受托代销商品款——甲公司	20 000

(2) 对外销售:

借:银行存款	11 300
贷:受托代销商品——甲公司	10 000
应交税费——应交增值税(销项税额)	1 300

(3) 收到增值税专用发票:

借:受托代销商品款——甲公司	10 000
应交税费——应交增值税(进项税额)	1 300
贷:应付账款——甲公司	11 300

(4) 支付货款并计算代销手续费:

借:应付账款——甲公司	11 300
贷:银行存款	10 300
其他业务收入——代销手续费	1 000

3. 商业折扣、现金折扣和销售退回的账务处理

(1) 商业折扣。

商业折扣是指企业为促进商品销售而给予的价格扣除。例如,企业为鼓励客户多买商品,可能规定购买100件以上商品给予客户10%的折扣。此外,企业为了尽快出售一些冷背残次的商品,也可能打折销售。商业折扣在销售前即已发生,并不构成最终成交价格的一部分,企业应当按照扣除商业折扣后的金额确定商品销售价格和商品销售收入金额。

(2) 现金折扣。

现金折扣是指债权人为鼓励债务人在规定的期限内尽快付清货款,而向债务人提供的部分债务免除。现金折扣一般采用"折扣率/付款期限"的形式表示,如"2/10,1/20,N/30",其含义为销货方允许客户最长的付款期限为30天,如果客户在10天内付款,销货方可按商品售价给予客户2%的折扣;如果客户在11—20天内付款,销货方可按商品售价给予客户1%的折扣;如果客户在21—30天内付款,将不能享受现金折扣。

现金折扣发生在商品销售之后,是否发生及发生多少要视客户的付款情况而定,企业在确认商品销售收入时不能确定现金折扣金额。因此,企业销售商品涉及现金折扣的,应当按照扣除现金折扣前的金额确定商品销售收入金额。现金折扣实际上是企业为了尽快回笼资金而发生的理财费用,应在实际发生时计入当期财务费用。

在计算现金折扣时,还应注意是按不含增值税的价款计算确定,还是按含增值税的价款计算确定,两种情况下客户享受的折扣金额不同。例如,销售价格为1 000元的商品,增值税额为130元,如果现金折扣不考虑增值税,按1%的折扣率计算,客户享受的现金折扣金额为10元;如果考虑增值税额,则客户享受的现金折扣金额为11.3元。

【例5-1-8】 甲公司为增值税一般纳税人,2019年9月1日销售A商品5 000件并开具增值税专用发票,每件商品的标价为200元(不含增值税),A商品适用的增值税税率为13%;每件商品的实际成本为120元;甲公司给予客户10%的商业折扣,并在销售合同中规定现金折扣条件为"2/10,1/20,N/30";A商品于9月1日发出,客户于9月9日付款。该项销售业务属于在某一时点履行的履约义务。假定计算现金折扣不考虑增值税。

分析:本例中,涉及商业折扣和现金折扣问题,商品销售收入的金额应是未扣除现金折扣但扣除商业折扣后的金额,现金折扣应在实际发生时计入当期财务费用。因此,甲公司应确认的商品销售收入的金额为900 000(200×5 000-200×5 000×10%)元,增值税销项税额为117 000(900 000×13%)元。客户在10日内付款,享受的现金折扣为18 000(900 000×2%)元。甲公司应编制会计分录如下:

(1) 9月1日,确认收入时:

借:应收账款	1 017 000
贷:主营业务收入	900 000
应交税费——应交增值税(销项税额)	117 000
借:主营业务成本	600 000
贷:库存商品	600 000

(2) 9月9日,收到货款时:

借:银行存款	999 000
财务费用	18 000
贷:应收账款	1 017 000

如果客户于9月19日付款,则享受的现金折扣为9 000(900 000×1%)元,收到货款时,甲公司应编制会计分录如下:

借:银行存款	1 008 000
财务费用	9 000

贷：应收账款　　　　　　　　　　　　　　　　　　　　　　　1 017 000
　　如果客户于9月底付款,则应按全额付款,收到货款时,甲公司应编制会计分录如下:
　　借：银行存款　　　　　　　　　　　　　　　　　　　　　　　1 017 000
　　　贷：应收账款　　　　　　　　　　　　　　　　　　　　　　　1 017 000

（3）销售退回。

销售退回是指企业因售出商品在质量、规格等方面不符合销售合同规定条款的要求,客户要求企业予以退货。企业销售商品发生退货,表明企业履约义务的减少和客户商品控制权及其相关经济利益的丧失。已确认销售收入的商品发生销售退回时,除属于资产负债表日后事项的以外,企业收到退回的商品时,应退回已收货款或应收账款,并冲减主营业务收入和增值税销项税额,借记"主营业务收入""应交税费——应交增值税（销项税额）"等科目,贷记"银行存款""应收票据""应收账款"等科目。收到退回商品验收入库时,按照商品成本,借记"库存商品"科目,贷记"主营业务成本"科目。如该项销售退回已发生现金折扣,应同时调整相关财务费用的金额。

【例5-1-9】　甲公司于2019年5月20日销售A商品一批,增值税专用发票上注明售价为350 000元,增值税额45 500元,该批商品成本为182 000元。A商品于2019年5月20日发出,客户于5月27日付款。该项业务属于在某一时点履行的履约义务。2019年9月16日,该商品质量出现严重问题,客户将该商品全部退回给甲公司。甲公司同意退货,并于退货当日支付了退货款,同时按规定向客户开具了增值税专用发票（红字）。假定不考虑其他因素,甲公司应编制会计分录如下:

(1) 5月20日确认收入时：
借：应收账款　　　　　　　　　　　　　　　　　　　　　　　395 500
　贷：主营业务收入　　　　　　　　　　　　　　　　　　　　　350 000
　　　应交税费——应交增值税（销项税额）　　　　　　　　　　45 500
借：主营业务成本　　　　　　　　　　　　　　　　　　　　　　182 000
　贷：库存商品　　　　　　　　　　　　　　　　　　　　　　　182 000
(2) 5月27日收到货款时：
借：银行存款　　　　　　　　　　　　　　　　　　　　　　　　395 500
　贷：应收账款　　　　　　　　　　　　　　　　　　　　　　　395 500
(3) 9月16日发生销售退回时：
借：主营业务收入　　　　　　　　　　　　　　　　　　　　　　350 000
　　应交税费——应交增值税（销项税额）　　　　　　　　　　　45 500
　贷：银行存款　　　　　　　　　　　　　　　　　　　　　　　395 500
借：库存商品　　　　　　　　　　　　　　　　　　　　　　　　182 000
　贷：主营业务成本　　　　　　　　　　　　　　　　　　　　　182 000

4. 销售材料等存货的账务处理

企业销售原材料、包装物等存货取得收入的确认和计量原则参照商品销售。企业销售原材料、包装物等存货确认的收入作为其他业务收入处理,结转的相关成本作为其他业务成本处理。

> 【例 5-1-10】 甲公司向乙公司销售一批原材料,开具的增值税专用发票上注明售价为 100 000 元,增值税额为 13 000 元;甲公司收到乙公司支付的款项存入银行;该批原材料的实际成本为 90 000 元;乙公司收到原材料并验收入库。
>
> 分析:本例中,甲公司已经收到乙公司支付的货款,乙公司也已收到原材料并验收入库,因此,该项业务为单项履约义务且属于在某一时点履行的履约义务。甲公司应编制会计分录如下:
>
> (1) 确认收入时:
>
> 借:银行存款　　　　　　　　　　　　　　　　　　　　113 000
> 　　贷:其他业务收入　　　　　　　　　　　　　　　　　　100 000
> 　　　　应交税费——应交增值税(销项税额)　　　　　　　　13 000
>
> (2) 结转原材料成本时:
>
> 借:其他业务成本　　　　　　　　　　　　　　　　　　90 000
> 　　贷:原材料　　　　　　　　　　　　　　　　　　　　90 000

(二) 在某一时段内履行履约义务确认收入

1. 在某一时段内履行履约义务的条件

对于在某一时段内履行的履约义务,企业应当在该段时间内按照履约进度确认收入,履约进度不能合理确定的除外。满足下列条件之一的,属于在某一时段内履行履约义务。

(1) 客户在企业履约的同时即取得并消耗企业履约所带来的经济利益。

企业在履约过程中是持续地向客户转移该服务的控制权的,该履约义务属于在某一时段内履行的履约义务,企业应当在提供该服务的期间内确认收入。企业在进行判断时,可以假定在企业履约的过程中更换为其他企业继续履行剩余履约义务,如果该继续履行合同的企业实质上无须重新执行企业累计至今已经完成的工作,则表明客户在企业履约的同时即取得并消耗了企业履约所带来的经济利益。例如,企业承诺将客户的一批货物从 A 市运送到 B 市,假定该批货物在途经 C 市时,由另外一家运输公司接替企业继续提供该运输服务。由于 A 市到 C 市之间的运输服务是无须重新执行的,因此表明客户在企业履约的同时即取得并消耗了企业履约所带来的经济利益,企业提供的运输服务属于在某一时段内履行的履约义务。企业在判断其他企业是否实质上无须重新执行企业累计至今已经完成的工作时,应当基于以下两个前提:一是不考虑可能会使企业无法将剩余履约义务转移给其他企业的潜在限制,包括合同限制或实际可行性限制;二是假设继续履行剩余履约义务的其他企业将不会享有企业目前已控制的任何资产的利益,也不会享有剩余履约义务转移后企业仍然控制的任何资产的利益。

(2) 客户能够控制企业履约过程中在建的商品。

企业在履约过程中创建的商品包括在产品、在建工程、尚未完成的研发项目、正在进行的服务等。如果客户在企业创建该商品的过程中就能够控制这些商品,应当认为企业提供该商品的履约义务属于在某一时段内履行的履约义务。

【例5-1-11】 企业与客户签订合同,在客户拥有的土地上按照客户的设计要求为其建造厂房。在建造过程中,客户有权修改厂房设计,并与企业重新协商设计变更后的合同价款。客户每月末按当月工程进度向企业支付工程款。如果客户终止合同,已完成建造部分的厂房归客户所有。

分析:本例中,企业为客户建造厂房,该厂房位于客户的土地上,客户终止合同时,已建造的厂房归客户所有。这些均表明客户在该厂房建造的过程中就能够控制该在建的厂房。因此,企业提供的该建造服务属于在某一时段内履行的履约义务,企业应当在提供该服务的期间内确认收入。

(3)企业履约过程中所产出的商品具有不可替代用途,且该企业在整个合同期间内有权就累计至今已完成的履约部分收取款项。

具有不可替代用途是指因合同限制或实际可行性限制,企业不能轻易地将商品用于其他用途。

有权就累计至今已完成的履约部分收取款项是指在由于客户或其他方原因终止合同的情况下,企业有权就累计至今已完成的履约部分收取能够补偿其已发生成本和合理利润的款项,并且该权利具有法律约束力。

【例5-1-12】 甲公司是一家造船企业,与乙公司签订了一份船舶建造合同,按照乙公司的具体要求设计和建造船舶。甲公司在自己的厂区内完成该船舶的建造,乙公司无法控制在建过程中的船舶。甲公司如果想把该船舶出售给其他客户,需要发生重大的改造成本。双方约定,如果乙公司单方面解约,乙公司需向甲公司支付相当于合同总价30%的违约金,且建造中的船舶归甲公司所有。假定该合同仅包含一项履约义务,即设计和建造船舶。

分析:本例中,船舶是按照乙公司的具体要求设计和建造的,甲公司需要发生重大的改造成本将该船舶改造之后才能将其出售给其他客户,因此,该船舶具有不可替代用途。然而,如果乙公司单方面解约,仅需向甲公司支付相当于合同总价30%的违约金,表明甲公司无法在整个合同期间内都有权就累计至今已完成的履约部分收取能够补偿其已发生成本和合理利润的款项。因此,甲公司为乙公司设计和建造船舶不属于在某一时段内履行的履约义务。

【例5-1-13】 甲公司与乙公司签订合同,针对乙公司的实际情况和面临的具体问题,为改善其业务流程提供咨询服务,并出具专业的咨询意见。双方约定,甲公司仅需向乙公司提交最终的咨询意见,而无须提交任何其在工作过程中编制的工作底稿和其他相关资料;在整个合同期间内,如果乙公司单方面终止合同,乙公司需要向甲公司支付违约金,违约金的金额等于甲公司已发生的成本加上15%的毛利率,该毛利率与甲公司在类似合同中能够赚取的毛利率大致相同。

分析:本例中,在合同执行过程中,由于乙公司无法获得甲公司已经完成工作的工作底稿和其他任何资料,假设在执行合同的过程中,因甲公司无法履约而需要由其他公司来继续提供后续咨询服务并出具咨询意见时,需要重新执行甲公司已经完成的工作,表明乙公司并未在甲公司履约的同时即取得并消耗了甲公司履约所带来的经济利益。然而,由于该咨询服务是针对乙公司的具体情况而提供的,甲公司无法将最终的咨询意见用作其他用途,表明其具有不可替代用途;此外,在整个合同期间,如果乙公司单方面终止合同,甲公司根据合同条款可以主张其已发生的成本及合理利润,表明甲公司在整个合同期间内有权就累计至今已完成的履约部分收取款项。因此,甲公司向乙公司提供的咨询服务属于在某一时段内履行的履约义务,甲公司应当在其提供服务的期间内按照适当的履约进度确认收入。

2. 在某一时段内履行履约义务的收入确认

企业应当考虑商品的性质,采用实际测量的完工进度、评估已实现的结果、时间进度、已完工或交付的产品等产出指标,或采用投入的材料数量、花费的人工工时或机器工时、发生的成本和时间进度等投入指标确定恰当的履约进度,并且在确定履约进度时,应当扣除那些控制权尚未转移给客户的商品和服务。资产负债表日,企业按照合同的交易价格总额乘以履约进度扣除以前会计期间累积已确认的收入后的金额,确认当期收入。当履约进度不能合理确定时,企业已经发生的成本预计能够得到补偿的,应当按照已经发生的成本金额确认收入,直到履约进度能够合理确定为止。在实务中,在某一时段内履行履约义务的收入确认方法主要有以下几种。

(1)产出法。

产出法是根据已转移给客户的商品对于客户的价值确定履约进度,通常可采用实际测量的完工进度、评估已实现的结果、已达到的里程碑、时间进度、已完工或交付的产品等产出指标确定履约进度。在实务中,为便于操作,当企业向客户开具发票的对价金额与向客户转让增量商品价值直接相一致时,企业直接按照发票对价金额确认收入也是一种恰当的产出法。

【例5-1-14】 2019年8月1日,甲公司与客户签订合同,为该客户拥有的一条铁路更换100根铁轨,合同价格为100万元(不含税价)。截至2019年12月31日,甲公司共更换铁轨60根,剩余部分预计在2020年3月31日之前完成。该合同仅包含一项履约义务,且该履约义务满足在某一时段内履行的条件。假定不考虑其他情况。

分析:本例中,甲公司提供的更换铁轨的服务属于在某一时段内履行的履约义务,甲公司按照已完成的工作量占预计总工作量的比例确定履约进度。因此,截至2019年12月31日,该合同的履约进度为60%(60/100×100%),甲公司应确认的收入为60(100×60%)万元。

(2)投入法。

投入法是根据企业为履行履约义务的投入确定履约进度,通常可采用投入的材料数量、花费的人工工时或机器工时、发生的成本和时间进度等投入指标确定履约进度。当企业从事的工作或发生的投入是在整个履约期间内平均发生时,企业也可以按照直线法确认收入。

(3)成本法。

在实务中,企业通常按照累计实际发生的成本占预计总成本的比例确定履约进度,即成本法。累计实际发生的成本包括企业向客户转移商品过程中所发生的直接成本和间接成本。每一资产负债表日,企业应当对履约进度进行重新估计。当客观环境发生变化时,企业需要重新评估履约进度是否发生变化,该变化应当作为会计估计变更进行会计处理。

【例5-1-15】 2018年10月,甲公司与客户签订合同,为客户装修一栋办公楼并安装一部电梯,合同总金额为100万元。甲公司预计的合同总成本为80万元,其中包括电梯的采购成本30万元。上述金额均不含增值税。2018年12月,甲公司将电梯运达施工现场并通过客户验收,客户已取得对电梯的控制权,但是根据装修进度,预计到2019年2月才会安装该电梯。截至2018年12月,甲公司累计发生成本40万元,其中包括支付给电梯供应商的采购成本30万元及因采购电梯发生的运输和人工等相关成本10万元。假定该装修服务(包括安装电梯)构成单项履约义务。并属于在某一时段内履行的履约义务。甲公司是主要责任人,但不参与电梯的设计和制造。甲公司采用成本法确定履约进度。

分析:本例中,截至2018年12月,甲公司发生成本40万元(包括电梯采购成本30万元及因采购电梯发生的运输和人工等相关成本10万元),甲公司认为其已发生的成本和履约进度不成比例,因此需要对履约进度的计算做出调整,将电梯的采购成本排除在已发生成本和预计总成本之外。在该合同中,该电梯不构成单项履约义务,其成本相对于预计总成本而言是重大的,甲公司是主要责任人,但是未参与该电梯的设计和制造,客户先取得了电梯的控制权,随后才接受与之相关的安装服务,因此,甲公司在客户取得该电梯控制权时,按照该电梯采购成本的金额确认转让电梯产生的收入。

因此,2018年12月,该合同的履约进度为20%[(40−30)÷(80−30)×100%],应确认的收入和成本金额分别为44[(100−30)×20%+30]万元和40[(80−30)×20%+30]万元。

对于在某一时段内履行的履约义务,只有当其履约进度能够合理确定时,才应当按照履约进度确认收入。当履约进度不能合理确定时,企业已经发生的成本预计能够得到补偿的,应当按照已经发生的成本金额确认收入,直到履约进度能够合理确定为止。

【例5-1-16】 甲公司从事装修服务,为增值税一般纳税人,装修服务适用增值税税率为9%。2019年12月1日,甲公司与乙公司签订一项为期3个月的装修合同,合同约定装修价款为500 000元,增值税额为45 000元,装修费用每月末按完工进度支付。2019年12月31日,经专业测量师测量后,确定该项劳务的完工程度为25%;乙公司按完工进度支付价款及相应的增值税款。截至2019年12月31日,甲公司为完成该合同累计发生劳务成本100 000元(假定均为装修人员薪酬),估计还将发生劳务成本300 000元。

假定该业务属于甲公司的主营业务,全部由其自行完成,则该装修服务构成单项履约义务,并属于在某一时段内履行的履约义务,甲公司按照实际测量的完工进度确定履约进度。甲公司应编制会计分录如下:

(1)实际发生劳务成本100 000元:

借:合同履约成本　　　　　　　　　　　　　　　　　　　　100 000
　　贷:应付职工薪酬　　　　　　　　　　　　　　　　　　　　100 000

(2) 2019年12月31日,确认劳务收入并结转劳务成本:
2019年12月31日确认的劳务收入 = 500 000 × 25% − 0 = 125 000(元)

借:银行存款 136 250
　　贷:主营业务收入 125 000
　　　　应交税费——应交增值税(销项税额) 11 250
借:主营业务成本 100 000
　　贷:合同履约成本 100 000

假设2020年1月31日,经专业测量师测量后,确定该项劳务的完工程度为70%;乙公司按完工进度支付价款及相应的增值税款。2020年1月,为完成该合同发生劳务成本180 000元(假定均为装修人员薪酬),为完成该合同估计还将发生劳务成本120 000元。甲公司应编制会计分录如下:

(1) 实际发生劳务成本180 000元:
借:合同履约成本 180 000
　　贷:应付职工薪酬 180 000

(2) 2020年1月31日,确认劳务收入并结转劳务成本:
2020年1月31日确认的劳务收入 = 500 000 × 70% − 125 000 = 225 000(元)

借:银行存款 245 250
　　贷:主营业务收入 225 000
　　　　应交税费——应交增值税(销项税额) 20 250
借:主营业务成本 180 000
　　贷:合同履约成本 180 000

假设2020年2月28日,装修完成,乙公司验收合格,按完工进度支付价款及相应的增值税款。2020年2月,为完成该合同发生劳务成本120 000元(假定均为装修人员薪酬)。甲公司应编制会计分录如下:

(1) 实际发生劳务成本120 000元:
借:合同履约成本 120 000
　　贷:应付职工薪酬 120 000

(2) 2020年2月28日,确认劳务收入并结转劳务成本:
2020年2月28日确认的劳务收入 = 500 000 − 125 000 − 225 000 = 150 000(元)

借:银行存款 163 500
　　贷:主营业务收入 150 000
　　　　应交税费——应交增值税(销项税额) 13 500
借:主营业务成本 120 000
　　贷:合同履约成本 120 000

【例5-1-17】 甲公司经营一家健身俱乐部。2019年7月1日,某客户与甲公司签订合同,成为甲公司的会员,并向甲公司支付会员费3 600元(不含税价),可在未来12个月内在该俱乐部健身,且没有次数限制。该业务适用的增值税税率为6%。

分析:本例中,客户在会籍期间可随时来俱乐部健身,且没有次数限制,客户已使用俱乐部健身的次数不会影响其未来继续使用的次数,甲公司在该合同下的履约义务是承诺随时准备在客户需要时为其提供健身服务,因此,该履约义务属于在某一时段内履行的履约义务,并且该履约义务在会员的会籍期间内随时间的流逝而被履行。甲公司按照直线法确认收入,每月应当确认的收入为300(3 600÷12)元。甲公司应编制会计分录如下:

(1) 2019年7月1日,收到会员费时:

借:银行存款 3 600
　贷:合同负债 3 600

本例中,客户签订合同时支付了合同对价,可在未来的12个月内在该俱乐部进行健身消费,且没有次数限制。企业在向客户转让商品之前已经产生一项负债,即合同负债。

(2) 2019年7月31日,确认收入,开具增值税专用发票并收到税款时:

借:合同负债 300
　银行存款 18
　贷:主营业务收入 300
　　应交税费——应交增值税(销项税额) 18

2019年8月至2020年6月,每月确认收入的会计处理同上。

五、合同成本

企业在与客户建立合同关系过程中发生的成本主要有合同取得成本和合同履约成本。

(一) 合同取得成本

企业为取得合同发生的增量成本预期能够收回的,应作为合同取得成本确认为一项资产。增量成本是指企业不取得合同就不会发生的成本,如销售佣金等。为简化实务操作,该资产摊销期限不超过一年的,可以在发生时计入当期损益。企业采用该简化处理方法的,应当对所有类似合同一致采用。企业为取得合同发生的、除预期能够收回的增量成本之外的其他支出,如无论是否取得合同均会发生的差旅费、投标费、为准备投标资料发生的相关费用等,应当在发生时计入当期损益,除非这些支出明确由客户承担。

【例5-1-18】 甲公司是一家咨询公司,通过竞标赢得一个服务期为5年的客户,该客户每年末支付含税咨询费1 908 000元。为取得与该客户的合同,甲公司聘请外部律师进行尽职调查支付相关费用15 000元,为投标而发生差旅费10 000元,支付销售人员佣金50 000元。甲公司预期这些支出未来均能够收回。此外,甲公司根据其年度销售目标、整体盈利情况及个人业绩等,向销售部门经理支付年度奖金10 000元。

分析:本例中,甲公司因签订该客户合同而向销售人员支付的佣金属于取得合同发生的增量成本,应当将其作为合同取得成本确认为一项资产;甲公司聘请外部律师进行尽职调查发生的支出、为投标发生的差旅费及向销售部门经理支付的年度奖金(不能直接归属于可识别的合同)不属于增量成本,应当于发生时直接计入当期损益。甲公司应编制会计分录如下:

(1) 支付相关费用时:

借：合同取得成本	50 000
管理费用	25 000
销售费用	10 000
贷：银行存款	85 000

（2）每月确认服务收入，摊销销售佣金：

服务收入 = 1 908 000 ÷ (1 + 6%) ÷ 12 = 150 000(元)

销售佣金摊销额 = 50 000 ÷ 5 ÷ 12 ≈ 833.33(元)

借：应收账款	159 000
销售费用	833.33
贷：合同取得成本	833.33
主营业务收入	150 000
应交税费——应交增值税(销项税额)	9 000

（二）合同履约成本

合同履约成本是指企业为履行当前或预期取得的合同所发生的、属于《企业会计准则第14号——收入》(财会〔2017〕22号)规范范围并且按照该准则应当确认为一项资产的成本。

企业为履行合同可能会发生各种成本，在同时满足下列条件时，应当作为合同履约成本确认为一项资产：

（1）该成本与一份当前或预期取得的合同直接相关。预期取得的合同应当是企业能够明确识别的合同，如现有合同续约后的合同、尚未获得批准的特定合同等。与该合同直接相关的成本包括：

① 直接人工。例如，支付给直接为客户提供所承诺服务的人员的工资、奖金等。

② 直接材料。例如，为履行合同耗用的原材料、辅助材料、构配件、零件、半成品的成本和周转材料的摊销及租赁费用等。

③ 制造费用（或类似费用）。例如，组织和管理生产、施工、服务等活动发生的费用，包括管理人员的职工薪酬、劳动保护费、固定资产折旧费及修理费、物料消耗、取暖费、水电费、办公费、差旅费、财产保险费、工程保修费、排污费、临时设施摊销费等。

④ 明确由客户承担的成本及仅因该合同而发生的其他成本。例如，支付给分包商的成本、机械使用费、设计和技术援助费、施工现场二次搬运费、生产工具和用具使用费、检验试验费、工程定位复测费、工程点交费、场地清理费等。

（2）该成本增加了企业未来用于履行(或持续履行)履约义务的资源。

（3）该成本预期能够收回。

企业应当在下列支出发生时，将其计入当期损益：一是管理费用，除非这些费用明确由客户承担。二是非正常消耗的直接材料、直接人工和制造费用(或类似费用)，这些支出为履行合同发生，但未反映在合同价格中。三是与履行义务中已履行(包括已全部履行或部分履行)部分相关的支出，即该支出与企业过去的履约活动有关。四是无法在尚未履行的与已履行(或已部分履行)的履约义务之间区分的相关支出。

企业发生合同履约成本时，借记"合同履约成本"科目，贷记"银行存款""应付职工薪酬""原材料"等科目;对合同履约成本进行摊销时,借记"主营业务成本""其他业务成本"等科目,贷记"合同履约成本"科目。

【例 5-1-19】 甲公司经营一家酒店,该酒店是甲公司的自有资产。2019 年 12 月,甲公司计提与酒店经营直接相关的酒店、客房及客房内的设备家具等折旧 120 000 元、酒店土地使用权摊销费用 65 000 元。经计算,当月确认房费、餐饮等服务含税收入 424 000 元,款项已全部存入银行。

分析:本例中,甲公司经营酒店主要是通过提供客房服务赚取收入,而客房服务的提供直接依赖于酒店物业(包含土地)及家具等相关资产,这些资产折旧和摊销属于甲公司为履行与客户的合同而发生的合同履约成本。已确认的合同履约成本在收入确认时予以摊销,计入营业成本。甲公司应编制会计分录如下:

(1)确认资产的折旧费、摊销费:

借:合同履约成本　　　　　　　　　　　　　　　　　　185 000
　　贷:累计折旧　　　　　　　　　　　　　　　　　　　　120 000
　　　　累计摊销　　　　　　　　　　　　　　　　　　　　 65 000

(2)12 月确认酒店服务收入并摊销合同履约成本:

借:银行存款　　　　　　　　　　　　　　　　　　　　424 000
　　贷:主营业务收入　　　　　　　　　　　　　　　　　　400 000
　　　　应交税费——应交增值税(销项税额)　　　　　　　 24 000
借:主营业务成本　　　　　　　　　　　　　　　　　　185 000
　　贷:合同履约成本　　　　　　　　　　　　　　　　　　185 000

任务二　费用的核算

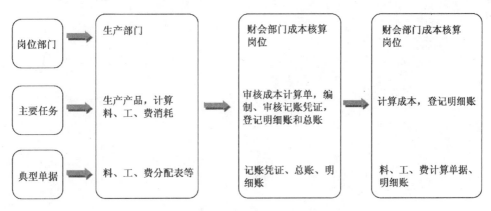

图 5-2　费用核算的工作过程与岗位对照

一、费用的概念及内容

费用是指企业在日常活动中发生的、会导致所有者权益减少的、与向所有者分配利润无关的经济利益的总流出,主要指企业为了取得营业收入进行产品销售等经营活动所发生的营业成本、税金及附加和期间费用。企业为了销售商品、提供劳务等发生的可归属于商品成本、劳务成本等的费用,应当在确认销售商品收入、提供劳务收入等时,将已销售商品、已提供劳务的成本确认为营业成本(包括主营业务成本和其他业务成本)。期间费用包括销售费用、管理费用和财务费用。

费用按照不同的标准有不同的分类方法。按照其经济用途不同,可以分为生产费用和期间费用两类。生产费用按照其计入产品成本的方式不同,又可分为直接费用和间接费用。期间费用包括管理费用、销售费用和财务费用。按照其经济性质不同,可以分为外购材料费用、外购燃料费用、外购动力费用、职工薪酬、折旧费用、利息支出、税金、其他费用等。

二、营业成本的核算

营业成本是指企业为销售商品、提供劳务等发生的可归属于商品成本、劳务成本等的费用,应当在确认销售商品收入、提供劳务收入等时,将已销售商品、已提供劳务的成本等计入当期损益。营业成本包括主营业务成本和其他业务成本。

1. 主营业务成本

主营业务成本是指企业销售商品、提供劳务等经常性活动所发生的成本。企业一般在确认销售商品、提供劳务等主营业务收入时,或在月末,将已销售商品、已提供劳务的成本转入主营业务成本。企业应当设置"主营业务成本"账户,用于核算企业因销售商品、提供劳务等经常性活动而发生的实际成本,该账户按主营业务的种类进行明细核算。企业结转已销售商品或提供劳务成本时,借记"主营业务成本"科目,贷记"库存商品""合同履约成本"等科目。期末,将主营业务成本的余额转入"本年利润"科目,借记"本年利润"科目,贷记"主营业务成本"科目,结转后,"主营业务成本"科目无余额。

【例5-2-1】 2019年5月20日,甲公司向乙公司销售一批产品,开出的增值税专用发票上注明售价为200 000元,增值税额为26 000元;甲公司已收到乙公司支付的货款226 000元,并将提货单送交乙公司;该批产品成本为190 000元。该项销售业务属于某一时点履行的履约义务,甲公司应编制会计分录如下:

(1)销售实现时:
借:银行存款   226 000
  贷:主营业务收入   200 000
    应交税费——应交增值税(销项税额)   26 000
借:主营业务成本   190 000
  贷:库存商品   190 000

(2)期末,将主营业务成本结转至本年利润时:
借:本年利润   190 000
  贷:主营业务成本   190 000

【例5-2-2】 某公司于2019年5月10日销售甲产品100件,单价1 000元,单位成本800元,开出的增值税专用发票上注明售价为100 000元,增值税额为13 000元,购货方尚未付款,销售成立。7月25日,因产品质量问题购货方退货,并开具增值税专用发票(红色)。假定不考虑其他因素,该公司应编制会计分录如下:

(1) 销售产品时：
借：应收账款 113 000
　　贷：主营业务收入 100 000
　　　　应交税费——应交增值税（销项税额） 13 000
借：主营业务成本 80 000
　　贷：库存商品 80 000
(2) 销售退回时：
借：主营业务收入 100 000
　　应交税费——应交增值税（销项税额） 13 000
　　贷：应收账款 113 000
借：库存商品 80 000
　　贷：主营业务成本 80 000

【例5-2-3】 某公司于2019年8月末计算已销售的甲、乙、丙三种产品的实际成本，分别为10 000元、20 000元和25 000元。该公司月末结转已销售甲、乙、丙产品成本时，应编制会计分录如下：
借：主营业务成本 55 000
　　贷：库存商品——甲产品 10 000
　　　　　　　　——乙产品 20 000
　　　　　　　　——丙产品 25 000

2. 其他业务成本

其他业务成本是指企业确认的除主营业务活动以外的其他经营活动所发生的支出，包括销售材料的成本、出租固定资产的折旧额、出租无形资产的摊销额、采用成本模式计量的投资性房地产的折旧额或摊销额、出租包装物的成本或摊销额等。

企业应当设置"其他业务成本"账户，用于核算企业确认的除主营业务活动以外的其他经营活动所发生的支出，该账户按其他业务的种类进行明细核算。企业结转其他业务成本时，借记"其他业务成本"科目，贷记"原材料""周转材料""累计折旧""累计摊销""应付职工薪酬""银行存款"等科目。期末，将"其他业务成本"科目余额转入"本年利润"科目，结转后，"其他业务成本"科目无余额。

【例5-2-4】 2019年5月2日，某公司销售一批原材料，开具的增值税专用发票上注明的售价为10 000元，增值税额为1 300元，款项已由银行收妥。该批原材料的实际成本为7 000元。该项销售业务属于某一时点履行的履约义务。该公司应编制会计分录如下：
(1) 销售实现时：
借：银行存款 11 300
　　贷：其他业务收入 10 000
　　　　应交税费——应交增值税（销项税额） 1 300

```
借：其他业务成本                               7 000
    贷：原材料                                 7 000
```
（2）期末，将其他业务成本结转至本年利润时：
```
借：本年利润                                   7 000
    贷：其他业务成本                           7 000
```
【例5-2-5】 2019年1月1日，甲公司将自行开发完成的非专利技术出租给另一家公司。该非专利技术成本为240 000元，双方约定的租赁期为10年，甲公司每月应摊销2 000(240 000÷10÷12)元。甲公司每月摊销非专利技术成本时，应编制会计分录如下：
```
借：其他业务成本                               2 000
    贷：累计摊销                               2 000
```
【例5-2-6】 2019年11月22日，某公司销售商品领用单独计价的包装物实际成本为40 000元，开具的增值税专用发票上注明价款为100 000元，增值税额为13 000元，款项已存入银行。销售商品领用单独计价包装物属于销售商品和包装物两项履约义务，且属于某一时点履行的履约义务。该公司确认商品销售收入时，应编制会计分录如下：

（1）出售包装物时：
```
借：银行存款                                 113 000
    贷：其他业务收入                         100 000
        应交税费——应交增值税（销项税额）    13 000
```
（2）结转出售包装物成本时：
```
借：其他业务成本                              40 000
    贷：周转材料——包装物                     40 000
```
（3）期末，将其他业务成本结转至本年利润时：
```
借：本年利润                                  40 000
    贷：其他业务成本                          40 000
```

三、税金及附加

税金及附加是指企业经营活动应负担的相关税费，包括消费税、城市维护建设税、资源税、教育费附加、房产税、车船税、城镇土地使用税、印花税、耕地占用税、契税、车辆购置税等。

企业应当设置"税金及附加"账户，用于核算企业经营活动发生的消费税、城市维护建设税、教育费附加、资源税、房产税、城镇土地使用税、车船税、环境保护税、印花税等相关税费。其中，按规定计算确定的与经营活动相关的消费税、城市维护建设税、资源税、教育费附加、房产税、城镇土地使用税、车船税、环境保护税等税费，企业应借记"税金及附加"科目，贷记"应交税费"科目。期末，"税金及附加"科目余额转入"本年利润"科目，结转后，"税金及附加"科目无余额。企业缴纳的印花税，不会发生应付未付税款的情况，不需要预计应纳税金额，同时也不存在与税务机关结算或者清算的问题。因此，企业缴纳的印花税不通过"应交税费"科目核算，而是在购买印花税票时，借记"税金及附加"科目，贷记"银行存款"科目。

【例5-2-7】 2019年8月1日,某公司取得应纳消费税的销售商品收入3 000 000元,该商品适用的消费税税率为25%。该公司应编制会计分录如下:

(1) 计算确认应交消费税税额:

消费税税额 = 3 000 000 × 25% = 750 000(元)

借:税金及附加　　　　　　　　　　　　　　　　　　　　　750 000
　　贷:应交税费——应交消费税　　　　　　　　　　　　　　　750 000

(2) 缴纳消费税时:

借:应交税费——应交消费税　　　　　　　　　　　　　　　750 000
　　贷:银行存款　　　　　　　　　　　　　　　　　　　　　750 000

【例5-2-8】 2019年9月,某公司当月实际应交增值税为450 000元,应交消费税为150 000元,城市维护建设税税率7%,教育费附加率3%。与城市维护建设税、教育费附加有关的会计分录如下:

(1) 计算应交城市维护建设税和教育费附加时:

城市维护建设税 = (450 000 + 150 000) × 7% = 42 000(元)

教育费附加 = (450 000 + 150 000) × 3% = 18 000(元)

借:税金及附加　　　　　　　　　　　　　　　　　　　　　60 000
　　贷:应交税费——应交城市维护建设税　　　　　　　　　　　42 000
　　　　　　　　——应交教育费附加　　　　　　　　　　　　　18 000

(2) 实际缴纳城市维护建设税和教育费附加时:

借:应交税费——应交城市维护建设税　　　　　　　　　　　42 000
　　　　　　——应交教育费附加　　　　　　　　　　　　　18 000
　　贷:银行存款　　　　　　　　　　　　　　　　　　　　　60 000

【例5-2-9】 2019年12月,某公司按规定当月实际应交车船税24 000元,应交城镇土地使用税50 000元。该公司应编制会计分录如下:

(1) 计算应交车船税、城镇土地使用税时:

借:税金及附加　　　　　　　　　　　　　　　　　　　　　74 000
　　贷:应交税费——应交车船税　　　　　　　　　　　　　　　24 000
　　　　　　　　——应交城镇土地使用税　　　　　　　　　　　50 000

(2) 实际缴纳车船税和城镇土地使用税时:

借:应交税费——应交车船税　　　　　　　　　　　　　　　24 000
　　　　　　——应交城镇土地使用税　　　　　　　　　　　50 000
　　贷:银行存款　　　　　　　　　　　　　　　　　　　　　74 000

四、期间费用的核算

> **小贴士**
>
> **期间费用与产品成本的区别与联系**
>
> 一、两者的区别
>
> （1）从两者的概念上来看：
>
> 期间费用是指不能直接归属于某一特定产品成本，但容易确定其发生期间而应直接计入当期损益的费用。期间费用包括管理费用、财务费用和销售费用。期间费用是为了本期的生产经营活动所发生的费用，同时，又很难确定其所归属的产品，但能确定它所发生的期间，因而在发生的当期，就将其列入发生当期的损益中，不再列入各产品的成本中。而产品成本是指为生产一种产品或几种产品而消耗的费用，它与一定种类和数量的产品相联系，是可计入存货价值的成本，包括直接材料、直接人工、燃料及动力、制造费用四个成本项目。
>
> （2）从两者各自的特点上来看：
>
> ① 在一定范围内，期间费用的高低与产品产量的多少不成正比例变动，即产量提高，期间费用不一定增加，期间费用的高低与期间的长短有关，期间越长，期间费用越高。产品成本则与一定的产品产量成正比例变动，产量越大，成本越高；反之，成本越低。
>
> ② 期间费用发生后就转入当期费用。而计入产品成本的费用最终要由完工产品成本负担，只有当产品销售出去之后，其实现的销售成本才能从当期销售收入中抵减。如果本期没有销售产品，则计入产品成本的费用就会递延到下期。
>
> ③ 期间费用与企业的产品生产经营活动无关，它不是直接为生产产品而发生的，因而不应计入产品的制造成本中，而是在发生时即同当期的销售收入相配比，应直接计入当期损益，作为当期销售收入的抵减项目；而为生产产品而发生的成本，则应计入产品的制造成本中，最终形成产品的成本。
>
> 二、两者的联系
>
> （1）成本和费用都是企业除偿债性支出和分配性支出以外的支出的构成部分；
>
> （2）成本和费用都是企业经济资源的耗费；
>
> （3）生产费用经对象化后进入生产成本，但期末应将本期已销产品的成本结转到当期费用。

（一）管理费用

管理费用是指企业为组织和管理生产经营所发生的费用，包括企业在筹建期间发生的开办费、董事会和行政管理部门在企业的经营管理中发生的或者应由企业统一负担的公司经费（包括行政管理部门职工工资及福利费、物料消耗、固定资产折旧、低值易耗品摊销、办公费和差旅费等）、工会经费、董事会费（包括董事会成员津贴、会议费和差旅费等）、聘请中介机构费、咨询费（含顾问费）、诉讼费、业务招待费、技术转让费、矿产资源补偿费、研究费用、排污费等。

企业应设置"管理费用"账户，用于核算企业发生的各项管理费用。

企业在筹建期间发生的开办费及不计入固定资产价值的借款费用等在实际发生时，借记

"管理费用"科目,贷记"银行存款"等科目。行政管理部门人员的职工薪酬,借记"管理费用"科目,贷记"应付职工薪酬"科目。行政管理部门计提的固定资产折旧,借记"管理费用"科目,贷记"累计折旧"科目。发生的办公费、水电费、业务招待费、聘请中介机构费、咨询费、诉讼费、技术转让费、研究费用,借记"管理费用"科目,贷记"银行存款""研发支出"等科目。

期末,将"管理费用"科目余额转入"本年利润"科目时,借记"本年利润"科目,贷记"管理费用"科目,结转后,"管理费用"科目应无余额。

【例5-2-10】 2019年12月,B公司开出支票,支付本月发生、应由本月负担的业务招待费共计4 800元,取得增值税专用发票上注明的税额为288元,均以银行存款支付。B公司应编制会计分录如下:

借:管理费用　　　　　　　　　　　　　　　　　　　　4 800
　　应交税费——应交增值税(进项税额)　　　　　　　　288
　　贷:银行存款　　　　　　　　　　　　　　　　　　　5 088

【例5-2-11】 2019年12月,B公司按规定计提行政管理部门固定资产折旧费2 000元,结算行政管理部门人员工资7 000元,结转行政管理部门耗用的低值易耗品实际成本500元。

借:管理费用　　　　　　　　　　　　　　　　　　　　9 500
　　贷:累计折旧　　　　　　　　　　　　　　　　　　　2 000
　　　　应付职工薪酬　　　　　　　　　　　　　　　　　7 000
　　　　周转材料——低值易耗品　　　　　　　　　　　　　500

(二) 销售费用

销售费用是指企业在销售商品和材料、提供劳务的过程中发生的各种费用,包括保险费、包装费、展览费和广告费、商品维修费、预计产品质量保证损失、装卸费等,为销售本企业商品而专设的销售机构(含销售网点、售后服务网点等)的职工薪酬、业务费、折旧费等经营费用,以及企业发生的与专设销售机构相关的固定资产修理费用等后续支出。

企业应设置"销售费用"账户,用于核算企业发生的各项销售费用。在费用发生时,借记"销售费用"科目,贷记"银行存款""库存现金"等科目。期末,将销售费用转入本年利润时,借记"本年利润"科目,贷记"销售费用"科目,结转后,"销售费用"科目应无余额。

【例5-2-12】 2019年3月,A公司开出转账支票支付广告费3 540元,取得增值税专用发票上注明的税额为212.4元。A公司应编制会计分录如下:

借:销售费用　　　　　　　　　　　　　　　　　　　　3 540
　　应交税费——应交增值税(进项税额)　　　　　　　　212.4
　　贷:银行存款　　　　　　　　　　　　　　　　　　　3 752.4

【例5-2-13】 2019年3月底,A公司结转本月专设销售机构职工工资及福利费9 800元,其中,工资7 000元,福利费2 800元。A公司应编制会计分录如下:

借:销售费用　　　　　　　　　　　　　　　　　　　　9 800
　　贷:应付职工薪酬——工资　　　　　　　　　　　　　7 000
　　　　　　　　　　——职工福利费　　　　　　　　　　2 800

(三) 财务费用

财务费用是企业为筹集生产经营所需资金等而发生的筹资费用，包括利息支出（减利息收入）、汇兑损益及相关手续费、企业发生的现金折扣或收到的现金折扣等。

企业应设置"财务费用"账户，用于核算企业发生的各项财务费用。

企业发生财务费用时，借记"财务费用"科目，贷记"应付费用""银行存款""应收账款"等科目。发生应冲减财务费用的利息收入、汇兑差额、现金折扣时，借记"银行存款""应付账款"等科目，贷记"财务费用"科目。

期末，将本科目余额转入"本年利润"科目时，借记"本年利润"科目，贷记"财务费用"科目，结转后，"财务费用"应无余额。

【例5-2-14】 2019年12月，C公司用银行存款支付短期借款利息3 600元。C公司应编制会计分录如下：

借：财务费用　　　　　　　　　　　　　　　　　　　　3 600
　　贷：银行存款　　　　　　　　　　　　　　　　　　　　3 600

任务三　利润的核算

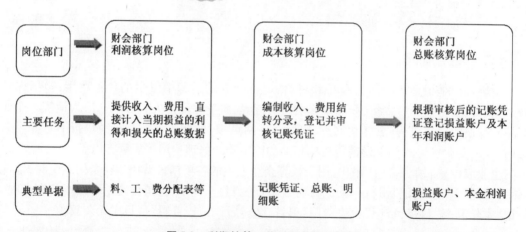

图5-3　利润核算工作过程与岗位对照

利润包括收入减去费用后的净额、直接计入当期利润的利得和损失等。未计入当期利润的利得和损失扣除所得税影响后的净额计入其他综合收益项目。净利润与其他综合收益的合计金额为综合收益总额。按照利润形成的过程，企业利润由营业利润、利润总额和净利润三个层次构成。

1. 营业利润

营业利润＝营业收入－营业成本－营业税金及附加－销售费用－管理费用－研发费用－财务费用＋其他收益＋投资收益（－投资损失）＋净敞口套期收益（－净敞口套期损失）＋公允价值变动收益（－公允价值变动损失）－信用减值损失－资产减值损失＋资产处置收益（－资产处置损失）

其中：

营业收入是指企业经营业务所实现的收入总额，包括主营业务收入和其他业务收入。

营业成本是指企业经营业务所发生的实际成本总额，包括主营业务成本和其他业务成本。

研发费用是指企业进行研究与开发过程中发生的费用化支出，以及计入管理费用的自行开发资产的摊销。

其他收益主要是指与企业日常活动相关，但不宜确认收入或冲减成本费用的政府补助。

投资收益（或损失）是指企业以各种方式对外投资所取得的收益（或发生的损失）。

公允价值变动收益（或损失）是指企业交易性金融资产等公允价值变动形成的应计入当期损益的利得（或损失）。

信用减值损失是指企业计提各项金融工具信用减值准备所确认的信用损失。

资产减值损失是指企业计提有关资产减值准备所形成的损失。

资产处置收益（或损失）反映企业出售划分为持有待售的非流动资产（金融工具、长期股权投资和投资性房地产除外）或处置组（子公司和业务除外）时确认的处置利得或损失，以及处置未划分为持有待售的固定资产、在建工程、生产性生物资产及无形资产而产生的处置利得或损失，还包括债务重组中因处置非流动资产产生的利得或损失和非货币性资产交换中换出非流动资产产生的利得或损失。

2. 利润总额

利润总额 = 营业利润 + 营业外收入 − 营业外支出

其中：

营业外收入是指企业发生的与其经营活动无直接关系的各项利得。

营业外支出是指企业发生的与其经营活动无直接关系的各项损失。

3. 净利润

净利润 = 利润总额 − 所得税费用

其中，所得税费用是指企业确认的应从当期利润总额中扣除的所得税费用。

一、利润形成的核算

企业的利润总额由营业利润和营业外收支组成。有关营业利润项目前面已有讲述，以下重点讲述营业外收入和营业外支出的相关内容及核算。

（一）营业外收入的核算

1. 营业外收入的内容

营业外收入是指企业发生的与其经营活动无直接关系的各项利得。营业外收入并不是由企业经营资金耗费所产生的，不需要企业付出代价，实际上是一种纯收入，不可能也不需要与有关费用进行配比。因此，营业外收入应当按照实际发生的数额进行核算，发生营业外收入时，直接增加企业利润总额。

营业外收入主要包括非流动资产处置利得、罚没利得、捐赠利得、盘盈利得、非货币性资产交换利得、债务重组利得、政府补助利得、无法支付的应付款项等。其中：

非流动资产处置利得是指因自然灾害等发生损毁、已丧失使用功能而报废的非流动资产所产生的清理收益。其中,固定资产处置利得是指企业出售固定资产所取得价款或报废固定资产的材料价值和变价收入等,是扣除处置固定资产的账面价值、清理费用、处置相关税费后的净收益;无形资产出售利得是指企业出售无形资产所取得的价款,是扣除出售无形资产的账面价值、出售相关税费后的净收益。

政府补助利得是指企业从政府无偿取得货币性资产或非货币性资产形成的利得,不包括政府作为所有者对企业的资本投入。

捐赠利得是指企业接受捐赠产生的利得。

盘盈利得主要是指现金清查盘点中盘盈的现金,报经批准后按确定的利得计入营业外收入的金额。

2. 营业外收入的账务处理

企业应设置"营业外收入"账户,用于核算营业外收入的取得和结转情况。该账户为损益类账户,贷方登记企业发生的营业外收入,借方登记期末转入"本年利润"账户的营业外收入,结转后,"营业外收入"账户无余额。该账户应按营业外收入项目进行明细核算。

【例5-3-1】 2019年10月,大海公司发生如下营业外收入事项:
(1) 将固定资产报废清理的净收益8 200元转作营业外收入。
(2) 应付甲公司货款20 000元,因该公司撤销而无法偿付,经批准予以转销。
(3) 期末,将营业外收入28 200元转入本年利润。

根据上述资料,大海公司应编制会计分录如下:

借:固定资产清理　　　　　　　　　　　　　　　　8 200
　　应付账款　　　　　　　　　　　　　　　　　　20 000
　　　贷:营业外收入　　　　　　　　　　　　　　　　　　28 200
借:营业外收入　　　　　　　　　　　　　　　　　28 200
　　　贷:本年利润　　　　　　　　　　　　　　　　　　　28 200

○ 案例分析与讨论

李国华是一家公司的主办会计。2019年,由于受强台风影响,公司一间仓库被毁,具体损失财产为:毁损仓库账面原值30万元,已提折旧18万元;毁损原材料账面价值5万元。该公司适用的增值税税率为13%。李国华将上述损失计入管理费用,总金额为17.8万元。

分析思考:你认为该主办会计对财产损失的会计处理正确吗?若不正确,则该公司具体损失金额应为多少?

(二) 营业外支出的核算

1. 营业外支出的内容

营业外支出是指企业发生的与其经营活动无直接关系的各项损失。营业外支出不属于经营资金的垫支耗费,不能作为产品补偿价的组成部分,而只是对企业经营成果的扣减。

营业外支出包括非流动资产处置损失、非货币性资产交换损失、债务重组损失、盘亏损失、罚款支出、捐赠支出、非常损失等。其中:

非流动资产处置损失是指因自然灾害等发生损毁、已丧失使用功能而报废的非流动资产所产生的清理损失。

盘亏损失主要是指固定资产清查盘点中盘亏的固定资产,在查明原因处理时,按确定的损失计入营业外支出的金额。

罚款支出是指企业支付的行政罚款、税务罚款,以及其他违反法律法规、合同协议等而支付的罚款、违约金、赔偿金等支出。

非常损失是指企业对于因客观因素(如自然灾害等)造成的损失,扣除保险公司赔偿后应计入营业外支出的净损失。

2. 营业外支出的账务处理

企业应设置"营业外支出"账户,用于核算营业外支出的发生和结转情况。该账户为损益类账户,借方登记发生的各项营业外支出数额,贷方登记期末转入"本年利润"账户的营业外支出,结转后,"营业外支出"账户无余额。该账户应按营业外支出项目进行明细核算。

【例 5-3-2】 2019 年 10 月,大海公司发生如下营业外支出事项:
(1)将已经发生的固定资产意外灾害损失 280 000 元转销。
(2)以银行存款 30 000 元支付税款滞纳金。
(3)期末,将营业外支出 310 000 元转入本年利润。
根据上述资料,大海公司应编制会计分录如下:

借:营业外支出　　　　　　　　　　　　　　　　　310 000
　　贷:固定资产清理　　　　　　　　　　　　　　　　280 000
　　　　银行存款　　　　　　　　　　　　　　　　　　30 000
借:本年利润　　　　　　　　　　　　　　　　　　　310 000
　　贷:营业外支出　　　　　　　　　　　　　　　　　310 000

(三)所得税费用的核算

1. 资产负债表债务法

企业所得税是国家对企业就经营所得和其他所得征收的一种税。根据企业会计准则的规定,我国所得税费用核算采用资产负债表债务法。

资产负债表债务法是指从资产负债表出发,通过比较资产负债表上列示的资产、负债,按照企业会计准则规定确定的账面价值与按照税法规定确定的计税基础,对于两者之间的差额分别按应纳税暂时性差异与可抵扣暂时性差异确认相关的递延所得税负债与递延所得税资产,并在此基础上确定每一期间利润表中的所得税费用。

采用资产负债表债务法进行所得税核算,一般应遵循以下程序:

第一,确定资产、负债项目的账面价值。按照相关企业会计准则的规定,确定资产负债表中(递延所得税负债和递延所得税资产除外)资产和负债项目的账面价值。

第二,确定资产、负债项目的计税基础。按照企业会计准则中对于资产和负债计税基础的确定方法,以适用的税收法规为基础,确定资产负债表中有关资产、负债项目的计税基础。

第三,计算资产、负债的账面价值与其计税基础之间的差异,确定递延所得税负债和递延所得税资产的金额或应予转销的金额。

> **小·贴士**
>
> 会计、税法的目的不同,二者在资产、负债、收益、费用的确认口径、计量标准及入账时间等方面存在差异。从性质上来看,二者的差异可分为永久性差异和暂时性差异两种。永久性差异是指由于企业会计准则和税法在确认收益、费用或损失时的口径及计量标准不同而产生的会计利润与应纳税所得额之间的差异。例如,罚款支出、国债利息收入、非公益性捐赠支出、超支的业务招待费等均属于永久性支出。暂时性差异前面已经分析,从某一会计期间来看,资产、负债的账面价值与计税基础存在差异,从而导致会计利润与应纳税所得额存在差异,随着时间的推移这种差异会消失。从较长时期来看,资产、负债的账面价值与计税基础、会计利润与应纳税所得额最终会一致。但永久性差异则不然,它在本期发生且不会在以后期间转回,差异一旦发生即永远存在,故称永久性差异。

比较资产、负债的账面价值与其计税基础,对于两者之间存在差异的,分析其性质,区分应纳税暂时性差异与可抵扣暂时性差异,确定资产负债表日与应纳税暂时性差异及可抵扣暂时性差异相关的递延所得税负债和递延所得税资产的应有金额,并将该金额与期初递延所得税负债和递延所得税资产的余额相比,确定当期应进一步确认的递延所得税负债和递延所得税资产的金额或应予转销的金额,作为构成利润表中所得税费用的递延所得税。

第四,确定利润表中的所得税费用。利润表中的所得税费用包括当期所得税和递延所得税,其中,当期所得税是指企业按照税法规定计算确定的针对当期发生的交易或事项,应缴纳给税务部门的所得税金额;递延所得税是当期确认的递延所得税资产和递延所得税负债金额或予以转销的金额。计算确定了当期所得税及递延所得税以后,利润表中应予确认的所得税费用为两者之和,即

所得税费用 = 当期应交所得税 + 递延所得税

当期应交所得税 = (税前会计利润 + 纳税调整增加额 − 纳税调整减少额)× 所得税税率

递延所得税 = 当期递延所得税负债增加 + 当期递延所得税资产减少 = 当期递延所得税负债(期末数 − 期初数) + 当期递延所得税资产(期初数 − 期末数)

所得税费用应当在利润表中单独列示。

> **小·贴士**
>
> 纳税调整增加额主要包括税法规定允许扣除项目中,企业已计入当期费用但超过税法规定扣除标准的金额(如超过税法规定标准的职工福利费、工会经费、职工教育经费、业务招待费、公益性捐赠支出、广告费和业务宣传费等),以及企业已计入当期损失但税法规定不允许扣除项目的金额(如税收滞纳金、罚金、罚款等)。
>
> 纳税调整减少额主要包括按税法规定允许弥补的亏损和准予免税的项目(如前五年内未弥补亏损和国债利息收入等)。

【例5-3-3】 甲公司2019年度按企业会计准则计算的税前会计利润为19 800 000元,所得税税率为25%。甲公司全年实发工资、薪金为2 000 000元,职工福利费为300 000元,工会经费为50 000元,职工教育经费为210 000元。经查,甲公司当年营业外支出中有120 000元为税收滞纳罚金。假定甲公司全年无其他纳税调整因素。

税法规定,企业发生的合理的工资、薪金支出准予据实扣除;企业发生的职工福利费支出,不超过工资、薪金总额14%的部分准予扣除;企业拨缴的工会经费,不超过工资、薪金总额2%的部分准予扣除;除国务院财政、税务主管部门另有规定外,企业发生的职工教育经费支出,不超过工资、薪金总额8%的部分准予扣除,超过部分准予结转以后纳税年度扣除。

分析:本例中,按税法规定,企业在计算当期应纳税所得额时,可以扣除工资、薪金支出2 000 000元,扣除职工福利费支出280 000(2 000 000×14%)元,工会经费支出40 000(2 000 000×2%)元,职工教育经费支出160 000(2 000 000×8%)元。甲公司当期所得税的计算如下:

纳税调整数 = (300 000 − 280 000) + (50 000 − 40 000) + (210 000 − 160 000) + 120 000 = 200 000(元)

应纳税所得额 = 19 800 000 + 200 000 = 20 000 000(元)

当期应交所得税额 = 20 000 000 × 25% = 5 000 000(元)

【例5-3-4】 甲公司2018年全年利润总额(即税前会计利润)为10 200 000元,其中包括本年收到的国债利息收入200 000元,所得税税率为25%。假定甲公司全年无其他纳税调整因素。

税法规定,企业购买国债的利息收入免交所得税。甲公司当期所得税的计算如下:

应纳税所得额 = 10 200 000 − 200 000 = 10 000 000(元)

当期应交所得税额 = 10 000 000 × 25% = 2 500 000(元)

2. 所得税费用的账务处理

企业应设置"所得税费用"账户,用于核算企业所得税费用的确认及结转情况。该账户为损益类账户,期末,应将"所得税费用"账户余额转入"本年利润"账户,结转后,"所得税费用"账户应无余额。

【例5-3-5】 承例5-3-3,甲公司递延所得税负债年初数为400 000元,年末数为500 000元,递延所得税资产年初数为250 000元,年末数为200 000元。甲公司所得税费用的计算如下:

递延所得税 = (500 000 − 400 000) − (200 000 − 250 000) = 150 000(元)

所得税费用 = 当期所得税 + 递延所得税 = 5 000 000 + 150 000 = 5 150 000(元)

甲公司应编制会计分录如下:

借:所得税费用　　　　　　　　　　　　　　　　　　　5 150 000
　　贷:应交税费——应交所得税　　　　　　　　　　　5 000 000
　　　　递延所得税负债　　　　　　　　　　　　　　　 100 000
　　　　递延所得税资产　　　　　　　　　　　　　　　 50 000

（四）本年利润结转的账务处理

企业应设置"本年利润"账户，用于核算企业本年度实现的净利润（或净亏损）。会计期末，企业应将"主营业务收入""其他业务收入""营业外收入"等账户的发生额转入"本年利润"账户的贷方，将"主营业务成本""其他业务成本""税金及附加""销售费用""管理费用""财务费用""资产减值损失""营业外支出""所得税费用"等账户的发生额转入"本年利润"账户的借方。结转后，"本年利润"账户如为贷方余额，表示当年年初至本期末实现的净利润；如为借方余额，表示当年年初至本期末发生的净亏损。年度终了，企业还应将"本年利润"账户的本年累计余额转入"利润分配——未分配利润"账户。结转后，"本年利润"账户应无余额。

1. 利润的结转方法

会计期末，根据损益类账户的净发生额确定企业的经营是盈利还是亏损时，需要进行本年利润的结转，结转利润的方法有账结法和表结法两种。

（1）账结法。

账结法下，每月月末将各损益类账户（"以前年度损益调整"账户除外）的本期净发生额结转入"本年利润"账户，通过"本年利润"账户结出当期利润和本年累计利润。

账结法的优点是在各月均可通过"本年利润"账户提供当月及本年累计的利润（或亏损）额，记账业务程序完整。缺点是增加了转账环节和工作量。

（2）表结法。

表结法下，月末结账时各损益类账户的本期发生额不转入"本年利润"账户，而是通过利润表计算出从年初到本月止的本年累计利润，然后减去上月止本表中的本年累计利润，就是本月份的利润或亏损。年终将各损益类账户的全年累计余额一次转入"本年利润"账户，同时结平各损益类账户。

需说明的是，企业平时采用表结法确定其利润或亏损，无须编制会计分录，但年终时仍需采用账结法，将各损益类账户的全年累计发生额转入"本年利润"账户，在"本年利润"账户集中反映全年利润及其构成情况。

【例5-3-6】 长宏公司的利润平时采用表结法核算，2019年12月31日该公司转账前各损益类账户发生额如表5-1所示。

表5-1　　　　　　　　　　转账前各损益类账户发生额　　　　　　　　　　单位：元

账　　户	贷方金额	借方金额
主营业务收入	50 000 000	
其他业务收入	300 000	
投资收益	80 000	
营业外收入	10 000	
主营业务成本		36 000 000
税金及附加		100 000
其他业务成本		80 000

续表

账　户	贷方金额	借方金额
管理费用		2 000 000
销售费用		500 000
财务费用		600 000
资产减值损失		200 000
营业外支出		50 000

根据表中资料，该公司月终应编制会计分录如下：

(1) 结转收入类账户：

借：主营业务收入	50 000 000
其他业务收入	300 000
投资收益	80 000
营业外收入	10 000
贷：本年利润	50 390 000

(2) 结转费用类账户：

借：本年利润	39 530 000
贷：主营业务成本	36 000 000
税金及附加	100 000
其他业务成本	80 000
管理费用	2 000 000
销售费用	500 000
财务费用	600 000
资产减值损失	200 000
营业外支出	50 000

该公司12月份"本年利润"账户贷方余额10 860 000(50 390 000 - 39 530 000)元，即该公司本年实现的利润总额。假定长宏公司无其他纳税调整事项，则其税前会计利润10 860 000元即为应税利润，应交所得税 = 10 860 000 × 25% = 2 715 000(元)。该公司应编制会计分录如下：

(3) 确认所得税费用：

借：所得税费用	2 715 000
贷：应交税费——应交所得税	2 715 000

(4) 将当年所得税费用结转入"本年利润"账户后，即可得到当年实现的净利润或亏损金额。

借：本年利润	2 715 000
贷：所得税费用	2 715 000

结转后，"本年利润"账户贷方余额 = 10 860 000 - 2 715 000 = 8 145 000(元)，此金额即为该公司全年实现的净利润额。

2. 年终净利润的结转

年终,应将"本年利润"账户的年末余额转入"利润分配"账户。若为贷方余额,借记"本年利润"账户,贷记"利润分配——未分配利润"账户;若为借方余额,借记"利润分配——未分配利润"账户,贷记"本年利润"账户。结转后,"本年利润"账户应无余额。

【例 5-3-7】 承例 5-3-6,长宏公司"本年利润"账户年末贷方余额为 8 145 000 元,将其转入"利润分配——未分配利润"账户。该公司应编制会计分录如下:

借:本年利润　　　　　　　　　　　　　　　　　　　　　8 145 000
　　贷:利润分配——未分配利润　　　　　　　　　　　　　　　8 145 000

二、利润分配的核算

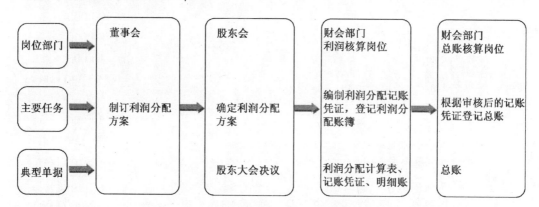

图 5-4　利润分配核算的工作过程与岗位对照

(一) 利润分配的程序

根据我国《公司法》的规定,企业当年实现的净利润应按下列顺序进行分配。

1. 弥补以前年度亏损

我国企业发生的亏损,一般可以用其盈利年度的税前利润、税后利润及企业的盈余公积金弥补。如果企业在以前年度发生未弥补的亏损,则本年实现的利润应首先弥补亏损。以前年度发生的亏损未弥补完之前不得提取法定公积金,未提取法定公积金之前不得向投资者分配利润,弥补亏损之后的剩余利润可按正常情况进行分配。

2. 提取法定公积金

根据我国《公司法》的规定,公司制企业应当按照净利润的 10% 提取法定公积金。非公司制企业法定公积金的提取比例可超过净利润的 10%。当法定公积金累计已达注册资本的 50% 以上时,可以不再提取。在计算提取法定公积金的基数时,不应包括企业年初未分配利润。

3. 提取任意公积金

公司制企业可以根据股东大会的决议提取任意公积金。非公司制企业经类似权力机构批准,也可提取任意公积金。

4. 向投资者分配利润或股利

公司弥补亏损和提取盈余公积金之后的税后利润,加上年初未分配利润即为本年可供向投资者分配的利润。

○ 案例分析与讨论

戈雅公司是一家以服装、地产开发为主的集团企业。2007年,戈雅公司在上海证券交易所上市,对外公开股份数1 000万股,近几年股利分配情况如下:

2016年,公司净利润6 111万元,股利分配方案为每10股派2元;

2017年,公司净利润7 021万元,股利分配方案为每10股派2元;

2018年,公司净利润7 044万元,股利分配方案为每10股转增7股派1元;

2019年,公司净利润5 178万元,股利分配方案为每10股转增5股派1元。

公司每年分配的现金股利不低于当年净利润的30%,与同行业、同期上市公司相比,该公司的股利分配比例较高。公司历年的业绩一直较好,每年按10%提取法定盈余公积。

分析思考: 你会对该公司的利润分配政策做出相应的会计处理吗?应该如何看待公司高于一般企业的股利分配政策?

(二) 利润分配的账务处理

企业的利润分配应通过"利润分配"账户进行,它是"本年利润"账户的调整账户。该账户设置的明细分类账户有提取法定盈余公积、提取任意盈余公积、应付现金股利或利润、转作股本的股利、盈余公积补亏和未分配利润等。期末,将"利润分配"账户下的其他明细分类账户的余额转入本账户的"未分配利润"明细分类账户。结转后,除"未分配利润"明细分类账户之外,该账户的其他明细分类账户应无余额。

1. 净利润的分配

企业利润分配的方案一般由董事会或类似机构决议后提交股东大会或类似机构批准。在股东大会或类似机构召开会议之前,会计上应以董事会或类似机构决议的利润分配初步方案为依据,将其列入年度报告所有者权益变动表。其后,股东大会或类似机构批准的利润分配方案如与董事会或类似机构确定的方案不一致,差额应当调整报告年度财务报告有关项目的年初数。

【例5-3-8】 长江公司2019年实现的净利润为19 360 000元,年初未分配利润的余额为零。公司董事会决定按当年实现的净利润的10%提取法定盈余公积1 936 000元。另经公司股东大会批准决定,向投资者分配利润4 000 000元。该公司应编制会计分录如下:

(1) 年终结转净利润:

借:本年利润　　　　　　　　　　　　　　　　　　　　19 360 000
　　贷:利润分配——未分配利润　　　　　　　　　　　　　　　19 360 000

(2) 提取法定盈余公积和向股东分配股利:

借:利润分配——提取法定盈余公积　　　　　　　　　　1 936 000
　　贷:盈余公积——法定盈余公积　　　　　　　　　　　　　　1 936 000
借:利润分配——应付现金股利　　　　　　　　　　　　4 000 000
　　贷:应付股利　　　　　　　　　　　　　　　　　　　　　　4 000 000

2. 亏损的弥补

企业发生亏损，年末应将亏损额转入"利润分配——未分配利润"账户的借方，即借记"利润分配——未分配利润"账户，贷记"本年利润"账户。

在我国，企业亏损弥补主要有三种途径：

一是用税前利润补亏。税法规定，企业发生的经营亏损，可以用以后年度连续 5 年的税前利润弥补，连续弥补期不得超过 5 年。二是用税后利润补亏。企业发生的经营亏损，从次年度起的 5 年内税前利润不足弥补时，可以用以后年度的税后利润弥补。三是用盈余公积补亏。用税前利润和税后利润补亏，均不需进行专门的账务处理。但用盈余公积补亏时，应借记"盈余公积"账户，贷记"利润分配——盈余公积补亏"账户。

3. 年终未分配利润的结转

【例 5-3-9】 承例 5-3-8，利润分配结束后，应将"利润分配"账户下的其他明细分类账户的余额结清，转入"利润分配——未分配利润"明细分类账户。长江公司利润分配完毕后，应编制会计分录如下：

借：利润分配——未分配利润　　　　　　　　　　　5 936 000
　　贷：利润分配——提取法定盈余公积　　　　　　　1 936 000
　　　　利润分配——应付现金股利　　　　　　　　　4 000 000

如用盈余公积补亏的，应借记"利润分配——盈余公积补亏"账户，贷记"利润分配——未分配利润"账户。

利润分配结转后，长江公司 2019 年年末未分配利润的余额为 13 424 000（19 360 000 - 5 936 000）元，此金额即为当年的未分配利润金额。

小 结

收入是企业获取利润的源泉，费用是企业获取利润过程中付出的代价，利润是企业经营的最终成果，企业实现的净利润要按照一定的程序进行分配。

收入是指企业在日常活动中所形成的、会导致所有者权益增加的、与所有者投入资本无关的经济利益的总流入。

费用是指企业为销售商品、提供劳务等日常活动所发生的经济利益的流出。它是企业为获得收益而付出的代价。

营业外收支是直接计入当期损益的利得和损失，与日常经济活动没有直接联系。

所得税费用是按照资产负债表债务法核算的，包括当期应交所得税和递延所得税。

利润是企业一定会计期间的经营成果。企业利润可以分为营业利润、利润总额和净利润三个层次。利润按照一定的程序进行分配，分配结束后，"利润分配"账户只保留"未分配利润"一个明细分类账户，其他明细分类账户均结转至"未分配利润"账户。

知识巩固

一、思考题

1. 什么是收入？收入有何特点？
2. 我国《企业会计准则第 14 号——收入》中是如何规范收入的确认和计量的？
3. 费用按经济用途分为哪几类？这样分类有什么作用？
4. 什么是期间费用？期间费用主要包括哪些内容？如何进行核算？
5. 利润总额包括哪些内容？
6. 如何进行利润形成和利润分配的核算？

二、实务题

（一）收入、费用的核算

1. 2019 年 7 月 1 日，甲公司与客户签订合同，向其销售 A、B 两项商品，A 商品的单独售价为 300 万元，B 商品的单独售价为 1 200 万元，合计为 1 500 万元，合同预定的价款为 1 250 万元。同时合同约定，A 商品于合同开始日交付，B 商品在一个月之后交付，只有当两项商品全部交付之后，甲公司才有权收取 1 250 万元的合同对价。假定 A 商品和 B 商品分别构成单项履约义务，其控制权在交付时转移给客户。上述价格均不包含增值税，且假定不考虑相关税费影响。2019 年 7 月 1 日，甲公司交付 A 商品，2019 年 8 月 1 日，交付 B 商品时收到全部货款。

要求：根据上述资料，为甲公司编制相应的会计分录。

2. A、B 两公司签订了一份 400 万元的劳务合同，A 公司为 B 公司开发一套软件系统（以下简称项目）。2018 年 3 月 2 日，项目开发工作开始，预计 2020 年 2 月 26 日完工。预计开发完成该项目的总成本为 360 万元。其他有关资料如下：

（1）2018 年 3 月 31 日，A 公司预收 B 公司支付的项目款 170 万元存入银行。

（2）2018 年，A 公司为该项目实际发生劳务成本 126 万元。

（3）2019 年 12 月 2 日，A 公司预收 B 公司支付的项目款 3 000 万元存入银行。至 2019 年 12 月 31 日，A 公司为该项目累计实际发生劳务成本 315 万元。

假定 A 公司按实际发生的成本占估计总成本的比例确定项目开发的履约进度，不考虑增值税等其他因素。软件开发属于 A 公司的主营业务，且假定不考虑相关税费。

要求：编制 A 公司 2018 年、2019 年相应的会计分录。

（二）利润的计算与分配

资料：（1）A 公司 2019 年度有关损益类账户的发生额如表 5-2 所示。

表 5-2　　　　　　　　2019 年度 A 公司有关损益类账户发生额　　　　　　　　单位：元

账户名称	借方发生额	贷方发生额
主营业务收入	50 000	880 000
主营业务成本	450 000	20 000
税金及附加	80 000	
销售费用	53 500	
其他业务收入		10 000
其他业务成本	5 000	
管理费用	65 500	
财务费用	3 800	300
营业外收入		2 000
营业外支出	5 000	

（2）假定 A 公司的会计利润与应纳税所得额相等，税率为 25%。A 公司 2019 年度的利润分配政策为：按净利润 10% 的比例提取法定盈余公积，按净利润 5% 的比例提取任意盈余公积，按可供分配利润的 50% 分配给股东利润。

（3）假定年初未分配利润为 100 000 元。

要求：（1）结转各损益类账户余额，并计算 A 公司 2019 年的利润总额。

（2）计算 A 公司 2019 年应交所得税（假设无其他纳税调整事项），并做相应会计分录。

（3）编制 A 公司 2019 年利润分配有关会计分录，并计算年末未分配利润余额。

项目六 财务报告的编制

本项目说明

财务报表是会计对象要素确认、计量和记录的总括反映,是教学中的重要内容之一。

财务报告的编制是总账会计岗位(主办会计岗位)的重要工作内容。对本项目内容的学习,一方面要掌握财务报表主要项目的计算;另一方面还应掌握资产负债表、利润表、现金流量表的编制方法等。

知识目标

1. 了解财务报告的目标和编制要求。
2. 掌握资产负债表、利润表、现金流量表的内容、格式和编制方法。

能力目标

1. 能根据日常会计核算资料独立编制资产负债表、利润表。
2. 能通过阅读财务报告了解企业财务状况、经营成果和现金流量的相关信息。

知识准备

财务报告是指企业对外提供的反映企业某一特定日期的财务状况和某一会计期间的经营成果、现金流量等会计信息的文件。财务报告包括财务报表和其他应当在财务报告中披露的相关信息和资料。

一、财务报告的目标

企业编制财务报告的目标,是向财务报告使用者提供与企业财务状况、经营成果和现金流量等有关的会计信息,反映企业管理层受托责任履行情况,有助于财务报告使用者做出经济决策。财务报告使用者通常包括投资者、债权人、政府及其有关部门和社会公众等。

财务报表是对企业财务状况、经营成果和现金流量的结构性表述。财务报表主要由资产负债表、利润表、现金流量表、所有者权益(或股东权益)变动表和附注组成。

二、财务报表的分类

按服务对象不同,财务报表可分为对外报表和内部报表。对外报表是企业必须定期编制、定期向上级主管部门、投资者、债权人、财税部门等报送或按规定向社会公布的财务报表。资产负债表、利润表和现金流量表等均属于对外报表。内部报表是企业根据其内部经营管理的需要而编制的、供其内部管理人员使用的财务报表。成本报表属于内部报表。

按编制和报送的时间不同,财务报表可分为中期财务报表和年度财务报表。中期财务报表包括月份、季度、半年期财务报表。年度财务报表是具体反映企业整个会计年度的经营成果、现金流量及年末财务状况的财务报表。

按编报的会计主体不同,财务报表可分为个别报表和合并报表。个别报表是指在以母公司和子公司组成的具有控股关系的企业集团中,由母公司和子公司各自为主体分别单独编制的报表,用以分别反映母公司和子公司自身的经营成果、财务状况及资金变动情况。合并报表是以母公司和子公司组成的企业集团为一个会计主体,以母公司和子公司单独编制的个别财务报表为基础,由母公司编制的综合反映企业集团经营成果、财务状况及资金变动情况的财务报表。

三、财务报告的编制要求

(一)以持续经营为基础

持续经营是会计的基本假设之一,企业应当以持续经营为前提,根据实际发生的交易或事项,按照《企业会计准则——基本准则》和其他相关会计准则的规定进行确认、计量,在此基础上编制财务报表。

(二)遵循可比性列报要求

可比性要求是会计信息质量的一项重要要求,其目的是使会计信息在同一企业的不同时期具有可比性。财务报表项目的列报应当在各个会计期间保持一致,不得随意变更,但下列情况除外:会计准则要求改变财务报表项目的列报;企业经营业务的性质发生重大变化后,变更财务报表项目的列报能够提供更可靠、更相关的会计信息。

(三)列报内容应考虑重要性原则

若财务报表某项目的省略或错报会影响使用者据此做出经济决策,则该项目具有重要性。也就是说,在财务报表列报时,对那些相对比较重要的项目予以全面和尽可能详细地披露。相反,不重要或与决策无关的项目则可以以简要的方式披露,甚至不予披露。

(四)财务报表项目的金额不得相互抵销

财务报表所涉及的资产和负债、收益和费用在列报时不能相互抵销,而应以总额列报。但下列情况不属于抵销,可以以净额列示:一是资产项目按扣除减值准备后的净额列示,不属于抵销;二是非日常活动产生的损益,以收入扣减费用后的净额列示,不属于抵销。

(五)提供比较会计信息

本期财务报表的列报,至少应当提供所有列报项目上可比会计期间的比较数据,以及与理解当期财务报表相关的说明。如果财务报表项目的列报发生变更的,应当对上期比较数据按照当期的列报要求进行调整,并在附注中披露调整的原因和性质,以及调整的各项目金额。

（六）财务报表表首以显著的方式披露

财务报表一般由表首和正表两部分组成。企业应当在财务报表中以显著的方式披露表首部分的信息，主要包括编报企业的名称、资产负债表日或财务报表涵盖的会计期间、人民币金额单位。财务报表是合并财务报表的，应当予以标明。

（七）在规定期间要求对外提供全部财务报表

企业至少应当按年编制和列示会计准则所要求的全部财务报表，并在规定的期间内对外提供。如果年度财务报表涵盖的期间短于 1 年，则企业应当披露财务报表涵盖的期间，以及年度财务报表涵盖期间短于 1 年的原因，如企业在年度中间设立或停业等。

任务一　资产负债表的编制

一、资产负债表的概念及作用

资产负债表是反映企业某一特定日期财务状况的会计报表，它是根据"资产＝负债＋所有者权益"这一会计等式，反映企业在某一特定日期所拥有或控制的经济资源、所承担的现时义务及投资人对净资产的要求权。

资产负债表的作用表现在：

（1）反映企业资产的构成及其状况，分析企业在某一特定日期所拥有的经济资源及其分布情况。资产总量的高低在一定程度上可以说明企业经营规模和盈利基础的大小。企业的资产结构反映其生产经营过程的特点，有利于报表使用者进一步分析企业生产经营的稳定性。

（2）反映企业负债总额及其结构，分析企业目前与未来需要支付的债务数额。负债总额表示企业承担的债务的多少。负债结构反映了企业偿还负债的紧迫性和偿债压力的大小。

（3）反映企业所有者权益的情况，了解企业现有的投资者在企业资产总额中所占的份额。实收资本和留存收益能反映企业投资者对企业的初始投入和资本积累的多少，反映了企业的资本结构和财务实力，有助于报表使用者分析、预测企业生产经营的安全程度和抗风险的能力。

二、资产负债表的结构与项目列示

（一）资产负债表的结构

资产负债表一般由表头、表体两部分组成。表头部分应列明报表名称、编制单位名称、资产负债表日、报表编号和计量单位；表体部分是资产负债表的主体，列示了用以说明企业财务状况的各个项目。资产负债表的表体格式一般有两种：报告式资产负债表和账户式资产负债表。我国企业的资产负债表采用账户式结构，分为左右两方。左方为资产项目，大体按资产的流动性大小排列，流动性大的资产如"货币资金""交易性金融资产"等排在前面，流动性小的资产如"长期股权投资""固定资产"等排在后面;右方为负债及所有者权益项目,一般按要求清偿时间的先后顺序排列,"短期借款""应付票据""应付账款"等需要在一年以内或者超过一年的一个正常营业周期内偿还的流动负债排在前面,"长期借款"等在一年以上才需偿还的非流动负债排在中间,在企业清算之前不需要偿还的所有者权益项目排在后面。

账户式资产负债表中的各资产项目的合计等于各负债和所有者权益项目的合计。因此,通过账户式资产负债表,可以反映资产、负债、所有者权益之间的内在关系,即"资产=负债+所有者权益"。

(二)资产负债表的项目列示

1. 资产项目的列示

资产应当按照流动资产和非流动资产两大类别在资产负债表中列示,在流动资产和非流动资产类别下进一步按性质分项列示。

(1)流动资产。资产负债表中列示的流动资产项目通常包括货币资金、交易性金融资产、应收票据、应收账款、预付款项、其他应收款、存货、合同资产、持有待售资产和一年内到期的非流动资产等。

(2)非流动资产。资产负债表中列示的非流动资产项目通常包括债权投资、其他债权投资、长期应收款、长期股权投资、其他权益工具投资、其他非流动金融资产、投资性房地产、固定资产、在建工程、无形资产、开发支出、长期待摊费用、递延所得税资产及其他非流动资产等。

> **小贴士**
>
> 按照《企业会计准则第30号——财务报表列报》规定,流动资产是指符合下列条件之一的资产:预计在一个正常营业周期中变现、出售或耗用;主要为交易目的而持有;预计在资产负债表日起一年内(含一年)变现;自资产负债表日起一年内,交换其他资产或清偿负债的能力不受限制的现金或现金等价物。非流动资产是指流动资产以外的资产。

2. 负债及所有者权益的列示

资产负债表的负债及所有者权益包括以下三个类别:

(1)流动负债。资产负债表中列示的流动负债项目通常包括短期借款、应付票据、应付账款、预收款项、应付职工薪酬、应交税费、应付利息、应付股利、其他应付款、一年内到期的非流动负债等。

(2)非流动负债。资产负债表中列示的非流动负债项目通常包括长期借款、应付债券、长期应付款、专项应付款、预计负债、递延所得税负债及其他非流动负债等。

(3)所有者权益。资产负债表中列示的所有者权益项目通常包括实收资本、资本公积、盈余公积和未分配利润。

小贴士

按照《企业会计准则第 30 号——财务报表列报》规定,流动负债是指符合下列条件之一的负债:预计在一个正常营业周期中清偿;主要为交易目的而持有;自资产负债表日起一年内(含一年)到期应予以清偿;企业无权自主地将清偿推迟至资产负债表日后一年以上。非流动负债是指流动负债以外的负债。

资产负债表的具体格式如表 6-1 所示。

表 6-1　　　　　　　　　　　　　　资产负债表　　　　　　　　　　　会企 01 表

编制单位:　　　　　　　　　　　___年___月___日　　　　　　　　　　单位:元

资产	期末余额	年初余额	负债和所有者权益 (或股东权益)	期末余额	年初余额
流动资产:			流动负债:		
货币资金			短期借款		
交易性金融资产			交易性金融负债		
衍生金融资产			衍生金融负债		
应收票据			应付票据		
应收账款			应付账款		
应收款项融资			预收款项		
预付款项			合同负债		
其他应收款			应付职工薪酬		
存货			应交税费		
合同资产			其他应付款		
持有待售资产			持有待售负债		
一年内到期的非流动资产			一年内到期的非流动负债		
其他流动资产			其他流动负债		
流动资产合计			流动负债合计		
非流动资产:			非流动负债:		
债权投资			长期借款		
其他债权投资			应付债券		
长期应收款			其中:优先股		
长期股权投资			永续债		
其他权益工具投资			长期应付款		
其他非流动金融资产			预计负债		
投资性房地产			递延收益		
固定资产			递延所得税负债		

续表

资　产	期末余额	年初余额	负债和所有者权益（或股东权益）	期末余额	年初余额
在建工程			其他非流动负债		
生产性生物资产			非流动负债合计		
油气资产			负债合计		
使用权资产			所有者权益(或股东权益)：		
无形资产			实收资本(或股本)		
开发支出			其他权益工具		
商誉			其中：优先股		
长期待摊费用			永续债		
递延所得税资产			资本公积		
其他非流动资产			减：库存股		
非流动资产合计			其他综合收益		
			专项储备		
			盈余公积		
			未分配利润		
			所有者权益(或股东权益)合计		
资产总计			负债和所有者权益(或股东权益)总计		

三、资产负债表的编制方法

（一）"年初余额"的编制方法

"年初余额"栏内各项目数字，应根据上年年末资产负债表"期末余额"栏内所列数字填列。如果本年度资产负债表规定的各个项目的名称和内容同上年度不一致，应对上年年末资产负债表各项目的名称和数字按本年度的规定进行调整，按调整后的数字填入本表"年初余额"栏内。

（二）"期末余额"的编制方法

资产负债表"期末余额"的编制方法如下：

（1）根据总账科目余额填列。如"短期借款""资本公积"项目，需要根据"短期借款""资本公积"各总账科目的余额直接填列；有些项目则需根据几个总账科目的期末余额计算填列，如"货币资金"项目，需根据"库存现金""银行存款""其他货币资金"三个总账科目的期末余额的合计数填列。

（2）根据明细账科目余额计算填列。如"应付票据""应付账款"项目，需要根据"应付票据"科目的期末余额，以及"应付账款"和"预付账款"两个科目所属的相关明细科目的期末贷方余额计算填列;"应收票据""应收账款"项目,需要根据"应收票据"和"应收账款"科目的期末余额,减去"坏账准备"科目中相关坏账准备期末余额后的金额填列;"预付款项"项目,需要根据"应付账款"科目借方余额和"预付账款"科目借方余额减去与"预付账款"有关的坏账准备贷方余额计算填列;"预收款项"项目,需要根据"应收账款"科目贷方余额和"预收账款"科目贷方余额计算填列;"开发支出"项目,需要根据"研发支出"科目中所属的"资本化支出"明细科目期末余额计算填列;"应付职工薪酬"项目,需要根据"应付职工薪酬"科目的明细科目期末余额计算填列;"一年内到期的非流动资产""一年内到期的非流动负债"项目,需要根据有关非流动资产和非流动负债项目的明细科目余额计算填列;"未分配利润"项目,需要根据"利润分配"科目中所属的"未分配利润"明细科目期末余额填列。

(3) 根据总账科目和明细账科目余额分析计算填列。如"长期借款"项目,需要根据"长期借款"总账科目余额扣除"长期借款"科目所属的明细科目中将在一年内到期且企业不能自主地将清偿义务展期的长期借款后的金额计算填列;"其他非流动资产"项目,应根据有关科目的期末余额减去将于一年内(含一年)收回数后的金额计算填列;"其他非流动负债"项目,应根据有关科目的期末余额减去将于一年内(含一年)到期偿还数后的金额计算填列。

(4) 根据有关科目余额减去其备抵科目余额后的净额填列。如资产负债表"应收票据""应收账款""长期股权投资""在建工程"等项目,应当根据"应收票据""应收账款""长期股权投资""在建工程"等科目的期末余额减去"坏账准备""长期股权投资减值准备""在建工程减值准备"等备抵科目余额后的净额填列;"投资性房地产""固定资产"项目,应当根据"投资性房地产""固定资产"科目的期末余额,减去"投资性房地产累计折旧""投资性房地产减值准备""累计折旧""固定资产减值准备"等备抵科目的期末余额,以及"固定资产清理"科目期末余额后的净额填列;"无形资产"项目,应当根据"无形资产"科目的期末余额,减去"累计摊销""无形资产减值准备"等备抵科目余额后的净额填列。

(5) 综合运用上述填列方法分析填列。如资产负债表中的"存货"项目,需要根据"原材料""库存商品""委托加工物资""周转材料""材料采购""在途物资""发出商品""材料成本差异"等总账科目期末余额的分析汇总数,再减去"存货跌价准备"科目余额后的净额填列。

四、资产负债表项目的填列说明

(一) 资产项目的填列说明

(1) "货币资金"项目,反映企业库存现金、银行结算户存款、外埠存款、银行汇票存款、银行本票存款、信用卡存款、信用证保证金存款等的合计数。本项目应根据"库存现金""银行存款""其他货币资金"科目期末余额的合计数填列。

【例6-1-1】 2019年12月31日,甲公司"库存现金"科目余额为0.1万元,"银行存款"科目余额为100.9万元,"其他货币资金"科目余额为99万元。2019年12月31日,甲公司资产负债表中"货币资金"项目"期末余额"栏的列报金额 = 0.1 + 100.9 + 99 = 200 (万元)。

(2)"交易性金融资产"项目,反映企业资产负债表日分类为以公允价值计量且其变动计入当期损益的金融资产,以及企业持有的直接指定为以公允价值计量且其变动计入当期损益的金融资产的期末账面价值。本项目应根据"交易性金融资产"科目的相关明细科目期末余额分析填列。自资产负债表日起超过一年到期且预期持有超过一年的以公允价值计量且其变动计入当期损益的非流动金融资产的期末账面价值,在"其他非流动金融资产"项目反映。

(3)"应收票据"项目,反映资产负债表日以摊余成本计量的、企业因销售商品或提供劳务等收到的商业汇票,包括银行承兑汇票和商业承兑汇票。本项目应根据"应收票据"科目的期末余额,减去"坏账准备"科目中相关坏账准备期末余额后的金额分析填列。

【例6-1-2】 2019年12月31日,甲公司"应收票据"科目余额为1 300万元,"坏账准备"科目中有关应收票据计提的坏账准备余额为45万元。2019年12月31日,甲公司资产负债表中"应收票据"项目"期末余额"栏的列报金额 = 1 300 - 45 = 1 255(万元)。

(4)"应收账款"项目,反映资产负债表日以摊销成本计量的、企业因销售商品或提供劳务等经营活动应收取的款项。本项目应根据"应收账款"和"预收账款"科目的期末借方余额,减去"坏账准备"科目中相关坏账准备期末贷方余额后的金额分析填列。

(5)"应收款项融资"项目,反映资产负债表日以公允价值计量且其变动计入其他综合收益的应收票据和应收账款等。

(6)"预付款项"项目,反映企业按照购货合同规定预付给供应单位的款项等。本项目应根据"预付账款"和"应付账款"科目所属各明细科目期末借方余额合计数,减去"坏账准备"科目有关预付账款计提的坏账准备期末余额后的净额填列。如"预付账款"科目所属明细科目期末为贷方余额的,应在资产负债表"应付账款"项目内填列。

(7)"其他应收款"项目,反映企业除应收票据、应收账款、预付账款等经营活动以外的其他各种应收、暂付的款项。本项目应根据"应收利息""应收股利""其他应收款"科目的期末余额合计数,减去"坏账准备"科目中相关坏账准备期末余额后的金额填列。其中,"应收利息"仅反映相关金融工具已到期可收取但于资产负债表日尚未收到的利息。基于实际利率法计提的金融工具的利息应包含在相应金融工具的账面余额中。

(8)"存货"项目,反映企业期末在库、在途和在加工中的各种存货的可变现净值或成本(成本与可变现净值孰低)。存货包括各种材料、商品、在产品、半产品、包装物、低值易耗品、发出商品等。本项目应根据"材料采购""原材料""库存商品""周转材料""委托加工物资""发出商品""生产成本""受托代销商品"等科目的期末余额合计数,减去"受托代销商品款""存货跌价准备"科目期末余额后的净额填列。材料采用计划成本核算,以及库存商品采用计划成本核算或售价核算的企业,还应按加或减材料成本差异、商品进销差价后的金额填列。

【例6-1-3】 2019年12月31日,甲公司有关会计科目余额如下:"发出商品"科目借方余额为800万元,"生产成本"科目借方余额为300万元,"原材料"科目借方余额为100万元,"委托加工物资"科目借方余额为200万元,"材料成本差异"科目贷方余额为25万元,"存货跌价准备"科目贷方余额为100万元,"受托代销商品"科目借方余额为400万元,"受托代销商品款"科目贷方余额为400万元。2019年12月31日,甲公司资产负债表中"存货"项目"期末余额"栏的列报金额 = 800 + 300 + 100 + 200 − 25 − 100 + 400 − 400 = 1 275(万元)。

(9)"合同资产"项目,反映企业按照《企业会计准则第14号——收入》(财会〔2017〕22号)的相关规定,根据本企业履行履约义务与客户付款之间的关系在资产负债表中列示的合同资产。本项目应根据"合同资产"科目的相关明细科目期末余额分析填列,同一合同下的合同资产和合同负债应当以净额列示,其中净额为借方余额的,应当根据其流动性在"合同资产"或"其他非流动资产"项目中填列,已计提减值准备的,还应减去"合同资产减值准备"科目中相关的期末余额后的金额填列;其中净额为贷方余额的,应当根据其流动性在"合同负债"或"其他非流动负债"项目中填列。

(10)"持有待售资产"项目,反映资产负债表日划分为持有待售类别的非流动资产及划分为持有待售类别的处置组中的流动资产和非流动资产的期末账面价值。本项目应根据"持有待售资产"科目的期末余额,减去"持有待售资产减值准备"科目的期末余额后的金额填列。

【例6-1-4】 甲公司计划出售一项固定资产,该固定资产于2019年12月31日被划分为持有待售固定资产,其账面价值为315万元,从划归为持有待售资产的下个月起停止计提折旧,不考虑其他因素。2019年12月31日,甲公司资产负债表中"持有待售资产"项目"期末余额"栏的列报金额为315万元。

(11)"一年内到期的非流动资产"项目,反映企业预计自资产负债表日起一年内变现的非流动资产。本项目应根据有关科目的期末余额分析填列。

(12)"债权投资"项目,反映资产负债表日企业以摊余成本计量的长期债权投资的期末账面价值。本项目应根据"债权投资"科目的相关明细科目期末余额,减去"债权投资减值准备"科目中相关减值准备的期末余额后的金额分析填列。自资产负债表日起一年内到期的长期债权投资的期末账面价值,在"一年内到期的非流动资产"项目反映。企业购入的以摊余成本计量的一年内到期的债权投资的期末账面价值,在"其他流动资产"项目反映。

(13)"其他债权投资"项目,反映资产负债表日企业分类为以公允价值计量且其变动计入其他综合收益的长期债权投资的期末账面价值。本项目根据"其他债权投资"科目的相关明细科目期末余额分析填列。自资产负债表日起一年内到期的长期债权投资的期末账面价值,在"一年内到期的非流动资产"项目反映。企业购入的以公允价值计量且其变动计入其他综合收益的一年内到期的债权投资的期末账面价值,在"其他流动资产"项目反映。

(14)"长期应收款"项目,反映企业租赁产生的应收款项和采用递延方式分期收款、实质上具有融资性质的销售商品或提供劳务等经营活动产生的应收款项。本项目应根据"长期应收款"科目的期末余额,减去相应的"未实现融资收益"科目和"坏账准备"科目所属相关明细科目期末余额后的金额填列。

(15)"长期股权投资"项目,反映投资方能够对被投资单位实施控制或具有重大影响的权益性投资,以及对其合营企业的权益性投资。本项目应根据"长期股权投资"科目的期末余额,减去"长期股权投资减值准备"科目的期末余额后的净额填列。

(16)"其他权益工具投资"项目,反映资产负债表日企业指定为以公允价值计量且其变动计入其他综合收益的非交易性权益工具投资的期末账面价值。本项目应根据"其他权益工具投资"科目的期末余额填列。

(17)"固定资产"项目,反映资产负债表日企业固定资产的期末账面价值和企业尚未清理完毕的固定资产清理净损益。本项目应根据"固定资产"科目的期末余额,减去"累计折旧"和"固定资产减值准备"科目的期末余额后的金额,以及"固定资产清理"科目的期末余额填列。

【例6-1-5】 2019年12月31日,甲公司"固定资产"科目借方余额为4 000万元,"累计折旧"科目贷方余额为2 000万元,"固定资产减值准备"科目贷方余额为500万元,"固定资产清理"科目借方余额为500万元。2019年12月31日,甲公司资产负债表中"固定资产"项目"期末余额"栏的列报金额 = 4 000 - 2 000 - 500 + 500 = 2 000(万元)。

(18)"在建工程"项目,反映资产负债表日企业尚未达到预定可使用状态的在建工程的期末账面价值和企业为在建工程准备的各种物资的期末账面价值。本项目应根据"在建工程"科目的期末余额,减去"在建工程减值准备"科目的期末余额后的金额,以及"工程物资"科目的期末余额,减去"工程物资减值准备"科目的期末余额后的金额填列。

(19)"使用权资产"项目,反映资产负债表日承租人企业持有的使用权资产的期末账面价值。本项目应根据"使用权资产"科目的期末余额,减去"使用权资产累计折旧"和"使用权资产减值准备"科目的期末余额后的金额填列。

(20)"无形资产"项目,反映企业持有的专利权、非专利技术、商标权、著作权、土地使用权等无形资产的成本减去累计摊销和减值准备后的净额。本项目应根据"无形资产"科目的期末余额,减去"累计摊销"和"无形资产减值准备"科目期末余额后的净额填列。

【例6-1-6】 2019年12月31日,甲公司"无形资产"科目借方余额为800万元,"累计摊销"科目贷方余额为200万元,"无形资产减值准备"科目贷方余额为100万元。2019年12月31日,甲公司资产负债表中"无形资产"项目"期末余额"栏的列报金额 = 800 - 200 - 100 = 500(万元)。

(21)"开发支出"项目,反映企业开发无形资产过程中能够资本化形成无形资产成本的支出部分。本项目应根据"研发支出"科目中所属的"资本化支出"明细科目期末余额填列。

(22)"长期待摊费用"项目,反映企业已经发生但应由本期和以后各期负担的分摊期限在一年以上的各项费用。长期待摊费用中在一年内(含一年)摊销的部分,在资产负债表"一年内到期的非流动资产"项目填列。本项目应根据"长期待摊费用"科目的期末余额,减去将于一年内(含一年)摊销的数额后的金额分析填列。

(23)"递延所得税资产"项目,反映企业根据所得税准则确认的可抵扣暂时性差异产生的所得税资产。本项目应根据"递延所得税资产"科目的期末余额填列。

(24)"其他非流动资产"项目,反映企业除上述非流动资产以外的其他非流动资产。本项目应根据相关科目的期末余额填列。

(二)负债项目的填列说明

(1)"短期借款"项目,反映企业向银行或其他金融机构等借入的偿还期在一年以内(含一年)的各种借款。本项目应根据"短期借款"科目的期末余额填列。

【例6-1-7】 2019年12月31日,甲公司"短期借款"科目的余额如下:银行质押借款10万元,信用借款40万元。2019年12月31日,甲公司资产负债表中"短期借款"项目"期末余额"栏的列报金额 = 10 + 40 = 50(万元)。

(2)"交易性金融负债"项目,反映企业资产负债表日承担的交易性金融负债,以及企业持有的直接指定为以公允价值计量且其变动计入当期损益的金融负债的期末账面价值。本项目应根据"交易性金融负债"科目的相关明细科目期末余额填列。

(3)"应付票据"项目,反映资产负债表日以摊余成本计量的、企业因购买材料、商品和接受劳务等而开出、承兑的商业汇票,包括银行承兑汇票和商业承兑汇票。本项目应根据"应付票据"科目的期末余额填列。

【例6-1-8】 2019年12月31日,甲公司"应付票据"科目的余额如下:25万元的银行承兑汇票,10万元的商业承兑汇票。2019年12月31日,甲公司资产负债表中"应付票据"项目"期末余额"栏的列报金额 = 25 + 10 = 35(万元)。

(4)"应付账款"项目,反映资产负债表日以摊余成本计量的、企业因购买材料、商品和接受劳务等经营活动应支付的款项。本项目应根据"应付账款"和"预付账款"科目所属的相关明细科目的期末贷方余额合计数填列。

(5)"预收款项"项目,反映企业按照购货合同规定预收供应单位的款项。本项目应根据"预收账款"和"应收账款"科目所属的相关明细科目的期末贷方余额合计数填列。如"预收账款"科目所属的相关明细科目期末为借方余额的,应在资产负债表"应收账款"项目内填列。

(6)"合同负债"项目,反映企业按照《企业会计准则第14号——收入》(财会〔2017〕22号)的相关规定,根据本企业履行履约义务与客户付款之间的关系在资产负债表中列示的合同负债。本项目应根据"合同负债"的相关明细科目期末余额分析填列。

(7)"应付职工薪酬"项目,反映企业为获得职工提供的服务或解除劳务关系而给予的各种形式的报酬或补偿。企业提供给职工配偶、子女、受赡养人、已故员工遗属及其他受益人等的福利,也属于职工薪酬。职工薪酬主要包括短期薪酬、离职后福利、辞退福利和其他长期职工福利。本项目应根据"应付职工薪酬"科目所属的相关明细科目的期末贷方余额分析填列。外商投资企业按规定从净利润中提取的职工奖励及福利基金,也在本项目列示。

> 【例 6-1-9】 2019 年 12 月 31 日,甲公司"应付职工薪酬"科目明细项目如下:工资、奖金、津贴和补贴 70 万元,社会保险费(含医疗保险、工伤保险)5 万元,设定提存计划(含基本养老保险费)2.5 万元,住房公积金 2 万元,工会经费和职工教育经费 0.5 万元。2019 年 12 月 31 日,甲公司资产负债表中"应付职工薪酬"项目"期末余额"栏的列报金额 = 70 + 5 + 2.5 + 2 + 0.5 = 80(万元)。

(8)"应交税费"项目,反映企业按照税法规定计算应缴纳的各种税费,包括增值税、消费税、城市维护建设税、教育费附加、企业所得税、资源税、土地增值税、房产税、城镇土地使用税、车船税、矿产资源补偿费等。企业代扣代缴的个人所得税,也通过本项目列示。企业所缴纳的税金不需要预计应交数的,如印花税、耕地占用税等,不在本项目列示。本项目应根据"应交税费"科目的期末贷方余额填列,如"应交税费"科目期末为借方余额,应以"-"号填列。应特别注意"应交税费"科目下的"应交增值税""未交增值税""待抵扣进项税额""待认证进项税额""增值税留抵税额"等明细科目期末借方余额应根据情况,在资产负债表中的"其他流动资产"或"其他非流动资产"项目列示;"应交税费"科目下的"待转销项税额"等科目期末贷方余额应根据情况,在资产负债表中的"其他流动负债"或"其他非流动负债"项目列示;"应交税费"科目下的"未交增值税""简易计税""转让金融商品应交增值税""代扣代交增值税"等科目期末贷方余额应在资产负债表中的"应缴税费"项目列示。

(9)"其他应付款"项目,反映企业除应付票据、应付账款、预收款项、应付职工薪酬、应交税费等经营活动以外的其他各项应付、暂收的款项。本项目应根据"应付利息""应付股利""其他应付款"科目的期末余额合计数填列。其中,"应付利息"科目仅反映相关金融工具已到期应支付但于资产负债表日尚未支付的利息。基于实际利率法计提的金融工具的利息应包含在相应金融工具的账面余额中。

(10)"持有待售负债"项目,反映资产负债表日处置组中与划分为持有待售类别的资产直接相关的负债的期末账面价值。本项目应根据"持有待售负债"科目的期末余额填列。

(11)"一年内到期的非流动负债"项目,反映企业非流动负债中将于资产负债表日后一年内到期部分的金额,如将于一年内偿还的长期借款。本项目应根据有关科目的期末余额分析填列。

(12)"长期借款"项目,反映企业向银行或其他金融机构借入的偿还期在一年以上(不含一年)的各项借款。本项目应根据"长期借款"科目的期末余额,扣除"长期借款"科目所属的相关明细科目中将在资产负债表日起一年内到期且企业不能自主地将清偿义务展期的长期借款后的金额计算填列。

> 【例 6-1-10】 2019 年 12 月 31 日,甲公司"长期借款"科目余额为 155 万元,其中自乙银行借入的 5 万元借款将于一年内到期,甲公司不具有自主展期清偿的权利。2019 年 12 月 31 日,甲公司资产负债表中"长期借款"项目"期末余额"栏的列报金额 = 155 - 5 = 150(万元),"一年内到期的非流动负债"项目"期末余额"栏的列报金额为 5 万元。

(13)"应付债券"项目,反映企业为筹集长期资金而发行的债券本金及应付的利息。本项目应根据"应付债券"科目的期末余额分析填列。对于资产负债表日企业发行的金融工具,分类为金融负债的,应在本项目填列,对于优先股和永续债还应在本项目下的"优先股"项目和"永续债"项目分别填列。

(14)"租赁负债"项目,反映资产负债表日承租人企业尚未支付的租赁付款额的期末账面价值。本项目应根据"租赁负债"科目的期末余额填列。自资产负债表日起一年内到期应予以清偿的租赁负债的期末账面价值,在"一年内到期的非流动负债"项目反映。

(15)"长期应付款"项目,应根据"长期应付款"科目的期末余额,减去相关"未确认融资费用"科目的期末余额后的金额,以及"专项应付款"科目的期末余额填列。

(16)"预计负债"项目,反映企业根据或有事项等相关会计准则确认的各项预计负债,包括对外提供担保、未决诉讼、产品质量保证、重组义务及固定资产和矿区权益弃置义务等产生的预计负债。本项目应根据"预计负债"科目的期末余额填列。企业按照《企业会计准则第 22 号——金融工具确认和计量》(财会〔2017〕7 号)的相关规定,对贷款承诺等项目计提的损失准备,应当在本项目中填列。

(17)"递延收益"项目,反映尚待确认的收入或收益。本项目核算包括企业根据政府补助准则确认的应在以后期间计入当期损益的政府补助金额、售后租回形成融资租赁的售价与资产账面价值差额等其他递延性收入。本项目应根据"递延收益"科目的期末余额填列。本项目中摊销期限只剩一年或不足一年的,或预计在一年内(含一年)进行摊销的部分,不得归类为流动负债,仍在本项目中填列,不转入"一年内到期的非流动负债"项目。

(18)"递延所得税负债"项目,反映企业根据所得税准则确认的应纳税暂时性差异产生的所得税负债。本项目应根据"递延所得税负债"科目的期末余额填列。

(19)"其他非流动负债"项目,反映企业除以上非流动负债以外的其他非流动负债。本项目应根据有关科目期末余额,减去将于一年内(含一年)到期偿还数后的余额分析填列。非流动负债各项目中将于一年内(含一年)到期的非流动负债,应在"一年内到期的非流动负债"项目反映。

(三)所有者权益项目的填列说明

(1)"实收资本(或股本)"项目,反映企业各投资者实际投入的资本(或股本)总额。本项目应根据"实收资本(或股本)"科目的期末余额填列。

【例 6-1-11】 甲公司是由 A 公司于 2001 年 3 月 1 日注册成立的有限责任公司,注册资本为人民币 5 000 万元,A 公司以货币资金人民币 5 000 万元出资,占注册资本的100%,持有甲公司 100% 的权益。上述实收资本已于 2001 年 3 月 1 日经相关会计师事务所出具的验资报告验证。该资本投入自 2001 年至 2019 年年末未发生变动。2019 年 12 月 31 日,甲公司资产负债表中"实收资本(或股本)"项目"期末余额"栏的列报金额为5 000 万元。

(2)"其他权益工具"项目,反映资产负债表日企业发行在外的除普通股以外分类为权益工具的金融工具的期末账面价值,并下设"优先股"和"永续债"两个项目,分别反映企业发行的分类为权益工具的优先股和永续债的账面价值。

(3)"资本公积"项目,反映企业收到投资者出资超出其在注册资本或股本中所占的份额及直接计入所有者权益的利得和损失等。本项目应根据"资本公积"科目的期末余额填列。

（4）"其他综合收益"项目，反映企业其他综合收益的期末余额。本项目应根据"其他综合收益"科目的期末余额填列。

（5）"专项储备"项目，反映高危行业企业按照国家规定提取的安全生产费的期末账面价值。本项目应根据"专项储备"科目的期末余额填列。

（6）"盈余公积"项目，反映企业盈余公积的期末余额。本项目应根据"盈余公积"科目的期末余额填列。

（7）"未分配利润"项目，反映企业尚未分配的利润。本项目应根据"本年利润"和"利润分配"科目的余额计算填列。未弥补的亏损在本项目内以"－"号填列。

五、资产负债表编制实例

【例6-1-12】 甲股份有限公司为增值税一般纳税人，增值税税率为13%，所得税税率为25%，其2018年12月31日的资产负债表（年初余额略）如表6-2所示，2019年12月31日的科目余额表如表6-3所示。

表6-2　　　　　　　　　　　　　　资产负债表　　　　　　　　　　　　　　会企01表

编制单位：甲公司　　　　　　　　　2018年12月31日　　　　　　　　　　　　单位：元

资产	期末余额	年初余额	负债和所有者权益（或股东权益）	期末余额	年初余额
流动资产：			流动负债：		
货币资金	1 182 800		短期借款	350 000	
交易性金融资产	15 000		交易性金融负债	0	
应收票据	246 000		应付票据	200 000	
应收账款	299 100		应付账款	731 300	
预付款项	100 000		预收款项	0	
其他应收款	5 000		应付职工薪酬	110 000	
存货	2 580 000		应交税费	36 600	
一年内到期的非流动资产	0		其他应付款	1 000	
其他流动资产	100 000		一年内到期的非流动负债	1 000 000	
流动资产合计	4 527 900		其他流动负债	0	
非流动资产：			流动负债合计	2 428 900	
债权投资	200 000		非流动负债：		
其他债权投资	55 000		长期借款	600 000	
长期应收款	200 000		应付债券	0	
长期股权投资	250 000		长期应付款	0	
投资性房地产	0		预计负债	0	

续表

资　产	期末余额	年初余额	负债和所有者权益（或股东权益）	期末余额	年初余额
固定资产	1 100 000		递延收益	0	
在建工程	1 500 000		递延所得税负债	0	
无形资产	600 000		其他非流动负债	0	
开发支出	0		非流动负债合计	600 000	
商誉	0		负债合计	3 028 900	
长期待摊费用	0		所有者权益（或股东权益）：		
递延所得税资产	0		实收资本（或股本）	5 000 000	
其他非流动资产	0		资本公积	22 500	
非流动资产合计	3 905 000		减：库存股	0	
			其他综合收益	31 500	
			盈余公积	100 000	
			未分配利润	250 000	
			所有者权益（或股东权益）合计	5 404 000	
资产总计	8 432 900		负债和所有者权益（或股东权益）总计	8 432 900	

表 6-3　　　　　　　　　　　　　科目余额表
编制单位：甲公司　　　　2019 年 12 月 31 日　　　　　　　　单位：元

科目名称	借方余额	科目名称	贷方余额
库存现金	2 000	短期借款	100 000
银行存款	804 831	应付票据	100 000
其他货币资金	7 300	应付账款	938 575
交易性金融资产	0	其他应付款	0
应收票据	66 000	应付职工薪酬	180 000
应收账款	600 000	应交税费	226 731
坏账准备（应收账款）	-1 800	应付利息	0
预付账款	100 000	应付股利	47 440
其他应收款	5 000	递延所得税负债	0
材料采购	275 000	长期借款	1 148 000
原材料	45 000	股本	5 000 000
周转材料	38 050	资本公积	22 500

续表

科目名称	借方余额	科目名称	贷方余额
库存商品	2 122 400	其他综合收益	40 500
材料成本差异	4 250	盈余公积	124 022.5
其他流动资产	100 000	未分配利润	418 762.5
债权投资	0		
其他债权投资	252 000		
长期股权投资	262 000		
固定资产	2 401 000		
累计折旧	-170 000		
固定资产减值准备	-30 000		
工程物资	300 000		
在建工程	428 000		
无形资产	600 000		
累计摊销	-60 000		
递延所得税资产	7 500		
长期应收款	188 000		
合计	8 346 531	合计	8 346 531

根据上述资料,编制甲公司 2019 年 12 月 31 日的资产负债表,如表 6-4 所示。

表 6-4　　　　　　　　　　　　　资产负债表

编制单位:甲公司　　　　　　　　2019 年 12 月 31 日　　　　　　　　　　　　单位:元

资产	期末余额	年初余额	负债和所有者权益（或股东权益）	期末余额	年初余额
流动资产:			流动负债:		
货币资金	814 131	1 182 800	短期借款	100 000	350 000
交易性金融资产	0	15 000	交易性金融负债		0
应收票据	66 000	246 000	应付票据	100 000	200 000
应收账款	598 200	299 100	应付账款	938 575	731 300
预付款项	100 000	100 000	预收款项		
其他应收款	5 000	5 000	应付职工薪酬	180 000	110 000
存货	2 484 700	2 580 000	应交税费	226 731	36 600
一年内到期的非流动资产		0	其他应付款	47 440	1 000
其他流动资产	100 000	100 000	一年内到期的非流动负债	0	1 000 000
流动资产合计	4 168 031	4 527 900	其他流动负债		0

续表

资产	期末余额	年初余额	负债和所有者权益（或股东权益）	期末余额	年初余额
非流动资产：			流动负债合计	1 592 746	2 428 900
债权投资	0	200 000	非流动负债：		
其他债权投资	252 000	55 000	长期借款	1 148 000	600 000
长期应收款	188 000	200 000	应付债券		0
长期股权投资	262 000	250 000	长期应付款		0
投资性房地产		0	预计负债		0
固定资产	2 201 000	1 100 000	递延收益		0
在建工程	728 000	1 500 000	递延所得税负债		0
无形资产	540 000	600 000	其他非流动负债		0
开发支出		0	非流动负债合计	1 148 000	600 000
商誉		0	负债合计	2 740 746	3 028 900
长期待摊费用		0	所有者权益（或股东权益）：		
递延所得税资产	7 500	0	实收资本（或股本）	5 000 000	5 000 000
其他非流动资产		0	资本公积	225 00	22 500
非流动资产合计	4 178 500	3 905 000	减：库存股		0
			其他综合收益	40 500	31 500
			盈余公积	124 022.5	100 000
			未分配利润	418 762.5	250 000
			所有者权益（或股东权益）合计	5 605 785	5 404 000
资产总计	8 346 531	8 432 900	负债和所有者权益（或股东权益）总计	8 346 531	8 432 900

任务二　利润表的编制

一、利润表的概念及作用

利润表是反映企业在一定会计期间的经营成果的报表。通过利润表,可以反映企业在一定会计期间收入、费用、利润(或亏损)的数额和构成情况,帮助财务报表使用者全面了解企业的经营成果,分析企业的获利能力及盈利增长趋势,从而为其做出经济决策提供依据。

二、利润表的结构

利润表的结构有单步式和多步式两种。我国企业的利润表采用多步式格式,即通过对当期的收入、费用按性质加以归类,按利润形成的主要环节列示一些中间性利润指标,分步计算当期净损益,以便财务报表使用者理解企业经营成果的不同来源。

利润表一般由表头、表体两部分组成。表头部分列明报表名称、编制单位名称、编制日期、报表编号和计量单位。表体部分是利润表的主体,列示了形成经营成果的各个项目和计算过程。

为了使财务报表使用者通过比较不同期间利润的实现情况,判断企业经营成果的未来发展趋势,企业需要提供比较利润表。为此,利润表还需就各项目再分为"本期金额"和"上期金额"两栏分别填列。

○ 案例分析与讨论

人民商场2018年12月份发生的经济业务如下:

(1) 12月2日,支付上月电费6 000元。
(2) 12月4日,收回上月应收账款29 000元。
(3) 12月9日,收到本月营业收入款35 000元。
(4) 12月11日,支付本月应负担的办公费1 200元。
(5) 12月19日,支付下半年保险费4 500元。
(6) 12月22日,应收营业收入30 000元,款项尚未收到。
(7) 12月23日,为养老院捐赠10 000元。
(8) 12月25日,预收客户货款8 000元。

小王计算出人民商场12月份的营业利润 = 29 000 + 35 000 + 8 000 - 6 000 - 1 200 - 4 500 - 10 000 = 50 300(元)

小李计算出人民商场12月份的营业利润 = 35 000 + 30 000 - 1 200 - 10 000 = 53 800(元)

分析思考: 请你为人民商场计算一下12月份的营业利润是多少。

三、利润表的编制方法

(一) 利润表的编制步骤

利润表是根据"收入 - 费用 = 利润"的会计等式和收入与费用的配比原理编制的。企业在生产经营中不断取得各项收入,同时发生各种费用,收入减去费用,剩余的部分就是企业的盈利。取得的收入和发生的相关费用的配比情况就是企业的经营成果。如果企业经营不当,发生的生产经营费用超过取得的收入,企业就发生了亏损;反之,企业就能取得一定的利润。企业将经营成果的核算过程和结果编制成报表,就形成了利润表。

(二) 利润表项目的填列方法

我国企业利润表的主要编制步骤和内容如下:

第一步,以营业收入为基础,减去营业成本、营业税金及附加、销售费用、管理费用、研发费用、财务费用、资产减值损失、信用减值损失,加上其他收益、投资收益(或减去投资损失)、净敞口套期收益(或减去净敞口套期损失)、公允价值变动收益(或减去公允价值变动损失)、资产处置收益(或减去资产处置损失),计算出营业利润。

第二步,以营业利润为基础,加上营业外收入,减去营业外支出,计算出利润总额。

第三步,以利润总额为基础,减去所得税费用,计算出净利润(或净亏损)。

第四步,以净利润(或净亏损)为基础,计算出每股收益。

第五步,以净利润(或净亏损)和其他综合收益为基础,计算出综合收益总额。

利润表各项目均需填列"本期金额"和"上期金额"两栏。其中,"上期金额"栏内各项数字,应根据上年该期利润表的"本期金额"栏内所列数字填列。"本期金额"栏内各项数字,除"基本每股收益"和"稀释每股收益"项目外,应当按照相关科目的发生额分析填列。如"营业收入"项目,根据"主营业务收入""其他业务收入"科目的发生额分析计算填列;"营业成本"项目,根据"主营业务成本""其他业务成本"科目的发生额分析计算填列。

(三)利润表项目的填列说明

(1)"营业收入"项目,反映企业经营主要业务和其他业务所确认的收入总额。本项目应根据"主营业务收入"和"其他业务收入"科目的发生额分析填列。

【例6-2-1】 乙公司为电热企业,其经营范围包括电、热的生产和销售,发电、输变电工程的技术咨询,电力设备及相关产品的采购、开发、生产和销售等。乙公司2019年度"主营业务收入"科目发生额明细如下:电力销售收入合计8 000万元,热力销售收入合计1 400万元;"其他业务收入"科目发生额合计600万元。则乙公司2019年度利润表中"营业收入"项目"本期金额"栏的列报金额=8 000+1 400+600=10 000(万元)。

(2)"营业成本"项目,反映企业经营主要业务和其他业务所发生的成本总额。本项目应根据"主营业务成本"和"其他业务成本"科目的发生额分析填列。

(3)"营业税金及附加"项目,反映企业经营业务应负担的消费税、城市维护建设税、教育费附加、资源税、土地增值税、房产税、车船税、城镇土地使用税、印花税等相关税费。本项目应根据"税金及附加"科目的发生额分析填列。

【例6-2-2】 乙公司2019年度"税金及附加"科目的发生额如下:城市维护建设税合计50万元,教育费附加合计30万元,房产税合计400万元,城镇土地使用税合计20万元。则乙公司2019年度利润表中"营业税金及附加"项目"本期金额"栏的列报金额=50+30+400+20=500(万元)。

(4)"销售费用"项目,反映企业在销售商品过程中发生的包装费、广告费等费用和为销售本企业商品而专设的销售机构的职工薪酬、业务费等经营费用。本项目应根据"销售费用"科目的发生额分析填列。

(5)"管理费用"项目,反映企业为组织和管理生产经营发生的管理费用。本项目应根据"管理费用"科目的发生额分析填列。

【例6-2-3】 乙公司2019年度"管理费用"科目发生额合计数为600万元。则乙公司2019年度利润表中"管理费用"项目"本期金额"栏的列报金额为600万元。

（6）"研发费用"项目，反映企业进行研究与开发过程中发生的费用化支出。本项目应根据"管理费用"科目下的"研发费用"明细科目的发生额分析填列。

（7）"财务费用"项目，反映企业为筹集生产经营所需资金等而发生的筹资费用。本项目应根据"财务费用"科目的发生额分析填列。其中，"利息费用"项目，反映企业为筹集生产经营所需资金等而发生的应予费用化的利息支出，该项目应根据"财务费用"科目的相关明细科目的发生额分析填列；"利息收入"项目，反映企业确认的利息收入，该项目应根据"账务费用"科目的相关明细科目的发生额分析填列。

【例6-2-4】 乙公司2019年度"财务费用"科目的发生额如下：银行长期借款利息费用合计400万元，银行短期借款利息费用合计90万元，银行存款利息收入合计8万元，银行手续费支出合计18万元。则乙公司2019年度利润表中"财务费用"项目"本期金额"栏的列报金额 = 400 + 90 - 8 + 18 = 500（万元）。

（8）"信用减值损失"项目，反映企业计提的各项金融工具减值准备所形成的预期信用损失。本项目应根据"信用减值损失"科目的发生额分析填列。

（9）"其他收益"项目，反映计入其他收益的政府补助等。本项目应根据"其他收益"科目的发生额分析填列。

（10）"投资收益"项目，反映企业以各种方式对外投资所取得的收益。本项目应根据"投资收益"科目的发生额分析填列。如为投资损失，本项目以"-"号填列。

【例6-2-5】 乙公司2019年度"投资收益"科目的发生额如下：按权益法核算的长期股权投资投资收益合计290万元，按成本法核算的长期股权投资投资收益合计200万元，处置长期股权投资发生的投资损失合计500万元，则乙公司2019年度利润表中"投资收益"项目"本期金额"栏的列报金额 = 290 + 200 - 500 = -10（万元）。

【例6-2-6】 乙公司2019年度"资产减值损失"科目的发生额如下：存货减值损失合计85万元，固定资产减值损失合计189万元，无形资产减值损失合计26万元。则乙公司2019年度利润表中"资产减值损失"项目"本期金额"栏的列报金额 = 85 + 189 + 26 = 300（万元）。

（11）"公允价值变动收益"项目，反映企业应当计入当期损益的资产或负债公允价值变动收益。本项目应根据"公允价值变动损益"科目的发生额分析填列，如为净损失，本项目以"-"号填列。

（12）"资产处置收益"项目，反映企业出售划分为持有待售的非流动资产（金融工具、长期股权投资和投资性房地产除外）或处置组（子公司和业务除外）时确认的处置利得，以及处置未划分为持有待售的固定资产、在建工程、生产性生物资产及无形资产而产生的处置利得。债务重组中因处置非流动资产产生的利得、非货币性资产交换中换出非流动资产产生的利得也包括在本项目内。本项目应根据"资产处置损益"科目的发生额分析填列，如为处置损失，以"-"号填列。

(13)"营业利润"项目,反映企业实现的营业利润。如为亏损,以"-"号填列。

(14)"营业外收入"项目,反映企业发生的除营业利润以外的收益,主要包括债务重组利得、与企业日常活动无关的政府补助、盘盈利得、捐赠利得(企业接受股东或股东的子公司直接或间接的捐赠,经济实质属于股东对企业的资本性投入的除外)等。本项目应根据"营业外收入"科目的发生额分析填列。

【例6-2-7】 乙公司2019年度"营业外收入"科目的发生额如下:接受无偿捐赠利得合计68万元,现金盘盈利得合计2万元。则乙公司2019年度利润表中"营业外收入"项目"本期金额"栏的列报金额=68+2=70(万元)。

(15)"营业外支出"项目,反映企业发生的与经营业务无直接关系的各项支出,主要包括债务重组损失、公益性捐赠支出、非常损失、盘亏损失、非流动资产毁损报废损失等。本项目应根据"营业外支出"科目的发生额分析填列。

【例6-2-8】 乙公司2019年度"营业外支出"科目的发生额如下:固定资产盘亏损失14万元,罚没支出合计10万元,捐赠支出合计4万元,其他支出2万元。则乙公司2019年度利润表中"营业外支出"项目"本期金额"栏的列报金额=14+10+4+2=30(万元)。

(16)"利润总额"项目,反映企业实现的利润。如为亏损,以"-"号填列。

(17)"所得税费用"项目,反映企业应从当期利润总额中扣除的所得税费用。本项目应根据"所得税费用"科目的发生额分析填列。

【例6-2-9】 乙公司2019年度"所得税费用"科目的发生额合计36万元。则乙公司2019年度利润表中"所得税费用"项目"本期金额"栏的列报金额为36万元。

(18)"净利润"项目,反映企业实现的净利润。如为亏损,以"-"号填列。

(19)"其他综合收益的税后净额"项目,反映企业根据企业会计准则规定未在损益中确认的各项利得和损失扣除所得税影响后的净额。

(20)"综合收益总额"项目,反映企业净利润与其他综合收益(税后净额)的合计金额。

(21)"每股收益"项目,包括基本每股收益和稀释每股收益两项指标,反映普通股或潜在普通股已公开交易的企业,以及正处在公开发行普通股或潜在普通股过程中的企业的每股收益信息。

(四)"上期金额"的填列方法

"上期金额"栏内各项数字,应根据上年该期利润表的"本期金额"栏内所列数字填列。

例如,月度利润表的"上期金额"应为上年该月利润表的"本期金额"栏内所列数字,可根据上年度利润表的"本期金额"直接转抄;年度利润表"上期金额"应为"上年数",反映各项目的上年累计实际发生数,可根据上年度利润表的"本年数"直接转抄。

如果上年度利润表与本年度利润表各项目的名称不一致,应对上年度利润表各项目的名称和数字按本年度的规定进行调整后,填入"上期金额"栏。

四、利润表编制实例

【例6-2-10】 承例6-2-1至例6-2-9,乙公司编制的2019年度利润表如表6-5所示。

表6-5　　　　　　　　　　　　　　利润表　　　　　　　　　　　　　会企02表
编制单位:乙公司　　　　　　　　　　2019年度　　　　　　　　　　　　单位:元

项目	本期金额	上期金额
一、营业收入	100 000 000	
减:营业成本	80 000 000	
营业税金及附加	5 000 000	
销售费用		
管理费用	6 000 000	
研发费用		
财务费用(收益以"-"号填列)	5 000 000	
其中:利息费用	5 080 000	
利息收入	80 000	
加:其他收益		
投资收益(损失以"-"号填列)	-100 000	
其中:对联营企业和合营企业的投资收益	2 900 000	
以摊余成本计量的金融资产终止确认收益		
净敞口套期收益(损失以"-"号填列)		
公允价值变动收益(损失以"-"号填列)		
信用减值损失(损失以"-"号填列)		
资产减值损失(损失以"-"号填列)	-3 000 000	
资产处置收益(损失以"-"号填列)		
二、营业利润(亏损以"-"号填列)	900 000	
加:营业外收入	700 000	
减:营业外支出	300 000	
三、利润总额(亏损总额以"-"号填列)	1 300 000	
减:所得税费用	360 000	
四、净利润(净亏损以"-"号填列)	940 000	
(一)持续经营净利润(净亏损以"-"号填列)	940 000	
(二)终止经营净利润(净亏损以"-"号填列)		
五、其他综合收益的税后净额		

续表

项　目	本期金额	上期金额
（一）不能重分类进损益的其他综合收益		
1. 重新计量设定受益计划变动额		
2. 权益法下不能转损益的其他综合收益		
3. 其他权益工具投资公允价值变动		
4. 企业自身信用风险公允价值变动		
……		
（二）将重分类进损益的其他综合收益		
1. 权益法下可转损益的其他综合收益		
2. 其他债权投资公允价值变动		
3. 金融资产重分类计入其他综合收益的金额		
4. 其他债权投资信用减值准备		
5. 现金流量套期储备		
6. 外币财务报表折算差额		
……		
六、综合收益总额	940 000	
七、每股收益：		
（一）基本每股收益		
（二）稀释每股收益		

【例6-2-11】 承例6-1-12，甲公司2019年度有关损益类科目的本年累计发生净额如表6-6所示，"其他综合收益"明细科目的本年累计发生净额如表6-7所示。

表6-6　　　　　　　　2019年度甲公司损益类科目累计发生净额　　　　　　　　单位：元

科目名称	借方发生额	贷方发生额
主营业务收入		1 250 000
主营业务成本	750 000	
税金及附加	2 000	
销售费用	20 000	
管理费用	157 100	
财务费用	41 500	
信用减值损失	900	
资产减值损失	30 000	
投资收益		31 500
资产处置损益		50 000
营业外支出	19 700	
所得税费用	70 075	

表 6-7　　2019 年度甲公司其他综合收益明细科目累计发生净额　　单位：元

明细科目名称	借方发生额	贷方发生额
权益法下可转损益的其他综合收益		1 2000
其他债权投资公允价值变动		3 750
债权投资重分类为其他债权投资	6 750	
合计	6 750	15 750

根据上述资料，编制甲公司 2019 年度利润表，如表 6-8 所示。

表 6-8　　　　　　　利润表　　　　　　　会企02表
编制单位：甲公司　　　　2019 年度　　　　　　单位：元

项　目	本期金额	上期金额
一、营业收入	1 250 000	
减：营业成本	750 000	
营业税金及附加	2 000	
销售费用	20 000	
管理费用	157 100	
财务费用	41 500	
加：投资收益	31 500	
其中：对联营企业和合营企业的投资收益	0	
公允价值变动收益		
信用减值损失	－900	
资产减值损失	－30 000	
资产处置收益	50 000	
二、营业利润	330 000	
加：营业外收入		
减：营业外支出	19 700	
三、利润总额	310 300	
减：所得税费用	70 075	
四、净利润	240 225	
（一）持续经营净利润	240 225	
（二）终止经营净利润		
五、其他综合收益的税后净额	9 000	
（一）不能重分类进损益的其他综合收益		
（二）将重分类进损益的其他综合收益		

续表

项　　目	本期金额	上期金额
1. 权益法下可转损益的其他综合收益	12 000	
2. 其他债权投资公允价值变动	3 750	
3. 金融资产重分类计入其他综合收益的金额	-6 750	
4. 其他债权投资信用减值准备		
六、综合收益总额	249 225	
七、每股收益：		
（一）基本每股收益	（略）	
（二）稀释每股收益	（略）	

任务三　现金流量表的编制

一、现金流量表的概念及作用

现金流量表是反映企业在一定会计期间现金和现金等价物流入和流出的报表。其中，现金是指企业库存现金及可以随时用于支付的存款,包括库存现金、银行存款和其他货币资金(如外埠存款、银行汇票存款、银行本票存款等)等。

小·贴士

企业存于金融机构的款项中不能随时用于支付的存款,如不能随时支取的定期存款不作为现金流量表中的现金,但提前通知金融机构便可支取的定期存款,则包括在现金流量表的现金范围内。

现金等价物是指企业持有的期限短、流动性强、易于转换为已知金额现金、价值变动风险很小的投资。现金等价物虽然不是现金,但其支付能力与现金差别不大,可视为现金。如企业为保证支付能力,同时不使资金闲置,可以购买短期债券,在需要现金时,随时可以变现。

小·贴士

一项投资被确认为现金等价物必须同时具备四个条件：期限短、流动性强、易于转换为已知金额现金、价值变动风险很小。期限短,一般是指从购买日起三个月内到期。如从购买日起三个月内到期或即可转换为现金的债券投资即为现金等价物。权益性投资变现的金额通常不确定,因而不属于现金等价物。企业应当根据具体情况,确定现金等价物的范围,一经确定,不得随意变更。

通过现金流量表,可以为财务报表使用者提供企业一定会计期间内现金和现金等价物流入和流出的信息,便于使用者了解和评价企业获取现金和现金等价物的能力,据以预测企业未来现金流量。

二、现金流量的分类

现金流量是指一定会计期间内企业现金和现金等价物的流入和流出。在现金流量表中,现金及现金等价物被视为一个整体,整体内部的转换不会产生现金的流入和流出,不属于现金流量。如企业从银行提取现金、用现金购买两个月到期的国债券等现金和现金等价物之间的转换,不属于现金流量。非现金各项目之间的增减变动,如用材料对外投资,属于非现金各项目之间的转换,不会使现金流量增加或减少,不属于现金流量。只有现金和现金等价物与非现金各项目之间的转换才会引起现金流量的增减变动。

按照经济活动的性质及现金流量的来源,企业产生的现金流量分为以下三类:

(一)经营活动产生的现金流量

经营活动是指企业投资活动和筹资活动以外的所有交易或事项。经营活动的现金流量主要包括销售商品、提供劳务、购买商品、接受劳务、支付工资和缴纳税款等经营活动流入和流出的现金和现金等价物。

利用经营活动形成的现金流量,可以判断在不动用企业外部筹资的情况下,企业通过经营活动产生的现金流量是否足以偿还贷款、维持企业的生产经营、支付股利及对外投资。此外,利用本期经营活动所形成的现金流量,还可以预测未来同类现金流量的变化趋势。

(二)投资活动产生的现金流量

投资活动是指企业长期资产的购建和不包括在现金等价物范围内的投资及其处置活动。长期资产是指固定资产、无形资产、在建工程、其他资产等持有期限在一年或一个营业周期以上的资产。投资活动的现金流量主要包括购建固定资产、处置子公司及其他营业单位等流入和流出的现金和现金等价物。

投资活动产生的现金流量代表着企业为了获得未来的收益和现金流量而转出资源的程度,以及以前资源转出带来的现金流入的信息。

(三)筹资活动产生的现金流量

筹资活动是指导致企业资本及债务规模和构成发生变化的活动。筹资活动的现金流量主要包括吸收投资、发行股票、分配利润、发行债券、偿还债务等流入和流出的现金和现金等价物。偿付应付账款、应付票据等商业应付款属于经营活动,不属于筹资活动。

利用筹资活动形成的现金流量,可以分析企业筹资能力,帮助企业资本提供者预计从企业未来现金流量中索偿其产权的信息。

○ 案例分析与讨论

王晓丽于一年前投资了华能公司。她在投资前看了该公司的财务状况与经营成果,该公司的利润表上有480 000元的销售收入,净利润达140 000元,而资产负债表显示该公司应收账款与存货都增加,厂房设备也增加,数据显示的结果似乎十分不错。可令她伤心的是,华能公司居然在不到一年的时间内破产了!伤心之余又困惑,赚钱的公司也会破产?不解之余,她找到一位在会计师事务所执业的朋友常会计师咨询,常会计师找来了该公司的现金流量表,如表6-9所示。

表6-9　　　　　　　　　　　华能公司现金流量表　　　　　　　　　　单位:元

一、经营活动产生的现金流量:	本期金额	上期金额
净利润	140 000	
调整项目:		
应收账款增加	(108 000)	
存货增加	(90 000)	
折旧费用	44 000	
经营活动产生的现金流量净额		(14 000)
二、投资活动产生的现金流量:		
购买设备		(80 000)
三、筹资活动产生的现金流量:		
短期借款		110 000
现金净增加额		16 000

注:( )内为上述项目的减小项。

分析思考: 假设你是常会计师,请为王晓丽指点迷津。

三、现金流量表的结构和编制方法

我国企业现金流量表采用报告式结构,分类反映经营活动产生的现金流量、投资活动产生的现金流量和筹资活动产生的现金流量,最后汇总反映企业某一期间现金及现金等价物的净增加额。

> **小贴士**
>
> 　　现金流量表格式根据企业类型的不同,分为一般企业、商业银行、保险公司、证券公司等现金流量表格式。《〈企业会计准则第31号——现金流量表〉应用指南》规定,企业应当根据其经营活动的性质,确定本企业适用的现金流量表格式。

(一) 现金流量表的编制方法

企业应当采用直接法列示经营活动产生的现金流量。直接法是指通过现金收入和现金支出的主要类别列示经营活动的现金流量。采用直接法编制经营活动的现金流量时,一般以利润表中的营业收入为起算点,调整与经营活动有关的项目的增减变动,然后计算出经营活动的现金流量。采用直接法具体编制现金流量表时,可以采用工作底稿法或T型账户法,也可以根据有关科目记录分析填列。

(二) 现金流量表主要项目的填列说明

1. 经营活动产生的现金流量

(1) "销售商品、提供劳务收到的现金"项目,反映企业本期销售商品、提供劳务本期收到的现金,以及前期销售商品、提供劳务本期收到的现金(包括应向购买者收取的增值税销项税额)和本期预收的商品款和劳务款等,减去本期销售本期退回商品和前期销售本期退回商品支付的现金。企业销售材料和代购代销业务收到的现金,也在本项目反映。

(2) "收到的税费返还"项目,反映企业收到返还的所得税、增值税、消费税、关税和教育费附加等各种税费。

(3) "收到其他与经营活动有关的现金"项目,反映企业经营租赁收到的租金等其他与经营活动有关的现金流入,金额较大的应当单独列示。

(4) "购买商品、接受劳务支付的现金"项目,反映企业本期购买商品、接受劳务本期支付的现金(包括增值税进项税额),以及本期支付前期购买商品、接受劳务的未付款项和本期预付的款项,减去本期发生的购货退回收到的现金。企业购买材料和代购代销业务支付的现金,也在本项目反映。

(5) "支付给职工以及为职工支付的现金"项目,反映企业实际支付给职工的工资、奖金、各种津贴和补贴等职工薪酬(包括代扣代缴的职工个人所得税)。

(6) "支付的各项税费"项目,反映企业本期发生并支付、前期发生本期支付及预交的各项税费,包括所得税、增值税、营业税、消费税、印花税、房产税、土地增值税、车船税、教育费附加等。

(7) "支付其他与经营活动有关的现金"项目,反映企业经营租赁支付的租金、支付的差旅费、业务招待费、保险费、罚款支出等其他与经营活动有关的现金流出,金额较大的应当单独列示。

2. 投资活动产生的现金流量

(1) "收回投资收到的现金"项目,反映企业出售、转让或到期收回除现金等价物以外的对其他企业长期股权投资等收到的现金,但处置子公司及其他营业单位收到的现金净额除外。

(2) "取得投资收益收到的现金"项目,反映企业除现金等价物以外的对其他企业的长期股权投资等分回的现金股利和利息等。

(3) "处置固定资产、无形资产和其他长期资产收回的现金净额"项目,反映企业出售、报废固定资产、无形资产和其他长期资产所取得的现金(包括因资产毁损而收到的保险赔偿收入),减去为处置这些资产而支付的有关费用后的净额。

(4) "处置子公司及其他营业单位收到的现金净额"项目,反映企业处置子公司及其他营业单位所取得的现金,减去相关处置费用及子公司及其他营业单位持有的现金和现金等价物后的净额。

(5) "购建固定资产、无形资产和其他长期资产支付的现金"项目,反映企业购买、建造固定资产、取得无形资产和其他长期资产所支付的现金(含增值税款等),以及用现金支付的应由在建工程和无形资产负担的职工薪酬。

(6) "投资支付的现金"项目,反映企业取得除现金等价物以外的对其他企业的长期股权投资等所支付的现金及支付的佣金、手续费等附加费用,但取得子公司及其他营业单位支付的现金净额除外。

(7)"取得子公司及其他营业单位支付的现金净额"项目,反映企业购买子公司及其他营业单位出价中以现金支付的部分,减去子公司及其他营业单位持有的现金和现金等价物后的净额。

(8)"收到其他与投资活动有关的现金""支付其他与投资活动有关的现金"项目,反映企业除上述(1)至(7)项目外收到或支付的其他与投资活动有关的现金,金额较大的应当单独列示。

3. 筹资活动产生的现金流量

(1)"吸收投资收到的现金"项目,反映企业以发行股票、债券等方式筹集资金实际收到的款项(发行收入减去支付的佣金等发行费用后的净额)。

(2)"取得借款收到的现金"项目,反映企业举借各种短期、长期借款而收到的现金。

(3)"偿还债务支付的现金"项目,反映企业为偿还债务本金而支付的现金。

(4)"分配股利、利润或偿付利息支付的现金"项目,反映企业实际支付的现金股利、支付给其他投资单位的利润或用现金支付的借款利息、债券利息。

(5)"收到其他与筹资活动有关的现金""支付其他与筹资活动有关的现金"项目,反映企业除上述(1)至(4)项目外收到或支付的其他与筹资活动有关的现金,金额较大的应当单独列示。

4. 汇率变动对现金及现金等价物的影响

该项反映企业外币现金流量折算为记账本位币时,采用现金流量发生日的即期汇率或按照系统合理的方法确定的与现金流量发生日即期汇率近似汇率折算的人民币金额与"现金和现金等价物"中外币现金净增加额按期末汇率折算的人民币金额之间的差额。

在编制现金流量表时,可计算外币业务发生的汇率变动对现金的影响,也可不必逐笔计算而采用简化的计算方法,即通过现金流量表补充资料中"现金及现金等价物净增加额"数额与现金流量表中"经营活动产生的现金流量净额""投资活动产生的现金流量净额""筹资活动产生的现金流量净额"三项之和比较,其差额即为"汇率变动对现金及现金等价物的影响"项目的金额。

现金流量表的基本格式见表6-9。

(三) 补充资料

现金流量表的补充资料包括以下三个方面的内容。

1. 将净利润调节为经营活动现金流量

编制现金流量表时,经营活动现金流量有两种列报方法,即直接法和间接法。直接法是通过现金收入和支出的主要类别反映来自企业经营活动的现金流量,如表6-9中的"经营活动产生的现金流量净额",它是以利润表中的营业收入为起算点,调整与经营活动有关项目的增减变动,然后计算出经营活动的现金流量。间接法是以本期净利润为起算点,调整不涉及现金的收入、费用、营业外收支及有关项目的增减变动,据此计算出经营活动的现金流量。如表6-10"现金流量表补充资料"中的"将净利润调节为经营活动现金流量"所示。

采用间接法列报经营活动产生的现金流量时,需要对四大类项目进行调整:

(1) 实际没有支付现金的费用；
(2) 实际没有收到现金的收益；
(3) 不属于经营活动的损益；
(4) 经营性应收应付项目的增减变动。

2. 不涉及现金收支的重大投资和筹资活动

有时企业会发生不形成现金收支的投资和筹资活动。如债务转为资本、一年内到期的可转换公司债券及融资租入固定资产等，这些投资和筹资活动虽然不涉及现金收支，但对以后各期的现金流量有重大影响，对此应在报表附注中披露。

3. 现金及现金等价物净变动情况

现金及现金等价物净变动情况是对现金流量表主表中"现金及现金等价物净增加额"一项的数字来源、计算方法所做的详细说明，两者存在勾稽关系，金额相等。

四、现金流量表的编制实例

【例 6-3-1】 承例 6-1-12 和例 6-2-11，甲公司其他相关资料如下：

1. 2019 年度利润表有关项目的明细资料如下：

(1) 管理费用的组成：职工薪酬 17 100 元，无形资产摊销 60 000 元，折旧费 20 000 元，支付其他费用 60 000 元。

(2) 财务费用的组成：计提借款利息 11 500 元，支付应收票据（银行承兑汇票）贴现利息 30 000 元。

(3) 信用减值损失的组成：计提坏账准备 900 元（上年年末坏账准备余额为 900 元）。

(4) 资产减值损失的组成：计提固定资产减值准备 30 000 元。

(5) 投资收益的组成：收到股利和利息收益 31 000 元，出售交易性股票投资收益 500 元。

(6) 资产处置损益的组成：出售固定资产净收益 50 000 元（处置的固定资产原值为 400 000 元，累计折旧为 150 000 元，收到处置收入 300 000 元）。假定不考虑与固定资产处置有关的税费。

(7) 营业外支出的组成：报废固定资产净损失 19 700 元（报废的固定资产原值为 200 000 元，累计折旧为 180 000 元，支付清理费用 500 元，收到残值收入 800 元）。

除上述项目外，利润表中的销售费用 20 000 元至期末已经支付。

2. 资产负债表有关项目的明细资料如下：

(1) 本期出售交易性金融资产，账面价值 15 000 元，同时实现投资收益 500 元。

(2) 本期将期初债权投资 200 000 元全部重分类为其他债权投资，公允价值为 193 250 元，差额 6 750 元计入其他综合收益。

(3) 存货中生产成本、制造费用的组成：职工薪酬 324 900 元，折旧费 80 000 元。

(4) 应交税费的组成：本期增值税进项税额 26 000 元，增值税销项税额 199 100 元，已交增值税 3 000 元，未交增值税期初余额 31 600 元。应交所得税期末余额为 20 097 元，应交所得税期初余额为 0。其他税种的应交税费期末余额为 4 934 元，期初余额为 5 000 元。

(5) 应付职工薪酬的期初余额无应付在建工程人员的薪酬,本期支付在建工程人员职工薪酬 200 000 元。应付职工薪酬的期末数中应付在建工程人员的部分为 28 000 元。

(6) 应付利息均为短期借款利息,其中本期计提利息 11 500 元,支付利息 12 500 元。

(7) 本期用现金购买固定资产 201 000 元,购买工程物资 300 000 元。

(8) 本期用现金偿还短期借款 250 000 元,偿还一年内到期的长期借款 1 000 000 元。借入长期借款 548 000 元。

(9) 应付利息期初余额为 1 000 元,期末余额为 0。应付股利期初余额为 0,期末余额为 47 440 元。其他应付款期初余额和期末余额均为 0。

(10) 长期应收款当期减少 12 000 元,为收回部分长期应收款项。

在分析时,将用符号"Δ"表示账户或项目的当期增加或减少的净变动额,即 Δ = 该账户或项目的期末余额 – 该账户或项目的期初余额,正数表示当期净增加,负数表示当期净减少。

根据上述资料,甲公司 2019 年度现金流量表各项目金额分析如下:

(1) 销售商品、提供劳务收到的现金

= 主营业务收入 + 本期增值税销项税额 – Δ 应收账款 – Δ 应收票据 – 当期计提的坏账准备 – 票据贴现的利息

= 1 250 000 + 199 100 – (598 200 – 299 100) – (66 000 – 246 000) – 900 – 30 000

= 1 299 100(元)

(2) 购买商品、接受劳务支付的现金

= 主营业务成本 + 本期增值税进项税额 + Δ 存货 – Δ 应付账款 – Δ 应付票据 + Δ 预付款项 – 当期列入生产成本、制造费用的职工薪酬 – 当期列入生产成本、制造费用的折旧费

= 750 000 + 26 000 + (2 484 700 – 2 580 000) – (938 575 – 731 300) – (100 000 – 200 000) + (100 000 – 100 000) – 324 900 – 80 000 = 168 525(元)

(3) 支付给职工以及为职工支付的现金

= 生产成本、制造费用、管理费用中职工薪酬 – Δ 应付职工薪酬 + Δ 应付职工薪酬(反映在建工程人员的薪酬)

= 324 900 + 17 100 – (180 000 – 110 000) + (28 000 – 0)

= 300 000(元)

(4) 支付的各项税费

= 所得税费用 + Δ 递延所得税资产 – Δ 递延所得税负债 – Δ 应交所得税 + 税金及附加 – Δ 其他税种的应交税费 + 已交增值税税金

= 70 075 + (7 500 – 0) – 0 – (20 097 – 0) + 2 000 – (4 934 – 5 000) + 3 000

= 62 544(元)

(5) 支付其他与经营活动有关的现金

= 其他管理费用 + 销售费用

= 60 000 + 20 000 = 80 000(元)

(6) 收回投资收到的现金
　　= 出售交易性金融资产价款
　　= 15 000 + 500 = 15 500(元)
　　(7) 取得投资收益收到的现金
　　= 收到的股利和利息收益 = 31 000(元)
　　(8) 收到的其他与投资活动有关的现金
　　= 收回部分长期应收款 = 12 000(元)
　　(9) 处置固定资产收回的现金净额(出售和报废)
　　= 300 000 + (800 − 500) = 300 300
　　(10) 购建固定资产支付的现金
　　= 用现金购买的固定资产、工程物资 + 支付给在建工程人员的薪酬
　　= 201 000 + 300 000 + 200 000 = 701 000(元)
　　(11) 取得借款收到的现金 = 1 148 000 − 600 000 = 548 000(元)
　　(12) 偿还债务支付的现金 = 偿还短期借款 + 偿还当年到期的非流动负债
　　= 250 000 + 1 000 000 = 1 250 000(元)
　　(13) 分配股利或偿付利息支付的现金
　　= 利息费用 − Δ应付利息
　　= 11 500 − (0 − 1 000) = 12 500(元)
将净利润调节为经营活动现金流量各项目计算分析如下：
　　(1) 资产减值准备 = 30 000(元)
　　(2) 信用损失准备 = 900(元)
　　(3) 固定资产折旧 = 20 000 + 80 000 = 100 000(元)
　　(4) 无形资产摊销 = 60 000(元)
　　(5) 处置固定资产、无形资产和其他长期资产的损失(收益以"−"表示) = − 50 000(元)
　　(6) 固定资产报废损失 = 19 700(元)
　　(7) 财务费用 = 11 500(元)
　　(8) 投资损失(收益以"−"表示) = − 31 500(元)
　　(9) 递延所得税资产减少 = 0 − 7 500 = − 7 500(元)
　　(10) 存货的减少 = 2 580 000 − 2 484 700 = 95 300(元)
　　(11) 经营性应收项目的减少 = (246 000 − 66 000) + (299 100 + 900 − 598 200 − 1 800) = − 120 000(元)
　　(12) 经营性应付项目的增加 = (100 000 − 200 000) + (938 575 − 731 300) + [(180 000 − 28 000) − 110 000] + (226 731 − 36 600) = 339 406(元)
　　根据上述数据，编制现金流量表(见表6-10)及其补充资料(见表6-11)。

表6-10　　　　　　　　　　　　　　　现金流量表　　　　　　　　　　　　　会企03表
编制单位：甲公司　　　　　　　　　　　　2019年度　　　　　　　　　　　　　　单位：元

项　目	本期金额	上期金额（略）
一、经营活动产生的现金流量：		
销售商品、提供劳务收到的现金	1 299 100	
收到的税费返还		
收到的其他与经营活动有关的现金		
经营活动现金流入小计	1 299 100	
购买商品、接受劳务支付的现金	168 525	
支付给职工以及为职工支付的现金	300 000	
支付的各项税费	62 544	
支付的其他与经营活动有关的现金	80 000	
经营活动现金流出小计	611 069	
经营活动产生的现金流量净额	688 031	
二、投资活动产生的现金流量：		
收回投资收到的现金	15 500	
取得投资收益收到的现金	31 000	
处置固定资产、无形资产和其他长期资产收到的现金净额	300 300	
处置子公司及其他营业单位收到的现金净额		
收到的其他与投资活动有关的现金	12 000	
投资活动现金流入小计	358 800	
购建固定资产、无形资产和其他长期资产支付的现金	701 000	
投资支付的现金		
取得子公司及其他营业单位支付的现金净额		
支付的其他与投资活动有关的现金		
投资活动现金流出小计	701 000	
投资活动产生的现金流量净额	-342 200	
三、筹资活动产生的现金流量：		
吸收投资所收到的现金		
取得借款收到的现金	548 000	
收到的其他与筹资活动有关的现金		
筹资活动现金流入小计	548 000	
偿还债务支付的现金	1 250 000	

续表

项　　目	本期金额	上期金额(略)
分配股利、利润或偿付利息支付的现金	12 500	
支付的其他与筹资活动有关的现金		
筹资活动现金流出小计	1 262 500	
筹资活动产生的现金流量净额	-714 500	
四、汇率变动对现金及现金等价物的影响		
五、现金及现金等价物净增加额	-368 669	
加：期初现金及现金等价物余额	1 182 800	
六、期末现金及现金等价物余额	814 131	

表6-11　　　　　　　　　　现金流量表补充资料　　　　　　　　　　单位：元

补充资料	本期金额	上期金额
1. 将净利润调节为经营活动现金流量：		
净利润	240 225	
加：资产减值准备	30 000	
信用损失准备	900	
固定资产折旧、油气资产折耗、生产性生物资产折旧	100 000	
无形资产摊销	60 000	
长期待摊费用摊销		
处置固定资产、无形资产和其他长期资产的损失（收益以"-"号填列）	-50 000	
固定资产报废损失（收益以"-"号填列）	19 700	
公允价值变动损失（收益以"-"号填列）		
财务费用（收益以"-"号填列）	11 500	
投资损失（收益以"-"号填列）	-31 500	
递延所得税资产减少（增加以"-"号填列）	-7 500	
递延所得税负债增加（减少以"-"号填列）		
存货的减少（增加以"-"号填列）	95 300	
经营性应收项目的减少（增加以"-"号填列）	-120 000	
经营性应付项目的增加（减少以"-"号填列）	339 406	
其他		
经营活动产生的现金流量净额	688 031	

续表

补充资料	本期金额	上期金额
2. 不涉及现金收支的重大投资和筹资活动：		
债务转为资本		
一年内到期的可转换公司债券		
租入使用权资产		
3. 现金及现金等价物净变动情况：		
现金的期末余额	814 131	
减：现金的期初余额	1 182 800	
加：现金等价物的期末余额		
减：现金等价物的期初余额		
现金及现金等价物净增加额	−368 669	

任务四　所有者权益变动表的编制

一、所有者权益变动表概述

所有者权益变动表是反映构成所有者权益各组成部分当期增减变动情况的报表。通过所有者权益变动表，既可以为财务报表使用者提供所有者权益总量增减变动的信息，也能为其提供所有者权益增减变动的结构性信息，特别是能够让财务报表使用者理解所有者权益增减变动的根源。

二、所有者权益变动表的内容和结构

在所有者权益变动表上，企业至少应当单独列示反映下列信息的项目：（1）综合收益总额；（2）会计政策变更和差错更正的累积影响金额；（3）所有者投入资本和向所有者分配利润等；（4）提取的盈余公积；（5）实收资本（或股本）、其他权益工具、资本公积、盈余公积、未分配利润的期初和期末余额及其调节情况。

所有者权益变动表以矩阵的形式列示：一方面，列示导致所有者权益变动的交易或事项，即所有者权益变动的来源，对一定时期所有者权益的变动情况进行全面反映；另一方面，按照所有者权益各组成部分[即实收资本（或股本）、其他权益工具、资本公积、库存股、其他综合收益、盈余公积、未分配利润]列示交易或事项对所有者权益各部分的影响。

○ **案例分析与讨论**

王平准备利用手中闲资进行投资，以求保值增值。通过筛选资料，她选中了几家公司。被其选中的海州股份有限公司2018年所有者权益变动表中显示信息如下：年末所有者权益总额为3 000万元，其中股本2 400万元，资本公积（均为股本溢价）300万元，盈余公积200万元，未

分配利润100万元；年初所有者权益总额为2 100万元；本年净利润50万元。该公司目前没有重大盈利项目投资，也没有重大筹资项目和管理政策调整，日常生产经营活动正常进行。

分析思考： 王平投资这家公司能够实现保值增值的愿望吗？

三、所有者权益变动表的编制

（一）所有者权益变动表项目的填列方法

所有者权益变动表各项目均需填列"本年金额"和"上年金额"两栏。所有者权益变动表"上年金额"栏内各项数字，应根据上年度所有者权益变动表"本年金额"栏内所列数字填列。上年度所有者权益变动表规定的各个项目的名称和内容同本年度不一致的，应对上年度所有者权益变动表各项目的名称和数字按照本年度的规定进行调整，填入所有者权益变动表的"上年金额"栏内。

所有者权益变动表"本年金额"栏内各项数字一般应根据"实收资本（或股本）""其他权益工具""资本公积""库存股""其他综合收益""盈余公积""利润分配""以前年度损益调整"科目的发生额分析填列。企业的净利润及其分配情况作为所有者权益变动的组成部分，不需要单独编制利润分配表列示。

（二）所有者权益变动表主要项目的填列说明

（1）"上年年末余额"项目，反映企业上年资产负债表中实收资本（或股本）、其他权益工具、资本公积、库存股、其他综合收益、盈余公积、未分配利润的年末余额。

（2）"会计政策变更""前期差错更正"项目，分别反映企业采用追溯调整或处理的会计政策变更的累积影响金额和采用追溯重述法处理的会计差错更正的累积影响金额。

（3）"本年增减变动金额"项目。其中：

①"综合收益总额"项目，反映净利润和其他综合收益扣除所得税影响后的净额相加后的合计金额。

②"所有者投入和减少资本"项目，反映企业当年所有者投入的资本和减少的资本。其中：

"所有者投入的普通股"项目，反映企业接受投资者投入形成的实收资本（或股本）和资本溢价（或股本溢价）。

"其他权益工具持有者投入资本"项目，反映企业接受其他权益工具持有者投入资本。

"股份支付计入所有者权益的金额"项目，反映企业处于等待期中的权益结算的股份支付当年计入资本公积的金额。

"利润分配"项目，反映企业当年的利润分配金额。

③"所有者权益内部结转"项目，反映企业构成所有者权益的组成部分之间当年的增减变动情况。其中：

"资本公积转增资本（或股本）"项目，反映企业当年以资本公积转增资本（或股本）的金额。

"盈余公积转增资本（或股本）"项目，反映企业当年以盈余公积转增资本（或股本）的金额。

"盈余公积弥补亏损"项目,反映企业当年以盈余公积弥补亏损的金额。

"设定受益计划变动额结转留存收益"项目,反映企业因重新计量设定受益计划净负债或净资产所产生的变动计入其他综合收益,结转至留存收益的金额。

"其他综合收益结转留存收益"项目,主要反映:第一,企业指定为以公允价值计量且其变动计入其他综合收益的非交易性权益工具投资终止确认时,之前计入其他综合收益的累计利得或损失从其他综合收益中转入留存收益的金额;第二,企业指定为以公允价值计量且其变动计入当期损益的金融负债终止确认时,之前由企业自身信用风险变动引起而计入其他综合收益的累计利得或损失从其他综合收益中转入留存收益的金额等。

任务五　财务报表附注

一、财务报表附注的概念及作用

财务报表附注是对资产负债表、利润表、现金流量表和所有者权益变动表等报表中列示项目的文字描述或明细资料,以及对未能在这些报表中列示项目的说明等。

通过财务报表附注与资产负债表、利润表、现金流量表和所有者权益变动表列示项目的相互参照关系,以及对未能在报表中列示项目的说明,可以使财务报表使用者全面了解企业的财务状况、经营成果和现金流量。

二、财务报表附注的主要内容

附注是财务报表的重要组成部分。企业应当按照如下顺序披露附注的内容。

(一) 企业的基本情况

(1) 企业注册地、组织形式和总部地址。
(2) 企业的业务性质和主要经营活动。
(3) 母公司及集团最终母公司的名称。
(4) 财务报告的批准报出者和财务报告批准报出日。

(二) 财务报表的编制基础

财务报表的编制基础是指财务报表是在持续经营基础上还是非持续经营基础上编制的。企业一般是在持续经营基础上编制财务报表,清算、破产属于非持续经营基础。

(三) 遵循企业会计准则的声明

企业应当声明编制的财务报表符合企业会计准则的要求,真实、完整地反映企业的财务状况、经营成果和现金流量等有关信息。

(四) 重要会计政策和会计估计

企业应当披露采用的重要会计政策和会计估计,不重要的会计政策和会计估计可以不披露。在披露重要会计政策和会计估计时,企业应当披露重要会计政策的确定依据和财务报表项目的计量基础,以及会计估计中所采用的关键假设和不确定因素。

会计政策的确定依据主要是指企业在运用会计政策过程中所做的对报表中确认的项目金额最具影响的判断。

财务报表项目的计量基础,是指企业计量该项目采用的是历史成本、重置成本、可变现净值、现值还是公允价值。

在确定报表中确认的资产和负债的账面金额过程中,企业有时需要对不确定的未来事项在资产负债表日对这些资产和负债的影响加以估计,如企业预计固定资产未来现金流量采用的折现率和假设。这类假设的变动对这些资产和负债项目金额的确定影响很大,有可能会在下一个会计年度内做出重大调整,因此,强调这一披露要求,有助于提高财务报表的可理解性。

(五)会计政策和会计估计变更及差错更正的说明

企业应当按照会计政策、会计估计变更和差错更正会计准则的规定,披露会计政策和会计估计变更及差错更正的有关情况。

(六)报表重要项目的说明

企业对报表重要项目的说明,应当按照资产负债表、利润表、现金流量表、所有者权益变动表及其项目列示的顺序,采用文字和数字描述相结合的方式进行披露。报表重要项目的明细金额合计,应当与报表项目金额相衔接。

(七)其他需要说明的重要事项

这些重要事项主要包括或有事项、资产负债表日后非调整事项、关联方关系及其交易等需要说明的事项。

○ 案例分析与讨论

某公司2019年度利润表中"利润总额"为8 500万元。其中,"其他业务利润"为1 000万元,"投资收益"为2 000万元,"营业外收入"为2 500万元。在会计报表附注及相关明细表中反映:1 000万元其他业务利润中有800万元来自关联企业交付的商标使用费,2 000万元投资收益中有1 800万元来自向关联方转让的股权投资收益,2 500万元营业外收入中有1 500万元来自用房产向关联企业置换生产流水线的收益。

根据附注披露,可以发现各项目中关联交易产生的盈利分别占其他业务利润的80%(800÷1 000×100%),投资收益的90%(1 800÷2 000×100%)、营业外收入的60%(1 500÷2 500×100%),合计约占利润总额的48%[(800+1 800+1 500)÷8 500×100%]。这反映出该企业利润对关联企业的依赖程度极高。如果通过进一步的定价政策分析,发现上述交易均为非公正交易,属于利润操纵行为,应该将这些盈利剔除,调减利润总额4 100万元。剔除虚增盈利后结果为:"其他业务利润"200万元,"投资收益"200万元,"营业外收入"1 000万元。

分析思考:如何理解会计报表附注对该公司利润表的作用?为了让财务报表使用者充分理解财务会计报告信息,应该如何编制会计报表附注?

小结

财务报告包括财务报表、附注和其他应当在财务报告中披露的相关信息和资料。

资产负债表是静态报表,反映企业某一特定日期的财务状况。我国的资产负债表采用账户式结构。

利润表是动态报表,反映企业一定时期的经营成果。我国利润表采用多步式结构。

现金流量表中的现金是指企业库存现金、可以随时用于支付的存款。现金流量表将现金流量分为经营活动产生的现金流量、投资活动产生的现金流量、筹资活动产生的现金流量三类。

所有者权益变动表是反映构成所有者权益各组成部分当期增减变动情况的报表。

财务报表附注是对资产负债表、利润表、现金流量表和所有者权益变动表等报表中列示项目的文字描述或明细资料,以及对未能在这些报表中列示项目的说明等。

知识巩固

一、思考题

1. 什么是财务报告?企业财务报告有哪些种类?
2. 什么是资产负债表?资产、负债和所有者权益应当如何分别列示?
3. 什么是利润表?营业利润、利润总额和净利润如何计算?
4. 什么是现金流量表?现金流量如何分类?
5. 所有者权益变动表上,企业至少应当单独列示哪些项目?
6. 财务报表附注的主要内容有哪些?

二、计算题

1. 2018 年 10 月 31 日,长江公司有关账户余额如表 6-12 所示。

表 6-12　　　　　　　　　　长江公司有关账户余额　　　　　　　　　　单位:元

账户名称	借方	贷方
应收账款 其中:A 工厂 　　　B 工厂 　　　C 工厂	30 000 24 000	6 000
坏账准备		500
材料采购	5 100	
原材料	100 000	
材料成本差异		400
本年利润		300 000
利润分配	80 000	

续表

账户名称	借方	贷方
生产成本	25 000	
库存商品	50 000	
包装物	3 000	

要求：根据上表中的资料，分别计算月末资产负债表中应收账款、存货、预收款项、未分配利润的金额（列出计算过程）。

2. 丙公司为增值税一般纳税人，该公司 2019 年度部分科目数据如表 6-13 所示。

表 6-13　　　　　　　　　丙公司 2019 年度部分科目数据　　　　　　　　单位：万元

会计科目	年初余额	借方发生额	贷方发生额	年末余额
主营业务收入	0	0	5 000	0
主营业务成本	0	1 800	0	0
应收票据	40	100	50	130
应收账款	100	1 500	1 400	200
预付账款	0	100	80	20
库存商品	100	2 000（购进）	1 800（销售）	300
应付票据	40	30	10	20
应付账款	800	200	1 200	1 800
应交增值税	0	260（进项）	650（销项）	390
累计折旧	100	10	20	110
资产减值准备	30	0	20	50

上述资料均与该公司的投资活动和筹资活动无关，应收账款发生额中包括重新收回前期已核销坏账 40 万元。该公司 2019 年度净利润为 500 万元，当年其他资料如下：

（1）出售一项固定资产的处置收益为 20 万元。

（2）交易性金融资产当年公允价值变动收益 5 万元。

（3）长期待摊费用摊销额 10 万元。

（4）支付借款利息 8 万元。

要求：计算现金流量表以下经营活动现金流量项目的金额：

（1）销售商品、提供劳务收到的现金。

（2）购买商品、接受劳务支付的现金。

三、实务题

乙公司为增值税一般纳税人，适用的增值税税率为 13%，所得税税率为 25%，公司产品销售价格均为不含税价格，产品销售成本逐笔结转。乙公司 2019 年发生的经济业务如下：

（1）向甲公司销售 A 产品一批，销售价格 150 万元，产品成本 110 万元。产品已经发出，并开出增值税专用发票，款项尚未收到。

(2)以支付手续费方式委托甲公司销售C产品一批,协议价格60万元,产品成本36万元。乙公司当年收到甲公司开来的代销清单,委托代销的该批C产品当年已售出60%,乙公司据此开具增值税专用发票交给甲公司。

(3)收到甲公司开具的增值税专用发票,按代销C产品不含税价10%计算手续费6万元,增值税7800元,甲公司在扣除上述金额后将剩余代销款项转入乙公司银行账户。

(4)按合同约定向丙公司发出B产品一批,开具增值税专用发票售价为50万元,产品成本30万元。款项已于2019年年末收到。

(5)年末收到丁公司退回的300件D产品。该退货系乙公司2019年11月售出,售出时每件售价200元,单位成本180元,该货款当时已如数收存银行。乙公司用银行存款支付退货款项,退回的D产品验收入库,并按规定开出红字增值税专用发票。

(6)出售交易性金融资产,该交易性金融资产的账面余额为18万元,收到出售价款20万元,存入银行。

(7)计提已完工工程项目的分期付息长期借款利息6万元;用银行存款支付发生的管理费用5万元,销售费用3万元。

(8)用银行存款支付非公益性捐赠4万元,假定不允许税前扣除。

要求:

(1)编制乙公司上述资料(1)—(8)经济业务的会计分录。

(2)计算本期利润总额和本期应交所得税,并编制相关分录。(不考虑其他纳税调整事项,不确认相关的递延所得税资产和相关的递延所得税负债)

(3)根据以上资料,编制乙公司2019年度的利润表。

参 考 文 献

[1] 中华人民共和国财政部.企业会计准则[M].北京：中国财政经济出版社,2006.
[2] 企业会计准则编审委员会.企业会计准则——应用指南[M].上海：上海立信出版社,2007.
[3] 财政部会计司编写组.企业会计准则讲解[M].北京：人民出版社,2010.
[4] 孔德兰.企业财务会计[M].北京：高等教育出版社,2013.
[5] 财政部会计资格评价中心.初级会计实务[M].北京：经济科学出版社,2019.
[6] 财政部会计资格评价中心.中级会计实务[M].北京：经济科学出版社,2019.